写|作|论|坛

长三角研究生学术写作论坛优秀论文

(第二辑)

主　编　王远弟

副主编　毛建华　谢永萍　郑　维

图书在版编目(CIP)数据

长三角研究生学术写作论坛优秀论文.第二辑/王远弟主编；毛建华，谢永萍，郑维副主编.—上海：上海大学出版社，2023.6
ISBN 978-7-5671-4700-3

Ⅰ.①长… Ⅱ.①王… ②毛… ③谢… ④郑… Ⅲ.①学术研究—写作—研究生—教学参考资料 Ⅳ.①H052

中国国家版本馆CIP数据核字(2023)第085455号

责任编辑　贾素慧
封面设计　缪炎栩
技术编辑　金　鑫　钱宇坤

长三角研究生学术写作论坛优秀论文　（第二辑）
王远弟　主编
上海大学出版社出版发行
（上海市上大路99号　邮政编码200444）
（https://www.shupress.cn　发行热线021-66135112）
出版人　戴骏豪

*

南京展望文化发展有限公司排版
江苏凤凰数码印务有限公司印刷　各地新华书店经销
开本710mm×1000mm　1/16　印张19.75　插页1　字数333千
2023年6月第1版　2023年6月第1次印刷
ISBN 978-7-5671-4700-3/H·418　定价　58.00元

版权所有　侵权必究
如发现本书有印装质量问题请与印刷厂质量科联系
联系电话：025-57718474

序 言

根据《教育部国家发展改革委财政部关于加快新时代研究生教育改革发展的意见》（教研〔2020〕9号），意见提出："优化布局结构，服务国家区域发展战略。完善省域研究生教育布局，建设区域性研究生教育高地。大力支持雄安新区、粤港澳大湾区、长三角、海南自由贸易试验区和长江经济带等区域发展优质研究生教育，振兴东北地区研究生教育。……加强系统科研训练，以大团队、大平台、大项目支撑高质量研究生培养。……鼓励办好研究生创新实践大赛和学科学术论坛。"上海大学积极推进研究生培养质量提高工程，在夯实学校研究生写作中心人才培养平台的基础上，不断深化研究生学术素养提升，并以建设高水平研究生论文质量为着力点之一，针对性地开展课程示范、名师写作指导和同伴辅导等一系列具体活动。策划和举办研究生学术写作论坛则是为学生提供一个展示、交流和提升的平台，通过学生之间的相互交流、学生与名师之间的相互交流，以及编辑出版专家的规范引导等做法，让学生在参与中获得更大收获。为了充分发挥论坛平台的作用，论坛组委会在学校研究生院、图书馆、期刊社、出版社等部门的大力支持下，将优秀论文编辑出版，以期让更多的读者受益。

2021年度长三角研究生写作能力培养学术论坛，在总结第一届即2020年论坛经验的基础上，扩大了宣传和交流范围，从而使得本次论坛不仅得到了长三角地区高校的积极支持，还得到其他地区特别是西部地区高校的热情参与支持。

本次论坛由上海市教育委员会主办，上海大学研究生院、党委研究生工作部、图书馆、出版社、期刊社，喀什大学研究生工作处、图书馆共同承办，上海大学理学院、外国语学院为支持单位。2021年10月28日至29日，2021年度长三角研究生写作能力培养学术论坛暨征文颁奖典礼在上海大学图书馆报告厅举行。上海大学研究生院副院长姚蓉、培养处处长毛建华，出版社期刊社党委书记曾桂娥,图博档党委书记王远弟,党委研究生工作部副部长徐义圣,期刊社副社长刘志强,图书馆副馆长郑维,以及部分师生代表等近200人出席现场活动。喀什大学研究生处处长谢永萍、图书馆副馆长陈涛、人文学院副院长欧阳伟,上海外国语大学文学研究院副研究员王弋璇,中国高校科技期刊研究会副理事长赵惠祥,复旦大学特聘教授卢宝荣,Nature杂志编辑崔韶,南京大学教授杨金才,香港城市大学讲座教授陈关荣以及来自喀什大学和其他高校近300名师生在线上参加了会议。

开幕式上,姚蓉副院长首先致辞,她热烈欢迎与会代表,并介绍了本次学术论坛的基本情况及上海大学研究生科学道德和学风建设活动。接着,卢宝荣教授、崔韶博士、杨金才教授和陈关荣教授分别作《学术论文写作精要》《SCI科研论文的结构及各部分写作要点》《学术论文写作的理路》和《漫谈如何写好一篇规范的英文科技论文》的线上主旨报告。

本次论坛于2021年9月启动征文,经过前期积极的宣传、推广,收到了来自全国62所高校在读研究生的论文161篇,其中联合承办方喀什大学积极组织学生参与论文投稿,共有31篇;来自长三角地区以外高校的论文有78篇。征文经过评审专家层层筛选,精细评议,从中评出一批优秀获奖论文。《长三角研究生学术写作论坛优秀论文(第二辑)》收集获奖论文19篇,由专家在学术规范、信息素养、写作思维等方面予以点评,以"原文+点评"的方式结集出版。

本次论坛具有广泛性、专业性和融合性的特点,充分体现了东部高校与西部高校融合发展,共同促进国家教育事业发展的战略。笔者有幸受邀作为评审专家,全程参与了论坛征文评阅评审和颁奖活动,并在颁奖会后为学生做了《学术论文写作方略:求真务实言简意赅》的现场主旨报告。细细品读各位青年学者的论文,欣喜之情油然而生,想起了英国十六世纪著名哲学家培根的话:"阅读使人充实,会谈使人敏捷,写作使人精确。……史鉴使人明智,诗歌使人巧慧,数学使人精细,博物使人深沉,伦理之学使人庄重,逻辑与修辞使人善辩。"学生之学识,必须学、问兼擅,学、行相长,做到广收博取,在不断地实践中进行创新和积累。长三角研究生写作能力培养学术论坛提供了一个高质量的学术交流平台,从而能够开拓研究生视野、提升研究生写作能力与科研创新能力。

这里,我想寄语年轻朋友们:

——机遇只垂青于那些懂得怎样追求她的人;

——工欲善其事必先利其器,方法极其重要;

——正确运用写作方法可收到事半功倍之效;

——掌握有效方法的关键在于反复实践总结。

本辑收录的部分获奖论文,均尊重作者原文,略有修改,更有利于读者借鉴参考,愿这本文集对大家有所裨益。

戴世强

上海大学终身教授、博士生导师

二〇二三年五一节

目　录

序言	戴世强	1
Young 接触角的非局部表达式	魏　霞	1
互联网平台滥用市场支配下消费者权益保障问题再思考	丁庭威	25
图像叙事与时间		
——论连环画《白光》的艺术时间诗学	李玥融	41
农村老龄人口金融权利保障的进路优化	王　庆	56
民族村寨旅游发展与当地居民幸福感关系实证研究		
——以云南大理喜洲古镇为介入点	曾　刚	70
长江经济带绿色技术创新效率的时空演进及空间驱动机制	胡孟颖　刘德志	95
大数据分析报告的审查判断	洪　涛	113
20 世纪 30 年代德国的青年阿利亚探析	任淑媛	125
互联网使用对性别意识的影响效应及作用机制：基于 CGSS2015 数据的分析	袁　喆	142
技术与文化：废品价值的演变与垃圾分类政策下的代际响应	丁志文	159
农地产权制度变迁下农地金融发展及趋势研究	李汉瑾	180
"水土适应"的对位编码：论《剑桥》的奴隶制历史书写	池慧仪	196
WTO《多方临时上诉仲裁安排》法律问题研究	宋　歌	204
基于语料库的"小康"英译演变研究及其启示	刘静宜	220
宣传话语与艺术传承下的金山农民画艺术	王润茁	232

欧盟投资仲裁上诉审查范围张力边界与中国因应 …………… 欧继伟 244

A Multimodal Discourse Analysis of Documentary China
 on the Move Based on Visual Grammar …………… Mu Yu-jia 257

象征性刑法合理性的法经济分析
 ——兼论刑事立法实效性之判断 …………………………… 罗翔宇 279

研究生发表低水平刊物论文的评价标准研究
 ——以法学研究生为例 ……………………………………… 杨宇祺 291

编后记 ………………………………………………………………… 王远弟 302

Young 接触角的非局部表达式

魏 霞*

摘要：液滴的 Young 接触角是工程中一个重要的测量物理量。探讨将一种新的能量泛函与液滴边界曲线的参数方程相结合,分析二维液滴边界曲线和角度的直接表达式。数据表明,基于新模型的数值模拟与实验结果高度一致。

关键词：液滴；Young 接触角；表面张力；模型

液滴形状的形成一直是一个吸引人的话题,早期的文献[1],可以追溯到 19 世纪拉普拉斯、杨和高斯的作品。液滴在空气中或桌面上的形状在物理上被理解为它在两相或三相介质中的界面行为,当然,在没有外力的情况下,真空中的水滴的形状是一个球,可以直接用等周问题推导出来。

在平衡状态下,液滴以独特的角度接触固体表面,称为杨氏接触角 θ_Y,由杨氏方程 $\gamma_{SV} - \gamma_{SL} = \gamma_{LV}\cos\theta_Y$ 描述。该方程表明,接触角 θ_Y 与固-液 γ_{SL}、固-气 γ_{SV} 和液-气 γ_{LV} 之间单位面积界面自由能之间的关系。然而,在实际中,静态液滴的接触角往往偏离杨氏角,例如,在我们最近的实验中也发现了这一问题。在室温 20℃ 下, $\gamma_{SV} = 45.48 \times 10^{-3}$, $\gamma_{SL} = 56.95 \times 10^{-3}$ 和 $\gamma_{LV} = 72.8 \times 10^{-3}$ (J/m^2),我们发现水滴的接触角 θ_Y 固体石蜡满足: $\cos\theta_Y = (\gamma_{SV} - \gamma_{SL})/\gamma_{LV} \doteq -0.157\,55$。也就是说, $\theta_Y \doteq 1.729\,01 \doteq 99.064\,7°$。5 μL、10 μL 和 15 μL 三种情况下的实验角分别为 110.3°、111.3° 和 109.5°,比 θ_Y 的理论值大 10°。

越来越多的实验数据明显地表明,要完全理解表面张力和重力影响下液滴的形状是很困难的,从而引入了一些修正的方程,例如,Wenzel 和 Cassie-Baxter 模型[2,3]来解释这种偏差。

---

* 魏霞,女,上海大学理学院 2019 级硕士研究生。

近年来，人们从接触线、液滴滑动条件、接触角稳定性等方面对杨氏接触角 θ_Y 进行了深入研究[3-6]，进一步分析了自由能对接触角的影响[7,8]。也有一些分析极端天气条件、实际植物表面荷叶等对接触角的影响[9-12]。

数值建模分析，包括工艺设计分析，也取得了很多成果[1,13]，然而，对于涉及的角度大于 90°的情况，这个模型可能不再有效[1]。在微观尺度上，接触表面的粗糙度影响接触角的大小[14-16]。有趣的是，最近研究的结果[15]表明，Wenzel 和 Cassie-Baxter 模型倾向于"高估"粗糙表面的表观接触角，同时实现了应用领域的一致性验证[15,16]。

受 Musterd 等人[1]的启发，我们考虑了重力对液滴形状与接触角关系的影响，本文计划基于重力 g 和气液表面张力 γ_{sv} 之间的平衡来研究二维模型形式的液滴。首先利用二维曲线的参数表达式来描述能量和拉格朗日方程，得到了二维液滴边界及其端点所满足的方程组。特别是，文中的接触角公式定性和定量地解释了为什么液滴可以像它们的图案那样形成。当液滴体积 $V = 5\ \mu L$，$10\ \mu L$ 和 $15\ \mu L$ 时，根据我们的模型得到的接触角分别是 $\tilde{\theta}_Y$ = 106.55°，108.23° 和 109.13°。它们不仅更接近实验数据，而且这种一致性也显示了我们方法的优点。

一、非局部表达式模型

参数方程表示的优点是它可以完整地描述平面区域的边界，无论该区域是凸的还是凹的，而笛卡尔坐标系没有这个特点，因此，亲疏水态在宏观上统一为一个表达式。例如，讨论了绿藻细胞分裂和形成的机理，包括曲线方程的推导及其边界条件[24-25]，考虑参数方程形式的液滴静力学理论仍然需要研究。

本文研究了两种参数表示的模型。一个是由 Musterd 等人[1]激发的，以界面的表面能和液体密度 ρ 的势能之间的平衡为基础构造函数。模型 II 的详细流程见附录，但是，我们注意到方程的边界条件不是很明显。

我们重点考虑一个新的二维（2D）模型（见图 1），引入一种能量形式，即压力所做的功。假设液气界面 $L:\{x,y\}(t \in [t^*, T])$ 的顶部为 $h = \max\limits_{L} y(t)$，液固界面 $OA:\{x,y\}(t \in [t_*, t^*])$ 的底部为倾斜 θ 的斜面。设 $C = OA \cup L$（$= OA \cup ALO$）为整个液滴边界（界面）Ω，体积（面积）为 $|\Omega|$，表面张力为

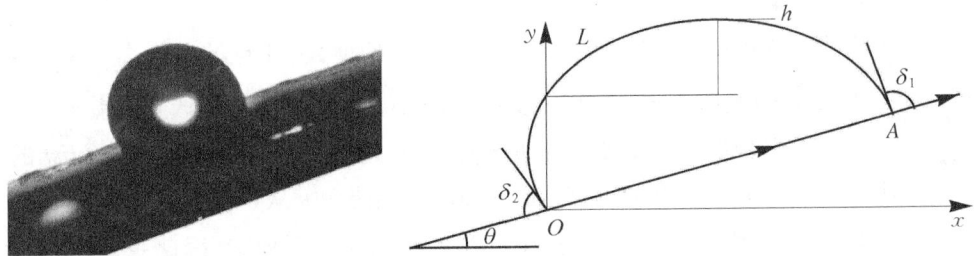

图1 斜板上的水滴(左),参数表达式中的建模框架(右)

$\gamma(C)$,界面的形成是重力 g 和张力 γ 平衡的结果。拉格朗日泛函的定义如下

$$J(C) = \int_C (\gamma(C) + \rho g(h_{max} - y)) dl + \lambda |\Omega|, \tag{1}$$

则为(1)中 J 的第一个变化量

$$\frac{d}{dt}\left(\frac{[\gamma_2 + \rho g(h - y)]}{\sqrt{x'^2 + y'^2}}\{x', y'\} + \lambda\{-y, x\}\right) = \{0, -\rho g \sqrt{x'^2 + y'^2}\}, \tag{2}$$

其中,微分长度 $dl = \sqrt{dx^2 + dy^2}$,表面张力 $\gamma_1(OA) = \gamma_{SV} - \gamma_{SL}$ 和 $\gamma_2(L) = \gamma_2(ALO) = \gamma_{LV}$。它还求出了切角的条件

$$\cos\delta_k := \frac{\overrightarrow{OA}}{|\overrightarrow{OA}|} \cdot \frac{\{x', y'\}}{\sqrt{x'^2 + y'^2}} = \frac{\gamma_1 + \rho g(h - y)}{\gamma_2 + \rho g(h - y)}, k = 1, 2; \tag{3}$$

其中,两个端点 $A(t = t^*)$ 和 $O(t = T)$ 分别对应角度 δ_1 和 δ_2,这是一个修正的杨氏角公式,直接考虑了重力的影响。

在这里,我们注意到以下情况:第一,为了简化过程,我们假设顶端的 $y_{max} = h$ 的最大值与正确的连接点 $A(t = t^*)$ 不重合,这种假设是合理的,除非在一些极端的情况下,如亲水液滴如乙二醇在一个大倾角的斜板上。第二,是在变分法推导过程中,顶 h 只依赖于 $y(t)$,不受扰动变量 ε 的影响。第三是系统(2)被证明是一对相关方程(参见附录:补充材料)。

二、与实验数据对比

在疏水和亲水两种情况下,对两种液滴进行了数值比较。

（一）接触角分析

实验结果在室温 20℃下表明,随着倾斜角 θ 的增大, A 点的最大高度 $y_{high} = y(t^*)$ 与高度 h 的差值 $h - y_{high}$ 几乎呈线性减小,而 $O(t = T)$ 点的高度差值 $h - y_{low} = h - y(T)$ 则相反。图 2 给出了 $h - y_{high}$ 与对应的无量纲 $(h - y_{high})/dist$ 的差值,其中 $dist$ 为 5 μL、10 μL、15 μL 三种体积在蜡角 θ 从 0°~60° 的蜡坡上的距离 $|OA|$。当倾角 θ 大于 50° 时,15 μL 的液滴变得不稳定,因此我们忽略了相应的数据。

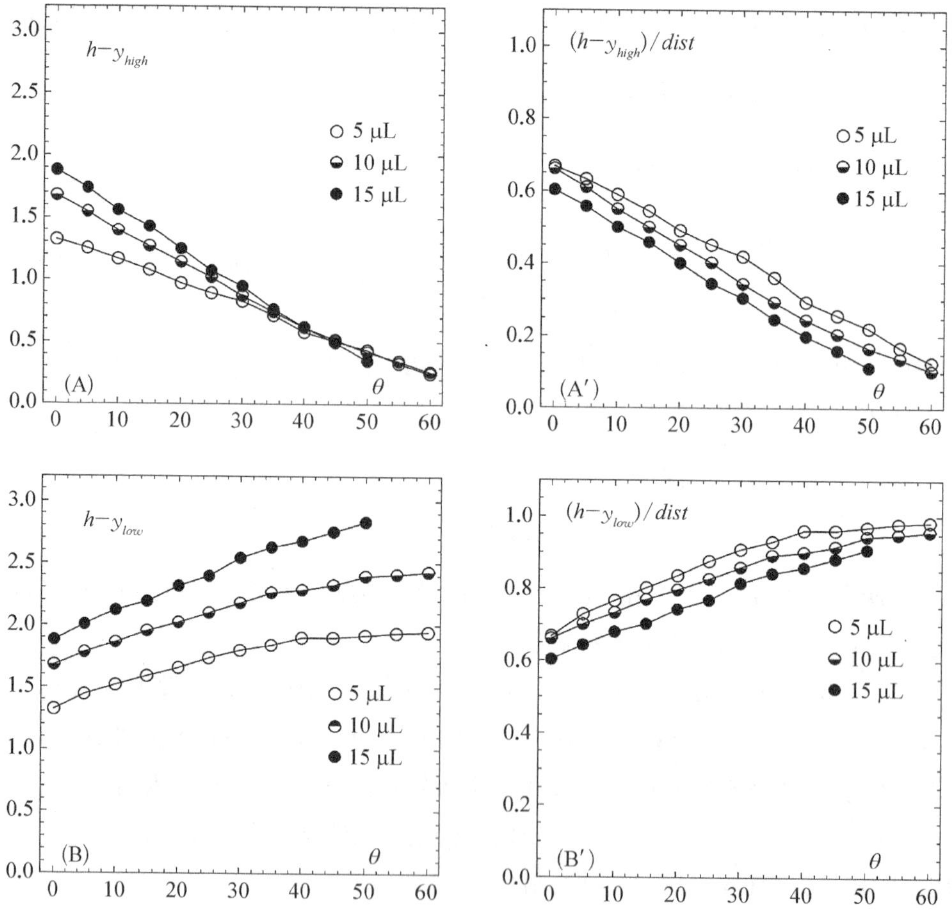

图 2 右端 A 的差值 $h - y_{high}$（A）及其的无量纲图（A'）,左端 O 的差值为（B）和（B'）

计算结果表明,实验数据与理论数据吻合较好。我们分别提供图 3~图 4 中两个端点 $A(\alpha(t^*), \beta(t^*)) = (x_{high}, y_{high})$ 和 $O(\alpha(T), \beta(T)) = (x_{low}, y_{low})$ 的

5 μL、10 μL 和 15 μL 液滴的对比图。在右端点,即当倾角 θ 增大时,三体积液滴的接触角 $\pi-\delta_1$ 的理论数据 θ_{uC} 和实验数据 θ_{uY} 均减小。5 μL、10 μL 和 15 μL 液滴实验数据的线性拟合线斜率分别为 $\nu_{ex}=-0.197$、-0.223 和 -0.289;$\nu_{cm}=-0.109$,-0.139,-0.159。实验斜率和理论斜率的平均值分别为 $\bar{\nu}_{ex}=-0.236$ 和 $\bar{\nu}_{cm}=-0.136$。左端点的情况类似,除了 10 μL 的实验数据显示拟合线斜率为 -0.030,其余均为正值,误差较小(见图 3 ~ 图 4)。

对于 99.06° 和 97° 两种接触角,Hajirahimi M 等[19]和 Han B 等[20]计算 $\gamma_1=\gamma_{SL}-\gamma_{SV}$ 具体为:$\gamma_{\pm}=\dfrac{\gamma_{LV}}{2}(\sqrt{1+\sin^2\theta_Y}\pm\cos\theta_Y)$,$\gamma_{LV}=72.8\ \mathrm{mN/m}$,$\gamma_{SL}=\gamma_-$,

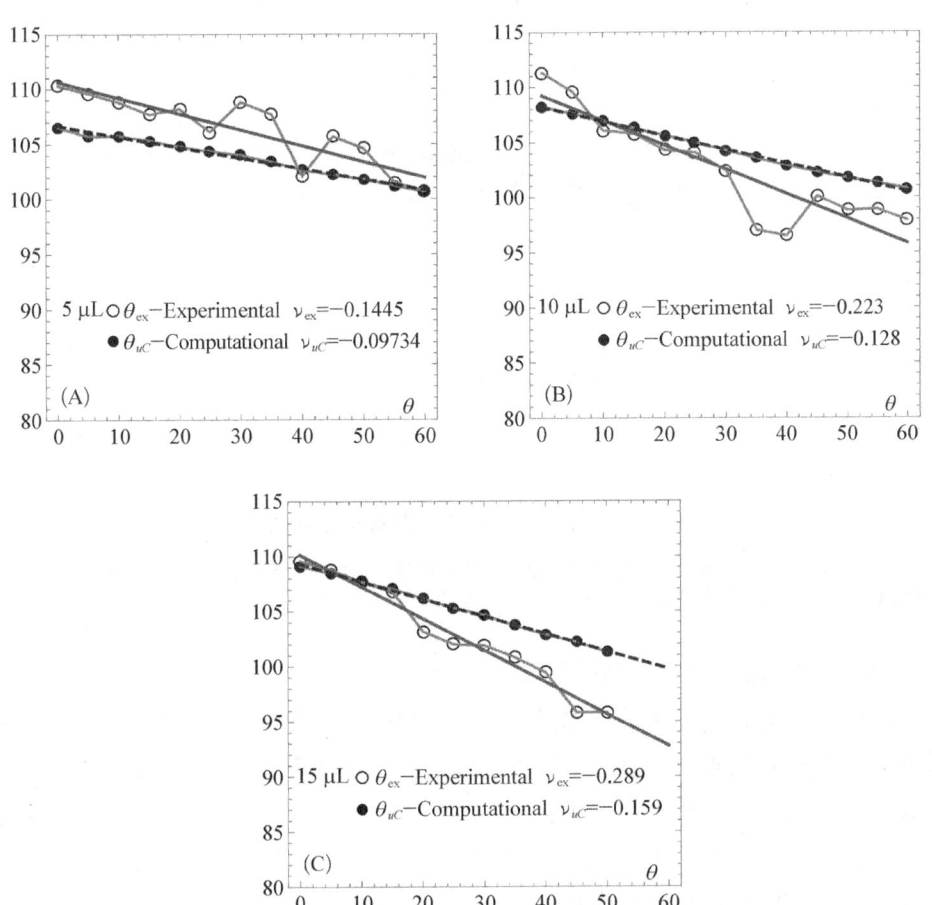

图 3 5 μL(A)、10 μL(B) 和 15 μL(C) 液滴的理论(θ_{uC})和实验(θ_{ex})接触角的比较

[实线和虚线分别表示实验数据和理论数据的线性拟合]

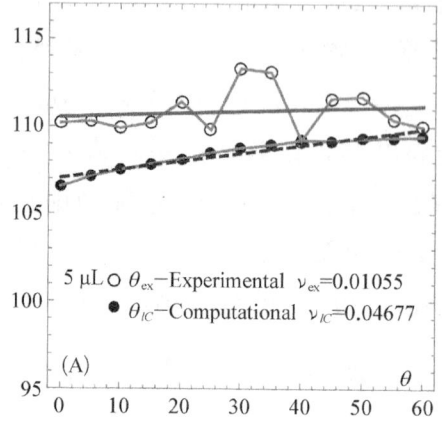
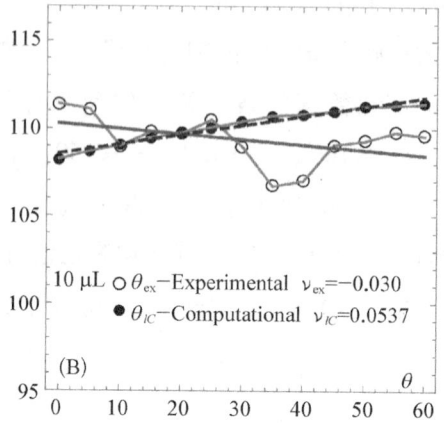
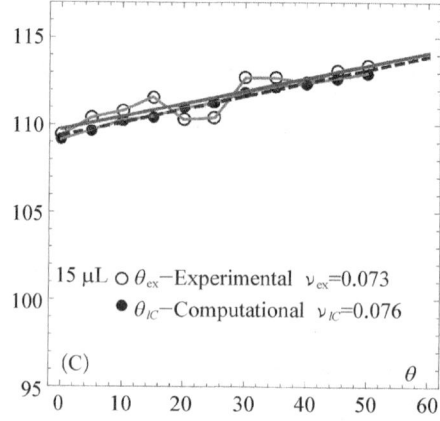

图 4　理论（θ_{IC}）和实验（θ_{ex}）前进接触角的比较

[实线和虚线分别表示实验数据和理论数据的线性拟合。我们注意到 10 μL(B) 与 5 μL(A) 和 15 μL(C) 的情况略有不同，但斜率仅为 $\nu_{ex} = -0.030$]

$\gamma_{SV} = \gamma_+$。因此，$\theta_Y = 99.06°$ 和 $\theta_Y = 97°$ 的 $\gamma_{1,99} = 11.47$ mN/m 和 $\gamma_{1,97} = 8.87$ mN/m。图 5 为疏水性后退角，$\theta_Y = 99.06°$ 和 97° 的模拟接触角 θ_{uC} 与实验数据 θ_{ex} 和模拟数据 θ_{99} 和 θ_{97} 具有相似的趋势和斜率。ν_{ex} 和 ν_{uC} 为 5 μL、10 μL、15 μL 三个体积下实验数据 θ_{ex} 和接触角 θ_{uC} 在角 θ 从 0°～60° 的斜率上的斜率，对于前进接触角，我们可以在图 6 中找到它们对应的行为，只要我们在 10 μL 的情况下注意到一些例外。

对于亲水液滴，可以按前一种情况进行讨论。这里，对于接触角 $\theta_Y = \theta_{Y37} = 37°$ 它得到张力 $\gamma_\pm$，然后发现 $\gamma_{1,37} = \gamma_{SL37} - \gamma_{SV37} = \gamma_- - \gamma_+ = 13.41 -$

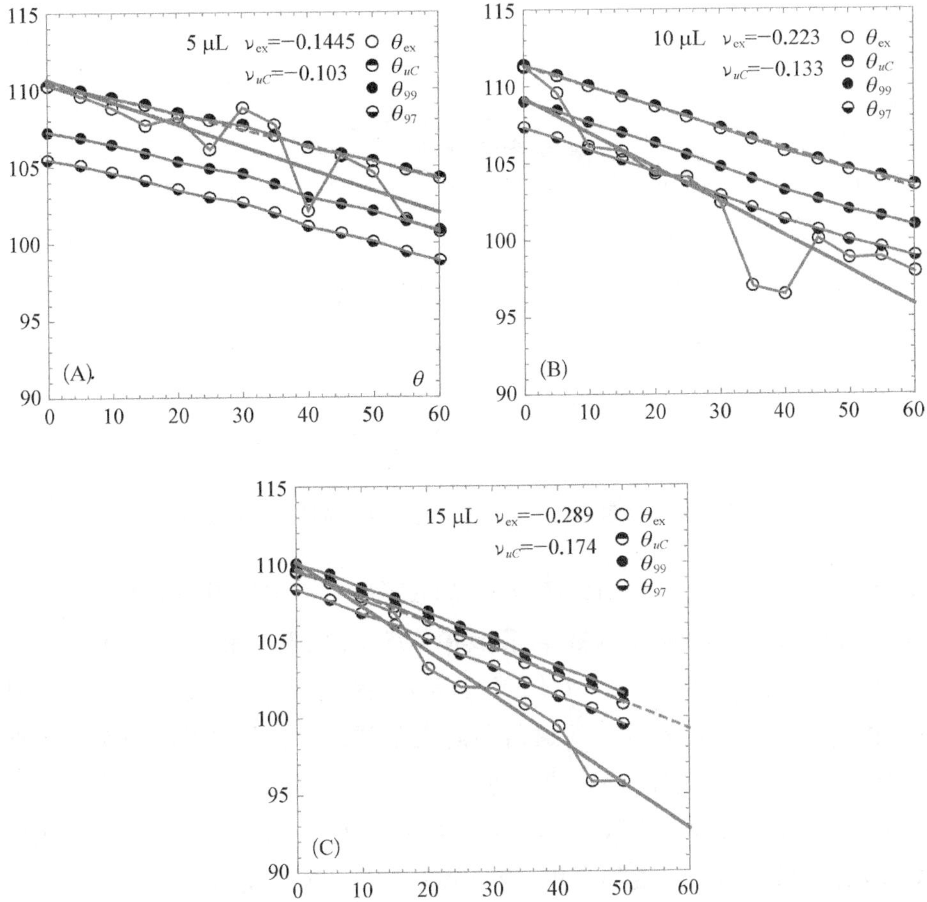

Young 接触角的非局部表达式

图 5 后退接触角理论值(θ_{uC})与实验数据(θ_{ex})的比较

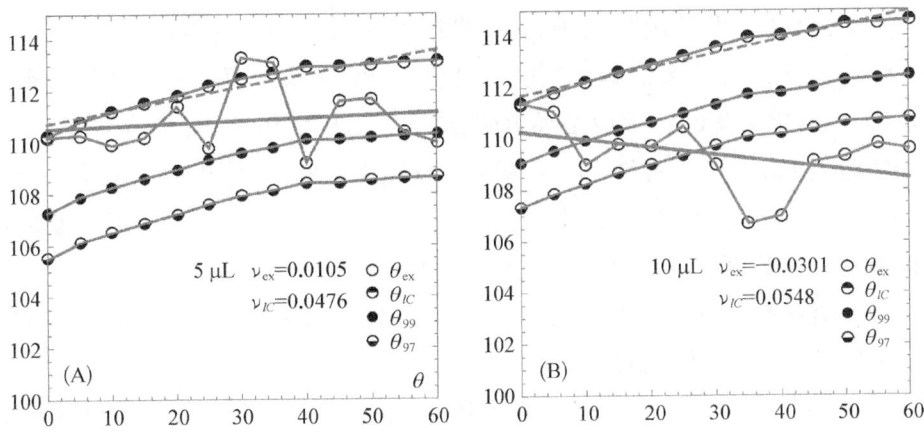

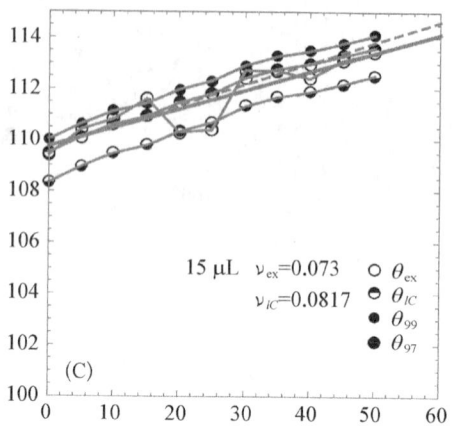

图6　前进接触角理论值(θ_{lC})与实验数据(θ_{ex})的比较

71.55 = -58.14。因此，利用 15 μL(A)，20 μL(B)[固定体积 ∈ (20, 25)](C) 和 25 μL(D) 四种体积的实验数据，得到模拟的 $O[\beta(T)]$ 和 $A[\beta(t^*)]$ 两端的无量纲差 $(h-\beta)/dist$，$dist = |OA|$ (见图7~图8)。其中，图7~8中的符号 "An" 和 "Ca" 分别为从实验的后退角和前进角开始的模拟，"Ex" 为实验数据。后退角和前进角的仿真如图9~图10所示。

θ_{ex} 为实验数据，θ_{uC} 为数值，$\nu_\circ$ 为相对于 ◇ 的平均斜率。但有一个例外，当体积增大时，液滴变得更加平坦，导致实验数据出现一定的失真[见图10中的(C)和(D)]。

(二) 液滴形状分析

对于方程(2)及其边界条件(3)，我们引入极坐标表示，$x = r(\tau)\cos\tau$，$y = r(\tau)\sin\tau$ 来计算数值解。在模拟过程中，将 O 和 A 两个交点之间的距离 $dist(d)$ 标准化为 0.001，数值结果表明，最大 h 与标准距离 d 的比值 $(h/d)_c$ 略大于实验值 $(h/d)_{ex}$。在图11中，10 μL、15 μL、20 μL 体积的模拟比分别为 $(h/d)_c = 0.72$、0.78、0.72，对应 $(h/d)_{ex} = 0.67$、0.66、0.60。可以发现数值模拟和实验数据之间的高度一致性，包括疏水和亲水情况。

对于倾斜板上的亲水情况，即 $\theta_Y \in (0°, 90°)$ (如图12所示)，我们尝试在笛卡尔坐标系中求得解的表达式。

通过假设 $y(x)$ 在内部点 x_m^* 处达到其最大值 $h = y(x_m)$，它使 $y'(x_m) = 0$。

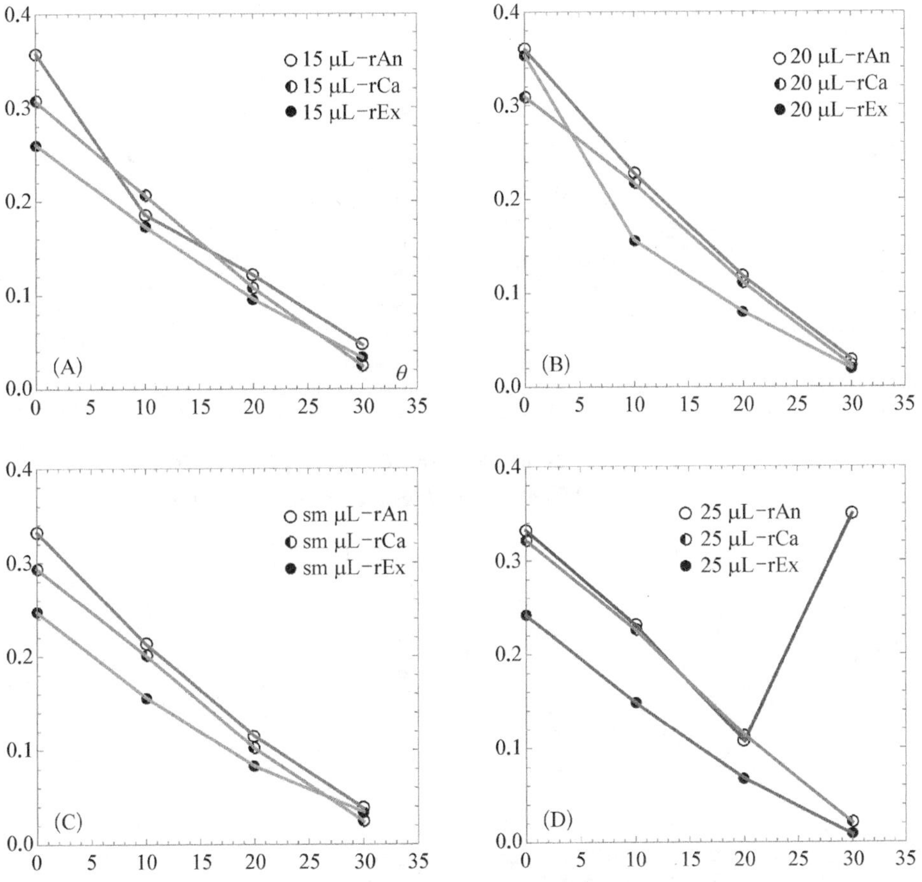

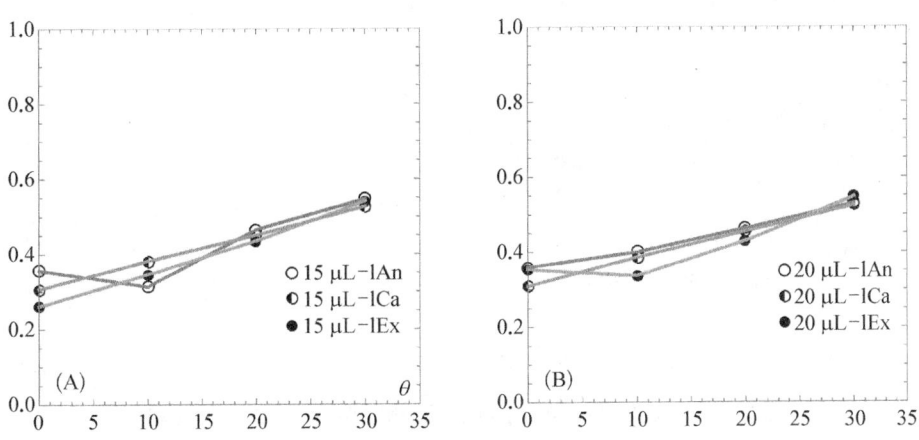

图7 15 μL(A), 20 μL(B), sm(C) 和 25 μL(D) 四种
不同大小液滴的右端 A 无量纲差值 $(h-\beta)/dist$

[在最后一张图像中,25 μL(D)液滴的奇异性来自 $\theta \geq 30°$ 时液滴开始滑动的实验数据]

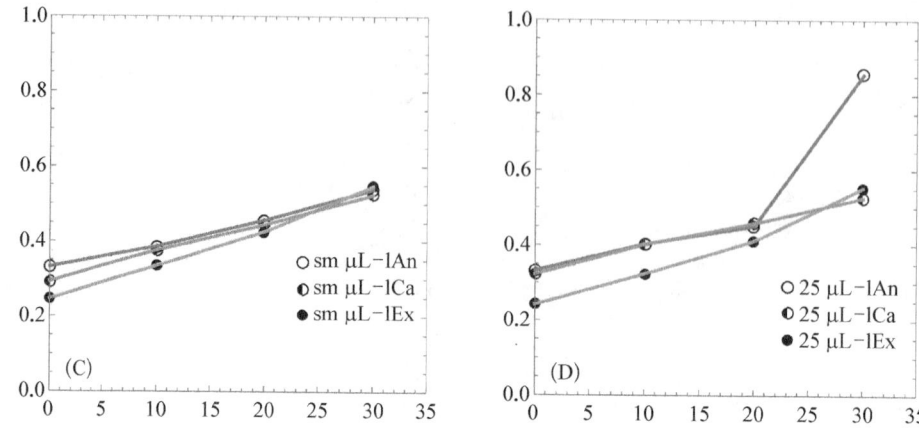

图 8　15 μL（A），20 μL（B），sm（C）和 25 μL（D）四种不同大小液滴的左端 O 无量纲差值，即 $(h-\beta)/dist$

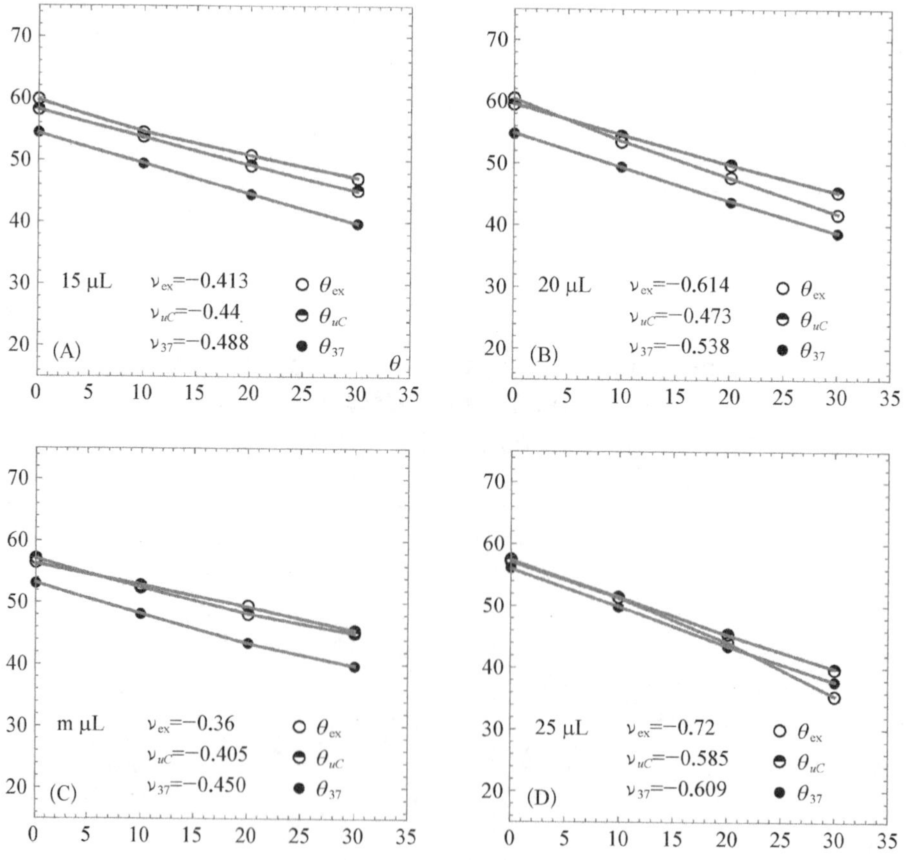

图 9　两个理论值 θ_{uC} 和 θ_{37} 与后退接触角实验数据 θ_{ex} 的比较

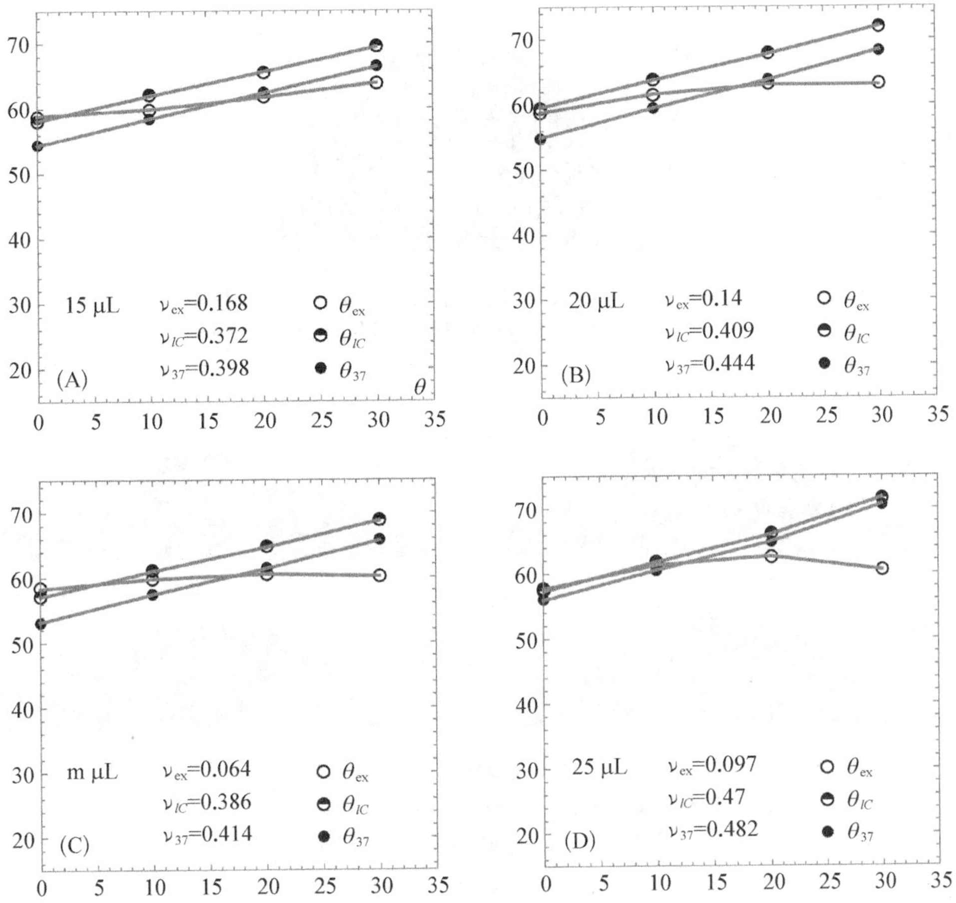

图 10 两个理论值 θ_{uC} 和 θ_{37} 与前进接触角实验数据 θ_{ex} 的比较

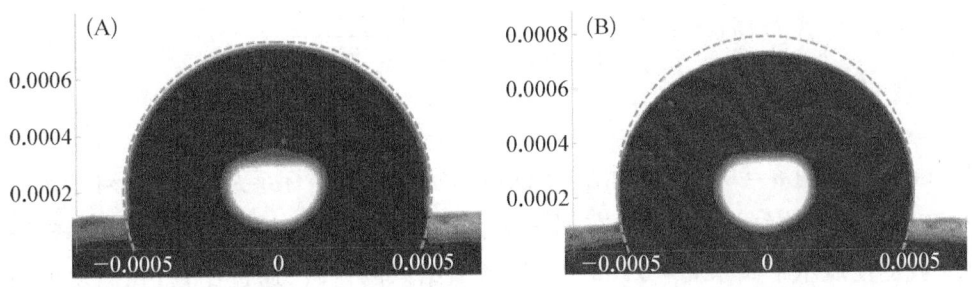

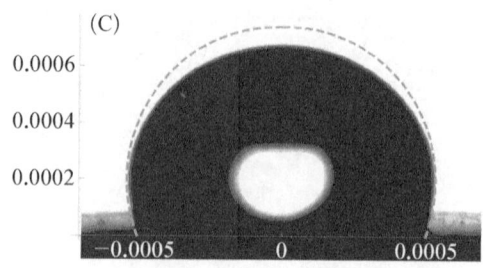

图 11 疏水情况下的实验和数值模拟(虚线)(A)、(B)、(C)分别为 15 μL(A),20 μL(B)和 25 μL(D)的体积

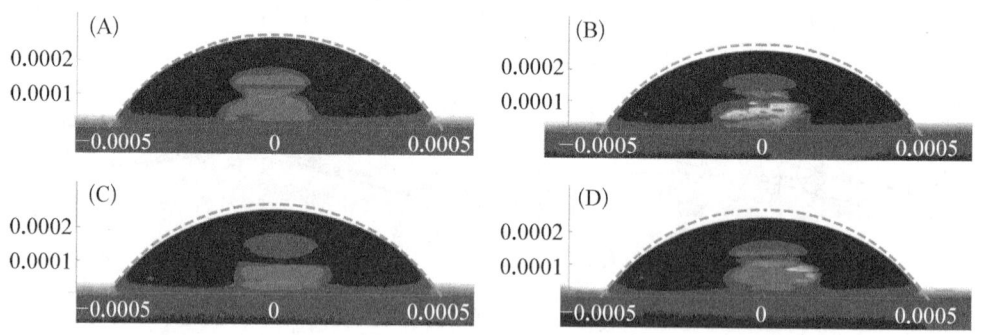

图 12 亲水情况下的实验和数值模拟(虚线)(A)、(B)、(C)、(D)分别为 15 μL(A),20 μL(B),sm(C)和 25 μL(D)的体积

[其中 sm 是一个固定体积 $\in (20, 25)$]

引入一个新的变量 $\zeta = \arctan \dfrac{dy}{dx}$,并将 $\tau_0 = \left(\dfrac{dy}{dx}\right)^2 \bigg|_{O(0,0)}$ 表示为 y 的方程(2)的解

$$y(\zeta) = \frac{\gamma_2(\lambda + \rho g)(\sqrt{1 + \tau_0}\cos\zeta - 1)}{(\lambda + \rho g\cos\zeta)(\rho g + \lambda\sqrt{1 + \tau_0})}, \qquad (4)$$

并且,$x = x(\zeta)$ 对于不同的 λ 有三个公式(参考附录)。在此基础上,分析图 13~图 14 所示倾角 $\theta = 0°$ 和 30° 情况下的解析解。旋转坐标系并计算出形状后,再反向旋转得到曲线。图 13 中右列为实验图像与数值模拟图的对比。在图 14 中,我们还展示了倾角 $\theta = 0°$ 和 30° 的数值结果的比较,通过比较,我们发现偏移量很小,但仍然反映了重力的影响。

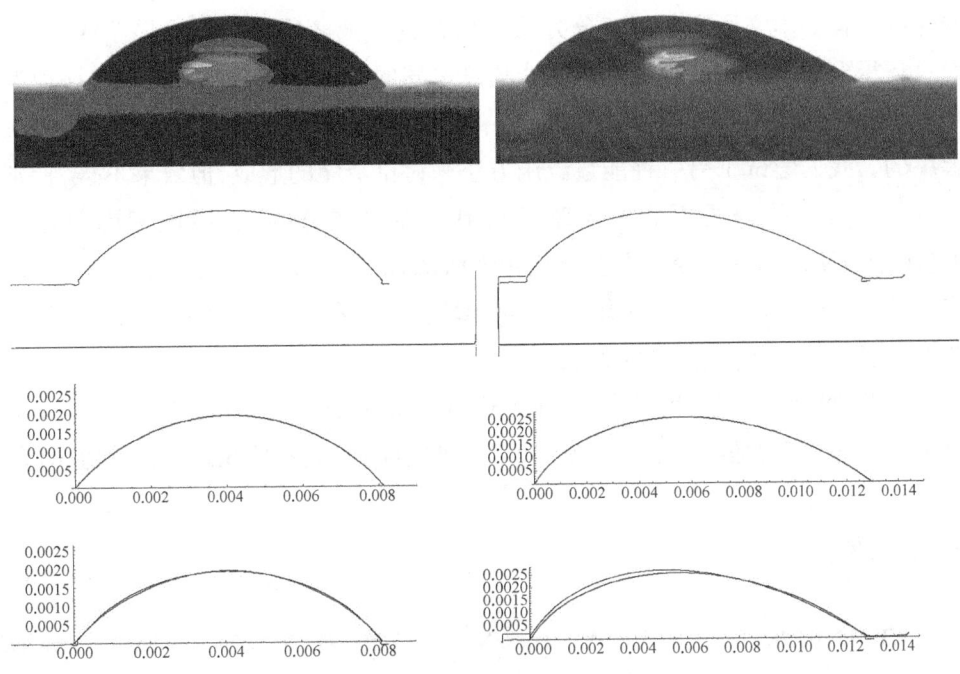

图 13　(A)、(B)为实验图像及其边缘,(C)为仿真图像,(D)为标准化实验图像与仿真图像的对比,◇₀和◇₃₀分别对应 0°和 30°的倾斜角度

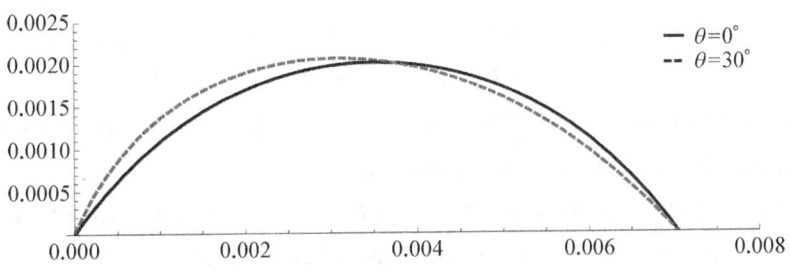

图 14　玻璃上液滴的亲水性。液滴外缘在 0°和 30°倾斜角度下的理论差异

三、结论与讨论

我们在亲水和疏水两种情况下进行了液滴形成实验,发现液滴的形状完全由重力和液滴表面张力决定。液滴的形状是多变的,导致在一侧产生的角度是低的,从而使液滴变形躺在板上。

通过引入一种新的能量形式来平衡压力、张力和重力,直接得到了二维水滴的轮廓方程。本文所采用的变分方法不仅得到了液滴所满足的边界曲线方程,而且还得到了不同介质交界处边缘线角度之间的关系。同时,实验表明,该模型可以将两种液滴表达式统一到一个归一化的模型中,尽管该问题是用数值方法解决的。我们尝试了另一种能量泛函方法来讨论液滴的形成,但效果不佳,特别是杨氏接触角的公式不能很清楚的得到。需要注意的是,通过考虑单位厚度(由于液滴的铺展直径与高度都是毫米级的,故而选取的单位厚度为 1 mm),将三维(3D)问题通过切片简化为二维(2D)情况进行验证。由于三维空间的复杂性,这只是一种解决问题的方法。

考虑到液滴的重量,我们的杨氏角(3)的非局域表达式成为经典公式。一个需要深入研究的问题是液滴体积为 10 μL 时前进接触角的特殊情况(见图 4 和图 6)。

参考文献:

[1] MUSTERD M, VAN STEIJN V, KLEIJN C R, KREUTZER M T. Droplets on Inclined plates: local and global hysteresis of pinned capillary surfaces[J]. Phys. Rev. Lett., 2014, 113(6): 066104.

[2] WHYMAN G, BORMASHENKO E, STEIN T. The rigorous derivation of Young, Cassie-Baxter and Wenzel equations and the analysis of the contact angle hysteresis phenomenon[J]. Chemical Phys. Lett., 2008, 450(4): 355-359.

[3] FAN J, DE CONINCK J, WU H, WANG F. Microscopic origin of capillary force balance at contact line[J]. Phys. Rev. Lett., 2020, 124(12): 125502.

[4] JIANG Y, SUN Y, DRELICH J W, CHOI C H. Topography-dependent effective contact line in droplet depinning[J]. Phys. Rev. Lett., 2020, 125(18): 184502.

[5] KIM D, RYU S. How and when the Cassie-Baxter droplet starts to slide on textured surfaces[J]. Langmuir, 2020, 36(46): 14031-14038.

[6] PAPADOPOULOS P, VOLLMER D, BUTT H J. Long-term repellency of liquids by superoleophobic surfaces[J]. Phys. Rev. Lett., 2016, 117(4): 046102.

[7] DAS S, MITRA S K, CHAKRABORTY S. Wenzel and Cassie-Baxter states of an electrolytic drop on charged surfaces[J]. Phys. Rev. E, 2012, 86: 011603.

[8] IWAMATSU M. Free-energy landscapes of intrusion and extrusion of liquid in truncated and inverted truncated conical pores: Implications to the Cassie-Baxter to Wenzel transition[J]. Phys. Rev. E, 2020, 102: 052801.

[9] MALANI A, RAGHAVANPILLAI A, WYSONG E B, RUTLEDGE G C. Can dynamic contact angle be measured using molecular modeling? [J]. Phys. Rev. Lett., 2012, 109: 184501.

[10] ALLRED T P, WEIBEL J A, GARIMELLA S V. Enabling highly effective boiling from superhydrophobic surfaces[J]. Phys. Rev. Lett., 2018, 120: 174501.

[11] HOU Y, YU M, SHANG Y, et al. Suppressing ice nucleation of supercooled condensate with biphilic topography[J]. Phys. Rev. Lett., 2018, 120: 075902.

[12] YANG C, TARTAGLINO U, PERSSON B N J. Influence of surface roughness on superhydrophobicity[J]. Phys. Rev. Lett., 2006, 97: 116103.

[13] PICHA K, SAMUEL J. A model-based prediction of droplet shape evolution during additive manufacturing of aligned fiber-reinforced soft composites [J]. Journal of Manufacturing Processes, 2018, 32: 816.

[14] MCHALE G, SHIRTCLIFFE N J, AQIL S, et al,. Topography driven spreading[J]. Phys. Rev. Lett., 2004, 93: 036102.

[15] HUANG X, GATES I. Apparent contact angle around the periphery of a liquid drop on roughened surfaces[J]. Scientific Reports, 2020, 10(1): 8220.

[16] ZHANG L, ZHOU A, SUN B, et al. Functional and versatile superhydrophobic coatings via stoichiometric silanization[J]. Nature Communications, 2021, 12(1): 982.

[17] WANG Y, DOU M, ZHOU Z. The fencing problem and Coleochaete cell division[J]. J. Math. Biology, 2015, 70(4): 893-912.

[18] WANG Y, WEN Q, ZHOU Z, YAN N. Cell modeling based on bubbles with weighted membranes[J]. J. Computational Biology, 2019, 26(3): 241-265.

[19] HAJIRAHIMI M, MOKHTARI F, FATOLLAHI A H. Exact identities for sessile drops [J]. Applied Math. Mechanics, 2015, 36(3): 293-302.

[20] HAN B, WANG P, JIN H, HOU Z, BAI X. Wettability and surface energy of parylene F deposited on PDMS[J]. Physics Letters A, 2020, 384(5): 126628.

点评

本文研究液滴的Young接触角问题,采用一种新的能量泛函,分析液滴边界曲线的参数方程,给出了二维液滴边界曲线和角度的直接表达式,据此得到的数值模拟结果与实验吻合。论文选题明确合理,论证完整清晰,方法科学严谨,尤为难能可贵的是能将理论分析与实验研究密切结合,相互完美印证,达到了较高的学术水平。

附录

补充材料

A1:模型 I—非局部模型

对于不可压缩液体,我们考虑二维模型(见图 15)。其中,γ 为气液表面张力,ρ 为液体密度,g 为重力,θ 为倾斜角,后一项为固定液滴体积(面积) $|\Omega|$ 的拉格朗日乘子。

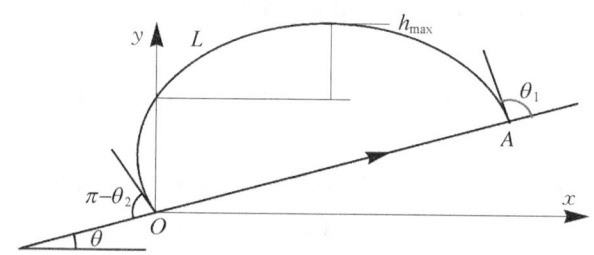

图 15 倾斜角度为 θ 的薄板上的二维液滴

静态能量 J,即拉格朗日函数,表示为

$$J = \int_C (\gamma(C) + \rho g(h_{\max} - y)) \mathrm{d}l + \lambda(\Omega \text{ 不可压缩体积})$$

积分是逆时针的,即 $C: O \to A \xrightarrow{L} O$。
边界曲线 $C = OALO$ 由两部分组成

$\overrightarrow{OA}: x = \varphi(t) := (t - t_*)\cos\theta, y = \psi(t) := (t - t_*)\sin\theta (t \in [t_*, t^*])$

$\overrightarrow{ALO}: x = \alpha(t), y = \beta(t) (t \in [t^*, T])$

张力系数 $\gamma_2(L) = \gamma_2(ALO) = \gamma_{LV}$ 位于气液表面,差 $\gamma_1(OA) = \gamma_{SV} - \gamma_{SL}$ 位于固液表面。

$\overrightarrow{ALO}$ 上的振荡函数 $x = \alpha_1(t), y = \beta_1(t)$ $(t \in [t^*, T])$,在边界条件下 $\alpha_1(T) = \beta_1(T) = 0$,从而,我们有

$$J(L+\varepsilon L_1) = \int_{t_*(\varepsilon)}^{t^*(\varepsilon)} (\gamma_1 + \rho g((\beta+\varepsilon\beta_1)_{\max} - \psi)) d\tau$$

$$+ \int_{t^*(\varepsilon)}^{T(\varepsilon)} (\gamma_2 + \rho g((\beta+\varepsilon\beta_1)_{\max} - \beta - \varepsilon\beta_1))$$

$$\sqrt{(\alpha'+\varepsilon\alpha_1')^2 + (\beta'+\varepsilon\beta_1')^2} d\tau$$

$$+ \frac{\lambda}{2}\left(\int_{t_*(\varepsilon)}^{t^*(\varepsilon)} (\varphi\psi' - \psi\varphi') d\tau + \int_{t^*(\varepsilon)}^{T(\varepsilon)} ((\alpha+\varepsilon\alpha_1)(\beta'+\varepsilon\beta_1')\right.$$

$$\left.- (\alpha'+\varepsilon\alpha_1')(\beta+\varepsilon\beta_1)) d\tau - 2|\Omega|\right),$$

这里,$t^*(\varepsilon)$ 和 $T(\varepsilon)$ 都依赖于 ε,
在驻点,即 $\varepsilon = 0$,有

$$\frac{d}{d\varepsilon}J(L+\varepsilon L)\bigg|_{\varepsilon=0} = \int_{t_*(0)}^{t^*(0)} \rho g \frac{d}{d\varepsilon}(\beta+\varepsilon\beta_1)_{\max}\bigg|_{\varepsilon=0} d\tau$$

$$+ (\gamma_1 + \rho g((\beta+\varepsilon\beta_1)_{\max}\big|_{\varepsilon=0} - \psi(t^*(0)))) \cdot \frac{dt^*(0)}{d\varepsilon}$$

$$- (\gamma_1 + \rho g((\beta+\varepsilon\beta_1)_{\max}\big|_{\varepsilon=0} - \psi(t_*(0)))) \cdot \frac{dt_*(0)}{d\varepsilon}$$

$$+ \int_{t^*(0)}^{T(0)} + \rho g\left(\frac{d}{d\varepsilon}(\beta+\varepsilon\beta_1)_{\max}\big|_{\varepsilon=0} - \beta_1\right)\sqrt{\alpha'^2 + \beta'^2} d\tau$$

$$+ \int_{t^*(0)}^{T(0)} (\gamma_2 + \rho g((\beta+\varepsilon\beta_1)_{\max}\big|_{\varepsilon=0} - \beta)) \frac{\alpha'\alpha_1' + \beta'\beta_1'}{\sqrt{\alpha'^2+\beta'^2}} d\tau$$

$$+ (\gamma_2 + \rho g((\beta+\varepsilon\beta_1)_{\max}\big|_{\varepsilon=0} - \beta))\sqrt{\alpha'^2+\beta'^2}\bigg|_{t=T(0)} \cdot \frac{dT(0)}{d\varepsilon}$$

$$- (\gamma_2 + \rho g((\beta+\varepsilon\beta_1)_{\max}\big|_{\varepsilon=0} - \beta))\sqrt{\alpha'^2+\beta'^2}\bigg|_{t=t^*(0)} \cdot \frac{dt^*(0)}{d\varepsilon}$$

$$+ \frac{\lambda}{2}\left((\varphi\psi' - \psi\varphi')\big|_{t^*(0)}\frac{dt^*(0)}{d\varepsilon} - (\varphi\psi' - \psi\varphi')\big|_{t_*(0)}\frac{dt_*(0)}{d\varepsilon}\right)$$

$$+ \frac{\lambda}{2}\left(\int_{t^*(0)}^{T(0)} (\alpha_1\beta' + \alpha\beta_1' - \alpha_1'\beta - \alpha'\beta_1) d\tau\right.$$

$$\left.+ (\alpha\beta' - \alpha'\beta)\big|_{t=T(0)} \cdot \frac{dT(0)}{d\varepsilon} - (\alpha\beta' - \alpha'\beta)\big|_{t=t^*(0)} \cdot \frac{dt^*(0)}{d\varepsilon}\right).$$

我们引入了新的符号(参见图16),

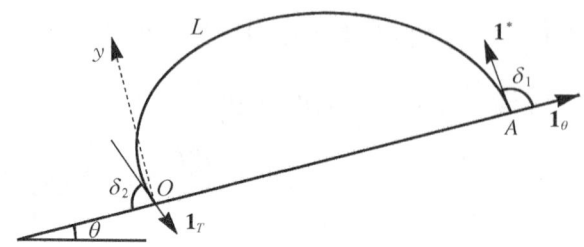

图16 切向量示意图

平行于 $\overrightarrow{OA}$: $\mathbf{1}_\theta = \{\varphi'(t_*), \psi'(t_*)\} = \{\varphi'(t^*), \psi'(t^*)\} = \{\cos\theta, \sin\theta\}$, (5)

$$A: \mathbf{1}^* = \frac{\{\alpha'(t^*), \beta'(t^*)\}}{\sqrt{\alpha'^2(t^*) + \beta'^2(t^*)}}; \quad O: \mathbf{1}_T = \frac{\{\alpha'(T), \beta'(T)\}}{\sqrt{\alpha'^2(T) + \beta'^2(T)}} \quad (6)$$

统一成以下表达式

$$\langle \mathbf{1}_\theta, \mathbf{1}_T \rangle = \cos\delta_2 = \frac{\gamma_1 + \rho g(h_{\max} - \psi(t_*))}{\gamma_2 + \rho g(h_{\max} - \beta(T))}, \quad (7)$$

$$\langle \mathbf{1}_\theta, \mathbf{1}^* \rangle = \cos\delta_1 = \frac{\gamma_1 + \rho g(h_{\max} - \psi(t^*))}{\gamma_2 + \rho g(h_{\max} - \beta(t^*))}, \quad (8)$$

独立验证, $\dfrac{d}{d\varepsilon} h_{\max}(\varepsilon) = 0$

解的一些数值数据

通过引入极坐标 $r = r(\tau) = \{x(\tau), y(\tau)\}$,我们得到了7种情况的数值解,其中3种情况为疏水表面。在模拟过程中,将 O 和 A 两个交点之间的距离 $dist(d)$ 标准化为0.001,数值结果表明,最大 h 与标准化距离 d 的比值 $(h/d)_c$ 略大于实验值 $(h/d)_{ex}$(未标准化)。在表1中,10 μL、15 μL、20 μL 体积 (v) 的模拟比分别为 $(h/d)_c = 0.72$、0.78、0.72,对应 $(h/d)_{unit} = 0.67$、0.66、0.60,人们可以发现数值模拟和实验数据之间的高度一致,包括疏水和亲水情况。

表 1 七例实验数据

分类	$V.$	h	d	$(h/d)_{unit}$	λ_{unit}	$(h/d)_c$	λ_{ex}	$(h/d)_{ex}$
水在石蜡上（疏水）	5	1.47	2.20	0.67	$-14g \cdot d$	0.72	$-5.7g \cdot d$	0.81
	10	1.86	2.82	0.66	$-13g \cdot d$	0.78	$-3.8g \cdot d$	0.94
	15	2.09	3.46	0.60	$-13.5g \cdot d$	0.74	$-3g \cdot d$	0.91
水在玻璃板上（亲水）	15	1.02	3.91	0.26	$-12.5g \cdot d$	0.28	$-2.6g \cdot d$	0.29
	20	1.06	4.27	0.25	$-12.5g \cdot d$	0.28	$-2.4g \cdot d$	0.29
	sm	0.93	3.77	0.25	$-12g \cdot d$	0.27	$-2.6g \cdot d$	0.29
	25	1.14	4.73	0.24	$-12g \cdot d$	0.27	$-1.9g \cdot d$	0.29

那么，最大值点 (x_m, h) 对应于参数 $\zeta = 0$，$O(0, 0)$ 对应于 $\xi_0(\xi_2) = \pi - \delta_2 + \theta$，$A(x_1, y_1)$ 对应于 $\xi_1 = \pi - \delta_1 - \theta$ ($\xi_1 < 0$)，因此

$$\frac{[\gamma_2 + \rho g(h - y(x))]}{\sqrt{1 + y'^2(x)}} = \lambda y(x) + \frac{(\gamma_2 + \rho g h)}{\sqrt{1 + y'^2(0)}} =: \lambda y(x) + c_1$$

这里，$c_1 = \dfrac{\gamma_2(\lambda + \rho g)}{\rho g + \lambda \sqrt{1 + y'^2(0)}}$，因此，我们得到

$$y(x) = \frac{\gamma_2(\lambda + \rho g)(\sqrt{1 + y'^2(0)} \cos \zeta - 1)}{(\lambda + \rho g \cos \zeta)(\sqrt{1 + y'^2(0)} \lambda + \rho g)}, \tag{9}$$

我们回到

$$\frac{dy}{dx} = \tan \zeta = \frac{dy}{d\zeta}\frac{d\zeta}{dx} \Rightarrow \frac{dx}{d\zeta} = \frac{dy}{d\zeta} \cot \zeta,$$

这意味着

$$x(\zeta) = \int \frac{dy}{d\zeta} \cot \zeta \, d\zeta = \int \cot \zeta \, dy = y \cot \zeta + \int y \csc^2 \zeta \, d\zeta,$$

用 $\Lambda = \dfrac{\rho g + \lambda}{\rho g - \lambda}$ 表示，就不难得到积分表达式

1) $-\dfrac{\rho g}{\sqrt{1+\tau_0}} < \lambda < \rho g$,

$$x(\zeta) = y(\zeta)\cot\zeta + \dfrac{\gamma_2}{4(\rho g - \lambda)}\left(8\rho g\cot\dfrac{\zeta}{2} + \dfrac{2(\lambda + \rho g)(\sqrt{1+\tau_0}+1)\tan\dfrac{\zeta}{2}}{\rho g + \lambda\sqrt{1+\tau_0}}\right.$$

$$\left. -\dfrac{(\sqrt{1+\tau_0}-1)}{(\rho g + \lambda\sqrt{1+\tau_0})\sqrt{\Lambda}}\ln\dfrac{\tan\dfrac{\zeta}{2}-\sqrt{\Lambda}}{\tan\dfrac{\zeta}{2}+\sqrt{\Lambda}}\right) + C$$

2) $\lambda > \rho g$,

$$x(\zeta) = y(\zeta)\cot\zeta + \dfrac{2\gamma_2\rho g}{(\lambda^2 - \rho^2 g^2)}\sqrt{-\Lambda}\arctan\left(\sqrt{\dfrac{-1}{\Lambda}}\tan\dfrac{\zeta}{2}\right) - \dfrac{\gamma_2\csc\zeta}{(\lambda - \rho g)}$$

$$+ \dfrac{\gamma_2(\lambda + \rho g\sqrt{1+\tau_0})\cot\zeta}{(\lambda - \rho g)(\rho g + \lambda\sqrt{1+\tau_0})} + C$$

3) $\lambda = \rho g$,

$$x(\zeta) = y(\zeta)\cot\zeta - \dfrac{\gamma_2(3\sqrt{1+\tau_0} + (2\cos\zeta + \cos(2\zeta))(\sqrt{1+\tau_0}-2))}{12\lambda(1+\sqrt{1+\tau_0})\sin\dfrac{\zeta}{2}\cos^3\dfrac{\zeta}{2}} + C$$

模型Ⅱ

在本节中，我们给出了由 Musterd 等人[1]给出的 Young-Laplace 方程泛函的参数表达式，固体倾斜角假定为 $\theta°$（参考图17）。

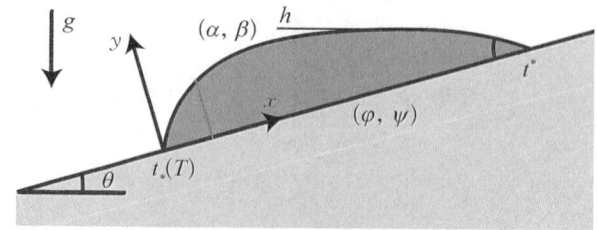

图17 方程的参数表达式

参数表示模型

设液滴边界为：气液界面 L，$x = \alpha(t)$，$y = \beta(t)$ （$t \in [t^*, T]$），并且固液

界面 $x = \varphi(t)$, $y = \psi(t)$ ($t \in [t_*, t^*]$), 起始点为 $t_* = 0$, 我们假设体积 $|\Omega|$ 是固定的, 则能量平衡表示为

$$J(L) = \int_{t_*}^{T} \left(\gamma \sqrt{\alpha'^2 + \beta'^2} + \left(\alpha \sin\theta + \frac{1}{2}\beta\cos\theta \right) \rho g \beta \alpha' - \gamma \alpha' \cos\theta_Y \right) dt$$

$$- \lambda \frac{\gamma}{2} \left(\int_{t_*}^{t^*} W(\varphi, \psi) dt + \int_{t^*}^{T} W(\alpha, \beta) dt \right)$$

这里张力 $\gamma = \gamma_{gl}$ 位于气液表面, 面积 $|\Omega|$ 以朗斯基行列式 $W(\alpha, \beta) = \alpha(t)\beta'(t) - \alpha'(t)\beta(t)$ 表示。由于除两个端点外, 在线(固液面)上没有振荡, 因此我们只考虑气液面 L 上的振荡函数 $L_1: \{\alpha_1(t), \beta(t)\}$, 从而, 拉格朗日函数变成

$$J(L + \varepsilon L_1) = \int_{t_*}^{T} \left(\gamma \sqrt{(\alpha' + \varepsilon\alpha_1')^2 + (\beta' + \varepsilon\beta_1')^2} - \gamma(\alpha' + \varepsilon\alpha_1')\cos\theta_Y \right.$$

$$+ \rho g((\alpha + \varepsilon\alpha_1)(\beta + \varepsilon\beta_1)\sin\theta$$

$$\left. + \frac{1}{2}(\beta + \varepsilon\beta_1)^2\cos\theta)(\alpha' + \varepsilon\alpha_1') \right) dt$$

$$- \lambda \frac{\gamma}{2} \left(\int_{t_*}^{t^*} W(\varphi, \psi) dt + \int_{t^*}^{T} W(\alpha + \varepsilon\alpha_1, \beta + \varepsilon\beta_1) dt \right)$$

在鞍点 $\varepsilon = 0$ 处,

$$0 = \frac{d}{d\varepsilon} J(L + \varepsilon L_1) \Big|_{\varepsilon=0}$$

$$= \int_{t_*}^{T} \left[\gamma \frac{\alpha'\alpha_1' + \beta'\beta_1'}{\sqrt{\alpha'^2 + \beta'^2}} + \rho g \left(\alpha\beta\sin\theta + \frac{\beta^2}{2}\cos\theta \right) \alpha_1' - \gamma\alpha_1'\cos\theta_Y \right.$$

$$\left. + \rho g((\beta\alpha_1 + \alpha\beta_1)\sin\theta + \beta\beta_1\cos\theta)\alpha' \right] dt$$

$$- \left(\gamma\sqrt{\alpha'^2 + \beta'^2} - \gamma\alpha'\cos\theta_Y + \rho g\left(\alpha\beta\sin\theta + \frac{1}{2}\beta^2\cos\theta \right)\alpha' \right) \Big|_{t^*} t^{*\prime}(0)$$

$$+ \left(\gamma\sqrt{\alpha'^2 + \beta'^2} - \gamma\alpha'\cos\theta_Y + \rho g\left(\alpha\beta\sin\theta + \frac{1}{2}\beta^2\cos\theta \right)\alpha' \right) \Big|_{T} T'(0)$$

$$- \lambda \frac{\gamma}{2} \left(W(\varphi, \psi) \Big|_{t^*} t^{*\prime}(0) - W(\varphi, \psi) \Big|_{t_*} t_*'(0) \right.$$

$$\left. + W(\alpha, \beta) \Big|_{T} T'(0) - W(\alpha, \beta) \Big|_{t^*} t^{*\prime}(0) \right)$$

$$-\lambda \frac{\gamma}{2} \int_{t^*}^{T} (\beta' \alpha_1 + \alpha \beta_1' - \beta \alpha_1' - \alpha' \beta_1) \, dt$$

$$= \int_{t^*}^{T} \left[-\gamma \{\alpha_1, \beta_1\} \frac{d}{dt} \frac{\{\alpha', \beta'\}}{\sqrt{\alpha'^2 + \beta'^2}} - \alpha_1 \frac{d}{dt} \left(\rho g \left(\alpha \beta \sin\theta + \frac{\beta^2}{2} \cos\theta \right) - \gamma \cos\theta_Y \right) \right.$$

$$\left. + \{\alpha_1, \beta_1\} \cdot \rho g \alpha' \{\beta \sin\theta, (\alpha \sin\theta + \beta \cos\theta)\} \right] dt + \gamma \frac{\{\alpha_1, \beta_1\} \cdot \{\alpha', \beta'\}}{\sqrt{\alpha'^2 + \beta'^2}} \bigg|_{t^*}^{T}$$

$$+ \alpha_1 \left(\rho g \left(\alpha \beta \sin\theta + \frac{\beta^2}{2} \cos\theta \right) - \gamma \cos\theta_Y \right) \bigg|_{t^*}^{T}$$

$$- \left(\gamma \sqrt{\alpha'^2 + \beta'^2} - \gamma \alpha' \cos\theta_Y + \rho g \left(\alpha \beta \sin\theta + \frac{1}{2} \beta^2 \cos\theta \right) \alpha' \right) \bigg|_{t^*} t^{*\prime}(0)$$

$$+ \left(\gamma \sqrt{\alpha'^2 + \beta'^2} - \gamma \alpha' \cos\theta_Y + \rho g \left(\alpha \beta \sin\theta + \frac{1}{2} \beta^2 \cos\theta \right) \alpha' \right) \bigg|_{T} T'(0)$$

$$- \lambda \frac{\gamma}{2} (W(\varphi, \psi) \big|_{t^*} t^{*\prime}(0) - W(\varphi, \psi) \big|_{t^*} t'_*(0) + W(\alpha, \beta) \big|_{T} T'(0)$$

$$- W(\alpha, \beta) \big|_{t^*} t^{*\prime}(0)) - \lambda \gamma \int_{t^*}^{T} \{\beta', -\alpha'\} \cdot \{\alpha_1, \beta_1\} \, dt$$

$$+ \frac{\lambda \gamma}{2} \{\beta, -\alpha\} \cdot \{\alpha_1, \beta_1\} \bigg|_{t^*}^{T}$$

$$= \int_{t^*}^{T} \left[\{\alpha_1, \beta_1\} \cdot \left(-\gamma \frac{d}{dt} \frac{\{\alpha', \beta'\}}{\sqrt{\alpha'^2 + \beta'^2}} + (\rho g (\alpha \sin\theta + \beta \cos\theta) + \lambda \gamma) \{-\beta', \alpha'\} \right) \right] dt$$

$$+ \gamma \frac{\{\alpha_1, \beta_1\} \cdot \{\alpha', \beta'\}}{\sqrt{\alpha'^2 + \beta'^2}} \bigg|_{t^*}^{T} + \alpha_1 \left(\rho g \left(\alpha \beta \sin\theta + \frac{\beta^2}{2} \cos\theta \right) - \gamma \cos\theta_Y \right) \bigg|_{t^*}^{T}$$

$$- \left(\gamma \sqrt{\alpha'^2 + \beta'^2} - \gamma \alpha' \cos\theta_Y + \rho g \left(\alpha \beta \sin\theta + \frac{1}{2} \beta^2 \cos\theta \right) \alpha' \right) \bigg|_{t^*} t^{*\prime}(0)$$

$$+ \left(\gamma \sqrt{\alpha'^2 + \beta'^2} - \gamma \alpha' \cos\theta_Y + \rho g \left(\alpha \beta \sin\theta + \frac{1}{2} \beta^2 \cos\theta \right) \alpha' \right) \bigg|_{T} T'(0)$$

$$- \lambda \frac{\gamma}{2} (W(\varphi, \psi) \big|_{t^*} t^{*\prime}(0) - W(\varphi, \psi) \big|_{t^*} t'_*(0) + W(\alpha, \beta) \big|_{T} T'(0)$$

$$- W(\alpha, \beta) \big|_{t^*} t^{*\prime}(0)) + \frac{\lambda \gamma}{2} \{\beta, -\alpha\} \cdot \{\alpha_1, \beta_1\} \bigg|_{t^*}^{T} \quad (10)$$

让我们看一下方程(10)中的积分项,注意,可以发现,对于 $\forall t \in \lceil t^*, T \rceil$,振荡函数 $\{\alpha, \beta\}(t)$ 是任意的,

$$\frac{d}{dt}\frac{-\gamma\{\alpha',\beta'\}}{\sqrt{\alpha'^2+\beta'^2}}+(\rho g(\alpha\sin\theta+\beta\cos\theta)+\lambda\gamma)\{-\beta',\alpha'\}=0, \quad (11)$$

等价性的验证：方程(11)是一对相依方程，具体见(11)中的导数，

$$0=-\gamma\frac{\alpha''\sqrt{\alpha'^2+\beta'^2}-\dfrac{\alpha'(\alpha'\alpha''+\beta'\beta'')}{\sqrt{\alpha'^2+\beta'^2}}}{(\sqrt{\alpha'^2+\beta'^2})^2}-\beta'(\rho g(\alpha\sin\theta+\beta\cos\theta)+\lambda\gamma)$$

$$=\frac{-\gamma}{(\sqrt{\alpha'^2+\beta'^2})^3}(\alpha''\beta'^2-\alpha'\beta'\beta'')-\beta'(\rho g(\alpha\sin\theta+\beta\cos\theta)+\lambda\gamma) \quad (12)$$

$$0=-\gamma\frac{\beta''\sqrt{\alpha'^2+\beta'^2}-\dfrac{\beta'(\alpha'\alpha''+\beta'\beta'')}{\sqrt{\alpha'^2+\beta'^2}}}{(\sqrt{\alpha'^2+\beta'^2})^2}+\alpha'(\rho g(\alpha\sin\theta+\beta\cos\theta)+\lambda\gamma)$$

$$=\frac{-\gamma}{(\sqrt{\alpha'^2+\beta'^2})^3}(\beta''\alpha'^2-\alpha'\beta'\alpha'')+\alpha'(\rho g(\alpha\sin\theta+\beta\cos\theta)+\lambda\gamma) \quad (13)$$

因此，将(12)和(13)分别乘以 α' 和 β'，然后对这两个方程求和，得到一个恒等式

$$0=-\frac{\gamma\alpha'(\alpha''\beta'^2-\alpha'\beta'\beta'')}{(\sqrt{\alpha'^2+\beta'^2})^3}-\frac{\gamma\beta'(\beta''\alpha'^2-\alpha'\beta'\alpha'')}{(\sqrt{\alpha'^2+\beta'^2})^3}$$

$$=-\frac{\gamma}{(\sqrt{\alpha'^2+\beta'^2})^3}(\alpha'\alpha''\beta'^2-\alpha'^2\beta'\beta''+\beta'\beta''\alpha'^2-\alpha'\beta'^2\alpha'')=0 \quad (14)$$

因此，由上式(14)可知，式(11)是一对解相同的方程。

边界条件的讨论

我们转而考虑接触点的边界条件，对于上面的非局部模型，我们可以得到类似的结果（这里我们省略了推导过程）。

因此，我们将上面所有的边界条件列示如下：

1) $\beta_1(t^*)$ 的系数

$$0=\frac{\lambda}{2}\alpha(t^*)-\frac{\beta'(t^*)}{\sqrt{\alpha'^2(t^*)+\beta'^2(t^*)}}; \quad (15)$$

2) $\alpha_1(t^*)$ 的系数

$$0 = \varphi'(t^*)\cos\theta_Y - \frac{\{\alpha'(t^*),\beta'(t^*)\}\cdot\{\varphi'(t^*),\psi'(t^*)\}}{\sqrt{\alpha'^2(t^*)+\beta'^2(t^*)}}$$
$$-\frac{\rho g}{\gamma}\beta(t^*)\left(\alpha(t^*)\sin\theta + \frac{\beta(t^*)}{2}\cos\theta\right)\varphi'(t^*); \quad (16)$$

3) $\beta_1(T)$ 的系数

$$0 = -\varphi'(t_*)\cos\theta_Y + \frac{\rho g}{\gamma}\beta(T)\left(\alpha(T)\sin\theta + \frac{\beta(T)}{2}\cos\theta\right)\varphi'(t_*)$$
$$+\frac{\varphi'(t_*)\alpha'(T)+\psi'(t_*)\beta'(T)}{\sqrt{\alpha'^2(T)+\beta'^2(T)}}; \quad (17)$$

4) $\alpha_1(T)$ 的系数

$$0 = \varphi'(t_*)\cos\theta_Y - \frac{\rho g}{\gamma}\beta(T)\left(\alpha(T)\sin\theta + \frac{\beta(T)}{2}\cos\theta\right)\varphi'(t_*)$$
$$-\frac{\varphi'(t_*)\alpha'(T)+\psi'(t_*)\beta'(T)}{\sqrt{\alpha'^2(T)+\beta'^2(T)}} \quad (18)$$

不难发现(16)~(18)这三个方程是相容的。

互联网平台滥用市场支配地位下的消费者权益保障问题再思考①

丁庭威*

摘要：互联网平台违反《反垄断法》规定，滥用市场支配地位损害消费者权益的案例屡见不鲜。研究探寻互联网平台滥用市场支配地位视角下的消费者权益保障路径。首先，区别"应用层面"与"平台层面"，再区分平台层面滥用市场支配地位的类型，重点规制"剥削性滥用"，从定性与定量两个方面控制"剥削性滥用"。其次，多方位监督"刷单"这类"虚假交易"的行为，防止平台内经营者因"虚假交易"行为形成市场支配地位，而直接或间接地形成"算法默示共谋"损害消费者权益。最后，通过形成"真实交易"对消费者权益予以保障。

关键词：消费者权益；平台经营者；网络效应；平台内经营者；剥削性滥用；算法默示共谋

一、问题的提出

互联网平台经济（以下简称平台经济）快速发展，互联网平台（以下简称平台）为经济的发展注入了新的活力，我国经济在网络与科技力量的合力下正努力向更高质量的方向发展。然而，在平台经济发展的过程中，平台垄断问题突出，其滥用自身市场支配地位排除、限制竞争的情形屡见不鲜，消费者权益在很大程度上受到损害，具体表现为信息茧房造就的大数据杀熟、资本无序扩张挤压底层群众生存空间、并购导致一家独大任意定价，等等。这些对消费者权益的损

---

① 原题《平台滥用市场支配地位下的消费者权益保障》，载《法治论坛》2022年第2期。收入本书时略有修改。
* 丁庭威，男，中国人民大学法学院2020级博士研究生。

害是显而易见的①。相关问题已经被注意到,2020年召开的中央经济工作会议提出"强化反垄断和防止资本无序扩张"②,在这一背景下,加强对平台的反垄断规制,并防止以平台为载体的资本进行无序扩张,皆需要对消费者权益的保障问题给予更多的关注。

二、消费者权益保障的《反垄断法》理论依据

（一）作为"社会本位法"之《反垄断法》的宗旨——兼议"人本主义经济法"对消费者权益的保障

《反垄断法》作为经济法的重要组成部分,"社会本位"的法律品格自然融入其中,具有典型的社会本位法的属性。社会本位法追求对社会公共利益的保障,社会公共利益的保障也必将落实到每一个消费者的利益之上,只有消费者权益得到了保障,社会本位才能真正实现其价值。

有学者提出"人本主义经济法"③这一概念,给经济法"社会本位"的法律品格带来了更好的提升与发展,因为社会的发展终究是为了个人更好地发展,消费者作为个人,理应成为社会发展受益对象的出发点与落脚点。然而,在平台经济发展的背景下,消费者似乎变成一件件待价而沽的商品,平台更多关注的是消费者各种数据的当下价值以及经过算法分析后所挖掘的未来价值,如何充分发挥每个消费者最大化价值,是平台背后所隐藏的资本"逐利性"的生动写照。在现代社会中,对消费者权利及时、有效地维护已成为衡量有效的社会治理和管控的重要指标④。《反垄断法》作为经济法是治国之法⑤,对消费者权利及时、有效地维护是其重要关切。换言之,我国在发展平台经济的历史语境中必须强调以民为本,谋求使民"相安相养"之道,否则,一旦平台经济的发展摆脱了法律确信的束缚,实证法律也就失去公共意识对它的确认⑥。在经济法与《反垄断法》的语境之下,消费者即是"民"之根本,"人本"之核心。为

---

① 参见丁庭威:《互联网平台滥用市场支配地位规制路径新探——以双边市场下相关市场界定为分析视角》,《科技与法律(中英文)》2021年第2期。
② 《一图速览2020年中央经济工作会议》,新华网,2020年12月19日。
③ 张世明:《经济法学理论演变原论》,中国人民大学出版社2019年版,第415页。
④ 陈兵:《反垄断法实施与消费者保护的协同发展》,《法学》2013年第9期。
⑤ 张守文:《提升治国能力的经济法路径》,《中国高校社会科学》2015年第1期。
⑥ 张世明:《经济法学理论演变原论》,中国人民大学出版社2019年版,第407页。

防止经济法所追求的正义跟着"富人私奔"、跟着"平台游走",对消费者权益的保障应是《反垄断法》"社会本位"宗旨的题中应有之义,经济法"人本主义"的必然要求。

(二)《反垄断法》的立法目的——兼议保障消费者权益目的的首位性

《反垄断法》第1条规定:"为了预防和制止垄断行为,保护市场公平竞争,鼓励创新,提高经济运行效率,维护消费者利益和社会公共利益,促进社会主义市场经济健康发展,制定本法。"因此"维护消费者利益和社会公共利益"[①]是《反垄断法》的重要立法目的之一。反观当下,反垄断的执法与司法实践是否很好地坚守这一立法目的?在平台经济发展迅猛的今天,消费者权益保障是否到位?屡见不鲜的平台滥用市场支配地位而产生的"大数据杀熟""强制二选一"以及"消费者数据的泄露"等种种问题便可看出对消费者权益的保障并不乐观。虽然当前我国《反垄断法》将保障消费者权益明确写入立法,但由于缺乏具体的操作规范,出现了立法与实践上的较大落差,减损了《反垄断法》的应有功能,不利于其立法目的的实现[②]。

《反垄断法》通过保护竞争过程来达到保护消费者的目的,因为消费者乃经营者转嫁竞争过程中损失的终端所在[③]。《反垄断法》中并列多元的立法目的,极易产生"顾左右而言他"的适用困境。例如在反垄断实践中,某一行为对消费者权益的损害是显而易见的,然而执法或司法机构会以这是为了"保护市场公平竞争""鼓励创新"或"提高经济运行效率"等目的,进而选择继续执行,这种情况在实践中时常发生,而消费者往往处于被动状态或弱势地位,常常有苦难言。因此,在立法目的中,明确一个首位目的便显得至关重要,这有利于提高法律适用的统一性,也将有助于减少执法与司法过程中的乱象。越来越多的学者认为对消费者权益的保障是《反垄断法》的最终价值取向与目的[④]。美国反托拉斯协会负责人蓝德(Robert H. Lande)认为反垄断法的最基本目标不是效率问题,而是分配问题,是阻止财富不公平地

[①] 在全文中,为配合法条的相关规定,笔者多次出现"消费者利益"这一表述。若无特殊强调,为方便论述,该处的"消费者利益"与"消费者权益"在内涵上并无二致,不刻意作区分。

[②] 陈兵:《反垄断法实施与消费者保护的协同发展》,《法学》2013年第9期。

[③] 孙颖:《论竞争法对消费者的保护》,《中国政法大学学报》2008年第4期。

[④] 徐孟洲:《论我国反垄断法的价值与核心价值》,《法学家》2008年第1期;王晓晔:《〈反垄断法〉聚焦:我国反垄断立法的宗旨》,《华东政法大学学报》2008年第2期;刘宁元:《反垄断法政策目标的多元化》,《法学》2009年第10期。

从消费者转移到拥有市场势力的生产者,即防止通过垄断剥夺消费者应得的福利①。赖源河也有相同表述,公正自由之竞争固然为独立禁止法之直接目的,不过这一直接目的又是独立禁止终极目的之大成(消费者权益之确保)的手段的目的②。

自20世纪以来,在全球范围内出现的"消费者运动"所形成的"消费者社会"诉求③已经深刻地影响到世界各国经济贸易发展的主旨,自由公平竞争的开展与消费者权益的保障这两者之间的关系趋于一致。对消费者权益的保障,基本上可以等同于对全体社会成员利益的保障,即对社会公共利益的保障。立法目的内核契合或趋同的情形下,表明"维护消费者利益"应摆在《反垄断法》立法目的的首位。这一点从《国务院反垄断委员会关于平台经济领域的反垄断指南》(以下简称《指南》)便可窥见。《指南》更进一步强调了《反垄断法》的实施应当关注消费者利益④。消费者作为源头,由于涉及一切的生活关系,对其利益的保障亦是牵一发而动全身的。保障消费者权益作为《反垄断法》的重要立法目的之一,应当摆在诸多目的之首,以提高该目的条款的适用性。

诚如前文所述,在平台经济发展的过程中,对消费者权益的保障相对缺席,而《反垄断法》作为经济法的重要组成部分,具有社会本位性,而"社会本位"的法律品格讲究追求社会公共利益最大化,维护消费者权益是维护社会公共利益的题中之义,因此,对消费者权益的保障符合反垄断法的法律品格与价值追求;与此同时,作为《反垄断法》的重要立法目的之一,消费者权益的保障应位于众多立法目的之首,以更好地统筹适用《反垄断法》,防止适用目的条款时的混乱与失序。

三、互联网平台滥用市场支配地位下消费者权益保障的困境

在平台经济的发展过程中,反观现实,平台具有诸多网络效应,例如:锁定

---

① See Robert H. Lande, Wealth Transfers as the Original and Primary Concern of Antitrust: The Efficiency Interpretation Challenged, The Hastings Law Journal, 1999, pp. 890 – 957.
② 赖源河:《公平交易法新论》,中国政法大学出版社2002年版,第21页。
③ See P. Steams, Stages of Consumerism: Recent Work on the Issue of Periodization, The Journal of Modern History, 1997, pp. 102 – 117.
④ 仅是"消费者利益"这一词组在《指南》中便出现了7次。

效应、传导效应与混同效应,且占有市场支配地位的平台常常滥用其网络效应所产生的市场力量损害消费者权益①,而《反垄断法》在因应新业态新变化时显得力有不逮。

(一)平台经营者对消费者权益的损害

1. 锁定效应:对消费者个人信息权、知情权与安全保障权的损害

(1)锁定效应对消费者个人信息权的损害

实践中很多案例均可表明平台的锁定效应②给消费者个人信息权带来的侵扰与损害。当下,几乎人人都是网民,每个网民也都是消费者,其数据构成消费者个人信息的重要组成部分。平台形成锁定效应的第一步便是收集消费者的个人数据,而在此过程中,难免对消费者的个人信息权造成损害,具体表现为物质利益的损害与非物质利益的损害。其一,物质利益的损害是显而易见的,从我们每天收到的"垃圾短信"便可见一斑。消费者的数据被卖给有不同需求的群体,以契合这些群体的"精准推销"③,而由此所导致的诈骗、勒索等案件也经常见诸公安机关的报道。其二,非物质利益的损害,这一损害是隐性的,但也成为消费者生活中的不安定因素。平台在收集、分析消费者数据的过程中,对消费者的诸多私密信息尽可"收入囊中",如隐性疾病、个人癖好等各种消费者不愿透露的隐私数据④。对平台所收集数据的利用与保护之边界并非本文探讨重点,但数据的过分收集终究将对消费者个人信息权造成显性或隐性的损害。

(2)锁定效应对消费者知情权的损害

与此同时,平台通过大数据与算法编织"信息茧房",并通过技术设障、提

---

① 锁定效应、传导效应以及混同效应是互联网平台排除、限制竞争的重要手段与方式,一旦竞争受到限制,相应的损害最终会传递到终端消费者的身上,质言之,互联网平台滥用市场支配地位排除、限制竞争的最终结果即是对消费者权益的损害。参见焦海涛:《"二选一"行为的反垄断法分析》,《财经法学》2018 年第 5 期。

② 锁定效应,是指先发展起来的技术仅凭借其先进入市场的优势,从可预期性、高效性、灵活性和便利性等方面进行锁定,从而实现收益递增的良性循环,进而在竞争中胜出。See W. Brian Arthur, Competing Technologies, Increasing Returns, and Lock-In by Historical Events, 1989, pp. 116-131.

③ 日常生活中,很多人表示自己仅仅在网上搜索过相关商品,就会有相关产品的商家打电话过来进行推销。有人表示:"我刚刚在网上搜索了一下源氏木语的家具,没过一分钟便收到了装修公司的推销电话,类似的情况好像发生过三四次了吧。有些令人不寒而栗。"

④ 更可怕的是,当下平台获取消费者数据不仅仅通过"文字信息输入"这种方式,更有甚者,直接通过"语音信息获取"的方式来获取消费者数据。如笔者曾说了一句"需要清理口气"的话,打开淘宝软件后,它便径直向我推荐"清理口气"的相关产品。许多人表示,均有过这样的经历。此为典型的平台利用自身市场支配地位严重侵害消费者个人信息权的表现,其收集消费者数据的触角已延伸至消费者个人生活的方方面面,令人感到恐怖。

高转向成本来加强消费者的"路径依赖",久而久之,不断形成、稳定并固化平台的锁定效应,而锁定效应在一定程度上具有"瓮中捉鳖"之功效。平台所承载的资本天然具有逐利性,其会追求利润最大化。平台汲取的利润越大,意味着消费者要付出的成本便越高,尤其是消费者在让渡自身权益时并不知情,其严重损害消费者的知情权。之所以会如此,是锁定效应固有的"路径依赖"性使得消费者对价格因素不再那么敏感,上涨5%～10%对消费者来说在"可忍受"的范围之内①。质言之,消费者可能在某种路径依赖的惯性下无意识地选择购买某种商品或服务,锁定效应很容易导致一家独大的局面,此时供给与需求可能同时失去竞争性,而平台成为唯一的"知情者",当这个"知情者"对每一种商品或服务向特定消费者进行拍卖时,通常语境下的市场可能就已经不存在了②。质言之,此时消费者的知情权全部或部分被平台剥夺,仿佛置身于"楚门的世界",消费者就如演员,他们的一切行为都是平台这一"导演"提前安排好了的。

(3) 锁定效应对消费者安全保障权的损害

平台所具有的锁定效应,不仅会针对消费者,同样针对平台上的经营者,由于平台具有交叉网络外部性(cross-group network externalities)③,成本会在消费者和经营者之间进行转移,此时平台锁定两者之后,便会提高佣金的比例,这一点从滴滴如何通过两次合并后提高消费者出行价格并上调平台上的经营者(司机)佣金的行为便可窥见一斑。

2. 传导效应对消费者自主选择权与公平交易权的损害

(1) 传导效应对消费者自主选择权的损害

传导效应在形成与扩张的过程之中,会将消费者的安装基础较为便利地传导至相关市场与不相关市场,这在一定程度上会减损作为反垄断法之竞争关切的消费者自主选择权④,我们可从2021年2月5日"虾米音乐正式关停"⑤这一事件作一管窥。在音乐市场上,网易云音乐、QQ音乐以及虾米音乐为人所熟知,时间更久远些的还有酷狗音乐、酷我音乐等,只是如今在市场上

---

① 叶明:《互联网对相关产品市场界定的挑战及解决思路》,《社会科学研究》2014年第1期。
② 曲创、刘重阳:《互联网平台经济的中国模式》,《财经问题研究》2018年第9期。
③ See Katz Michael & Carl Shapiro, *Network Externality, Competition and Compatibility*, 75 American Economic Review 424, 1985, pp. 424-440.
④ See Eleanor M. Fox, *Against Goals*, The Fordham Law Review, 2013, pp. 2157-2162.
⑤ 《虾米音乐2月5日正式关停 版权大战牺牲品?》新华网,2021年1月6日。

较为鲜见。虾米音乐的关停令众多爱好音乐的网友唏嘘不已①。反观原因，正是由于平台所具有的传导效应使得虾米音乐最终关停。网易云音乐因为与支付宝（阿里系）深度绑定，支付宝的消费者安装基础可很便利地传导至网易云音乐之中；与此同时，QQ音乐因为与微信、QQ（腾讯系）深度绑定，微信、QQ的消费者安装基础亦可很便利地传导至QQ音乐之中。虾米音乐曾经作为支付宝的合作对象之一，只要开通"88VIP"会员便可享受虾米音乐的会员服务，但后来支付宝不再提供这项服务，虾米音乐由于无法获取支付宝的消费者安装基础而最终湮没于历史尘埃之中。通过这次事件可知，平台所具有的传导效应可较为轻松地决定某个应用软件的生存状态。作为大众所熟知的虾米音乐尚且如此，遑论那些尚不为人所熟知便被扼杀在萌芽状态的应用软件。这背后便是对消费者自主选择权的损害，平台通过自身传导效应，进行差别化扶持，从而使得不同应用软件之间存在明显发展势差（而这种发展势差仅靠应用软件自身的努力并无法消弭），消费者的自主选择权也在平台发挥传导效应的过程之中被有意或无意地损害。

在欧盟，对消费者自主选择权的损害常常被给予更多关注，"若经营者具有主导地位，通过改变供应结构，其严重损害了消费者在市场上的行动自由，致使条约的目标受到阻却，这将被视为是滥用"②。平台利用传导效应对不同应用软件进行有差别的对待，这也是一种在平台经济语境下对供应结构的改变，事实上损害了消费者在市场上的选择自由，是一种典型的滥用市场支配地位的行为。针对我国虾米音乐关停这一事件，可以参照美国和欧盟的相关案例及其经验做法。如在微软案件中，美国联邦委员会（FTC）认为微软拒绝开放源代码具有锁定消费者的"减少消费者选择"的后果。在欧盟的知识产权拒绝许可行为分析中，当评估占支配地位的公司是否有供应责任时，欧盟同样不希望消费者在选择和创新利益方面受到损害③。以此反观我国虾米音乐关停事件，在很大程度上也正是因为具有绝对市场支配地位的平台拒绝对消费者的用户基础进行传导（开放源代码），进而导致"减少消费者选择"的后果出现，其对消费者自主选择权的损害是显而易见的。

---

① 《虾米关停 网友：青春散场的这一天，终于还是来了》，新华网，2021年1月6日。
② Europemballage and Continental Can v Commission [1973] E. C. R. 215 at [26].转引自张永忠：《反垄断法中的消费者福利标准：理论证成与法律适用》，《政法论坛》2013年第3期。
③ 张永忠：《反垄断法中的消费者福利标准：理论证成与法律适用》，《政法论坛》2013年第3期。

（2）传导效应对消费者公平交易权的损害

消费者的公平交易权是指消费者在购买商品或者接受服务时所享有的获得质量保障和价格合理、计量正确等公平交易的权利。正如前文所述，传导效应导致消费者自主选择权受限，由此带来的便是消费者公平交易权的受限。这是因为享受传导效应益处的应用软件往往自身实力较为强大，市场力量也较强。且其倚仗自身较强的市场力量，往往收取较高的费用。就"虾米音乐正式关停"事件而言，笔者比较了在其关停之前三家音乐的会员年费情况，网易云音乐158元，QQ音乐138元，虾米音乐88元。虾米音乐是品质较高的音乐软件之一，但最终因无法承受"传导效应之重"而退出历史舞台，的确令人扼腕。就如欧盟《数字市场法》所提及的，"平台利用强大的网络传导效应，利用企业和用户之间的中介功能来打造平台系统，从而巩固它们的地位，提高了进入壁垒，它们的不公平行为和缺乏可竞争性的市场环境使得价格更高、质量更低，选择和创新更少，从而损害消费者权益"。质言之，平台所具有的传导效应会使得平台利用自身的垄断力量提高产品价格、限制产量，导致消费者利益向垄断者转移[①]。在这背后，显而易见的是对消费者公平交易权的损害。

3. 混同效应：对消费者自主选择权与批评监督权的损害

（1）混同效应对消费者自主选择权的损害

由于混同效应导致平台在一定程度上兼具市场角色与社会角色，导致社会对平台应有的监督较难发挥作用，加之国家对平台发展寄予厚望，很多争议纠纷在一定程度上"授权"平台自身去解决，例如"淘宝客户""京东客服"等便是平台化解消费者争议纠纷的第一道防线。但由此也会带来一些问题，便是这种混同效应所带来的权利(力)很容易被滥用，现实生活中因混同效应而产生的滥用行为屡见不鲜。如"强制二选一"，著名的"3Q大战"以及"头腾大战"，都是平台具有双重角色而导致的强制"二选一"行为。与此同时，从目前来看，平台之间尚未实现完全互联互通，在混同效应的限制下，消费者难以退出既有平台，平台之间的对抗实质上会缩减消费者选择的范围[②]，这便会在一定程度上减损消费者的自主选择权。正如"3Q大战"中一审判决认为的[③]，腾讯的"二选一"行为，表

---

① 张江莉、张镭：《平台经济领域的消费者保护——基于反垄断法理论和实践的分析》，《电子政务》2021年第5期。
② 同上①。
③ 广东省高级人民法院(2011)粤高法民三初字第2号民事判决书。

面上赋予了消费者一种自由选择权,但实际上是驱使消费者只能与自己独家交易而与360软件一刀两断。此后的最高人民法院二审判决认为①,腾讯在相关市场上不具有市场支配地位,原因在于最高人民法院没有真正将难以在两个平台之间进行选择的消费者当作利益当事人,消费者在判决书中实际上是缺席的。

(2) 混同效应对消费者批评监督权的损害

因平台兼具市场与社会的双重属性,其所扮演的角色近乎"准监管主体"②。这种既当球员又当裁判员的身份使得其天然具有垄断性,对其监管的难度也较大,在一定程度上甚至演变成了"挟消费者以令天下"的局面。以淘宝平台为例,因为其自身便具有争议纠纷解决的机制,有些产品因质量问题或丢失产品问题会产生相应争议与纠纷,然而相关问题时常在平台与快递之间互相推诿,消费者的批评监督往往也会被平台内部消化,消费者最终因"投诉无门"以及时间精力问题而放弃自己拥有的这份权利。质言之,争议纠纷难以从平台"外溢",相关损害最终会转移至消费者并由消费者买单。

(二) 默示共谋：平台内经营者对消费者权益的损害

平台内经营者往往是单独个体,难以拥有平台经营者这一"上帝视角",但这并不代表它们不能或不会去损害消费者权益。换言之,平台内经营者也会利用自身市场支配地位并以此达成"算法合谋"③,尤其是达成"算法默示共谋"④来损害消费者的权益。以淘宝这一平台内的经营者(店家)为例,当消费者意图购买某一商品并输入相应商品名称进行再检索后,会出现琳琅满目的相关商品,其中不乏"销售量10万+"且"好评如潮"的商品,它们往往会出现在众多商品的前列,这些商家亦会排在众多商家的前列。笔者此前对该情形并不知情,单纯以为是商家的产品好、信誉高。后来了解到,消费者购买相关产品,收到的包裹中有小卡片以"小额返利"的方式诱导添加相关店家的客服微信,此时客服会给出相应的评语和图片,只要按照要求填写好评语就可以获得"小额返利",因此"好评如潮"便是这样得来的。过些时日,这些淘宝店家的微信客服便会找消费者,

---

① 参见最高人民法院(2013)民三终字第4号民事判决书。
② 叶明、冉隆宇：《从间接保护到直接保护：平台经济下消费者在反垄断法中的定位》,《竞争政策研究》2021年第5期。
③ See Ezrachi, Ariel & Stucke, Maurice E. Artificial intelligence & collusion: When computers inhibit competition, University of Illinois Law Review, 2017, p. 1775.
④ 时建中：《共同市场支配地位制度拓展适用于算法默示共谋研究》,《中国法学》2020年第2期。

问是否"刷单",客服会指导购买指定商品,购买后会立马将本金返回,并告知包裹将会是空包或其他不值钱的物件(如餐巾纸、湿巾),收货后按照微信客服给出的指定评语评价便可获得相应"佣金",周而复始,"销售量10万+"便产生了。通过"刷单"这种行为,平台内经营者获得平台内较好搜索排名以及平台展示位置,进而获得更多的客户"流量"。短期看,消费者似乎从中获利,但"天下没有免费的午餐";长期看,这些擅长"刷单"的商家往往会成为同行业的"佼佼者"而占据商品检索页面的榜首。由于商家天然具有逐利性,对前期为使自己占据同行业市场支配地位所支付的"虚假交易"成本自然要进行填补,此时这些成本便会以提高商品价格的方式转嫁到消费者,而一旦这些作为行业"佼佼者"且具有本行业内部的市场支配地位的商家涨价,其"销售量10万+"且"好评如潮"的假象使得消费者因"思维惰性"与"路径依赖"径直购买其商品。久而久之,其他同行业的商家便会有意无意地向这些"佼佼者"看齐,将自己的商品打造得与"佼佼者"极度相似,并同时将价格提升至"佼佼者"的相同水平,最终达到无需实质交流而仅靠算法的默示共谋便可以使平台内相同商品的价格几近一致,这一点从淘宝、京东及拼多多等平台内经营者针对同一商品定价几乎一致便可见一斑。久而久之,同一商品的价格被众多平台内经营者"默示共谋"地抬高,"溢价"严重,而这一结果最终将由消费者买单。

概言之,平台内经营者通过虚假交易行为在相关商品市场中的市场力量,并逐渐形成支配地位,进而再通过有意或无意的"默示共谋"行为,侵蚀消费者的知情权、自主选择权、公平交易权。

(三)力有不逮:《反垄断法》所规制的"剥削性滥用"对消费者权益保护的间接性

《反垄断法》规定的滥用市场支配地位行为,学理上将其划分为两种——封锁竞争式的滥用与榨取式的滥用[1]或排他性滥用与剥削性滥用[2]。前者(封锁竞争式的滥用或排他性滥用)是指具有市场支配地位的经营者通过滥用行为,如增加竞争对手成本、拒绝与竞争对手交易或拒绝其进入使用核心设备等,来减弱现有市场竞争程度或阻碍竞争的增加,该滥用行为将影响相关的市场结构,并可能在市场上形成封闭效果,抑制其他竞争者的进入或扩张,或者

---

[1] 刘孔中:《公平交易法》,台北元照出版有限公司2005年版,第53页。
[2] See D. G. Goyder, EC Competition Law 4th, Oxford University Press, 2003, p. 283.

使得其他竞争者退出该市场。后者（榨取式的滥用或剥削性滥用）直接以消费者为目标，如强加给消费者过高价格或不合理交易条款或条件，是具有市场支配地位的经营者利用其市场支配地位带给它的商业机会，以掠夺其在正常的和充分有效竞争环境下所无法获得的商业利益的违法行为[①]。前文论及的平台经营者与平台内经营者对消费者权益的损害主要是指"剥削性滥用"。但反观我国《反垄断法》的规定，第1条立法目的确实将保障消费者权益列入其中，但有学者认为，《反垄断法》是一部竞争法，其立法逻辑的核心是保护竞争[②]。这一观点对学界和反垄断执法、司法实践都产生了重要影响。在该观点的指引下，实践中的操作在一定程度上忽视了消费者的诉求，过度将《反垄断法》的价值定位于对竞争者或经营者利益的维护之上。与此同时，《反垄断法》的具体条款并没有针对保障消费者权益的可操作性内容，均为一些原则性的规定。质言之，《反垄断法》的抽象价值定位与具体条款设计均显示其对消费者权益保障的力不从心。

四、互联网平台滥用市场支配地位下的消费者权益保障之路径

（一）针对平台经营者损害消费者权益的情形——兼议规制"剥削性滥用"以增强保障消费者权益的直接性

1. 区分组织形态——"应用层面"与"平台层面"

应用（Application），一般指手机、平板及电脑的应用程序。例如 Microsoft、WPS、网易云音乐、QQ 音乐等，而平台（Platform）一般是指通过网络信息技术，使相互依赖的多边主体在特定载体提供的规则和撮合下交互，以此共同创造价值的商业组织形态，例如 App Store 等。此处便涉及一个争议，例如微信、QQ、支付宝这种软件到底处于什么形态，究竟是"应用层面"还是"平台层面"。笔者认为，这些属于"平台层面"，以一例子为证，利用微信、QQ、支付宝等平台软件可登录 WPS 办公软件、有道翻译、网易云音乐等应用软件，反之却不能利用 WPS 等应用软件登录微信、QQ、支付宝等平台软件。由此可知，后者对前者有较强的依附性，前文提及的"虾米音乐关停事件"便能很好地说明这种依附关系，加之

---

① 陈兵：《反垄断法实施与消费者保护的协同发展》，《法学》2013年第9期。
② 郑文通：《我国反垄断诉讼对"滥用市场支配地位"规定的误解》，《法学》2010年第5期。

这些软件所具有的锁定效应和传导效应,它们早已变成了平台,因此前者和后者所处的层面是不同的,其影响力自然亦不相当。再如美团,从一开始的团购应用软件发展为当下集团购、外卖、酒店、打车等众多服务于一体的平台软件,俨然已从一个应用进化成一个平台。易言之,可进行"单向度"的数据资源共享、对数据"互操性"掌握主动权的软件以及兼具多种服务功能的软件应当可判定其已经处于"平台层面"①。当软件处于"应用层面"时,其常常处于发展初期,对自身生存发展具有强烈渴望,会积极寻求、拉拢消费者,此时更注重站在消费者的角度考虑问题并会最大限度地满足消费者的体验感,往往会对消费者进行补贴。易言之,处于"应用层面"的软件在激烈的市场竞争环境下,只有尽可能提供物美价廉且方便消费者的商品,才有可能吸引消费者并逐渐形成用户黏性,进而不断提升自己的市场力量。例如各种"买菜应用"便在很大程度上对消费者让利补贴,因为只有这样,这些"应用"才有可能向"平台"发展。是故,应正确区分软件所处的组织形态,并将规制的重点集中于"平台层面",以更好地节约执法与司法资源并最大限度鼓励创新。

2. 区分平台滥用市场支配地位的类型——"排他性滥用"和"剥削性滥用"

"排他性滥用"主要针对竞争者,一般在短期内并不会对消费者权益产生直接损害,甚至在一定程度上会对消费者进行补贴,短期内对消费者有利,让利于消费者,最终的结果是消费者获得了实实在在的好处,因此对于"排他性滥用"的规制不宜太过激进,可将重点集中在防止恶性并购,防止市场竞争格局发生较大变化,进而导致一家独大,让平台充分进行竞争,这样不仅可以促进消费者权益最大化,也可节约执法成本。此时,有人会认为,只考虑消费者的权益,而罔顾经营者的权益,这对经营者而言是否太过残忍。笔者认为,市场本就是"优胜劣汰"的场域,能够充分竞争,并且在竞争中胜出本身就是"市场法则",市场经济下,"竞争"作为一种手段,必然需要长期存在,而其存在的最终价值也本就是保障消费者的权益。质言之,竞争并非目的,保障消费者权益才是最终目的。因此对"排他性滥用"规制的重点集中于防止平台恶性并购即可,至于平台"补贴""烧钱"等一系列有利于消费者的行为是可容忍的。易言之,"排他性滥用"在客观上形成的让利于

---

① 丁庭威:《互联网平台滥用市场支配地位规制路径新探——以双边市场下相关市场界定为分析视角》,《科技与法律(中英文)》2021年第2期。

消费者的行为没有问题,规制的重点使得平台的竞争格局事实上呈现一种良性的"寡头垄断"①即可。是故规制应着重于"剥削性滥用",因为平台的"剥削性滥用"直接以消费者为目标,通过对消费者权益进行侵蚀以掠夺其在正常的和充分有效的竞争环境下所无法获得的商业利益,该种滥用形态往往由"排他性滥用"发展到一定阶段后形成②,开始对消费者权益进行"吞噬"与"收割",因此对其规制十分必要。

3. 重点规制"剥削性滥用"以增强对消费者权益保障的直接性

首先,明确"定性"。第一,明确《反垄断法》是保障消费者权益的规范,明确消费者在反垄断法律关系中的定位,认定消费者就是《反垄断法》直接保护的对象,而并非仅仅保护竞争者。可通过主张以消费者公平交易权为内涵的消费者权益构成单独的《反垄断法》适用标准,区分其他学者提出的《反垄断法》是通过保护市场自由公平竞争秩序来间接保护消费者权益的观点③。第二,若有证据表明具有支配地位的平台有意利用短期亏损或放弃利润这一"排他性滥用"的方法来排斥一个或多个事实或潜在的竞争对手,以此维护、加强其市场支配地位,此阶段未对消费者权益造成实质性损害,要着重关注防止恶性并购,若"排他性滥用"发展为"剥削性滥用",可直接认定平台损害了消费者权益④,纳入《反垄断法》的调整范围。

其次,精准"定量"。明确定性之后,要逐步量化消费者的具体损失,以实际损失为限要求《反垄断法》为其提供救济。有学者认为,可以量化的消费者权益由《反垄断法》加以保护,难以量化的消费者权益由《消费者权益保护法》进行保护⑤。

(二) 针对平台内经营者损害消费者权益的情形

平台内经营者通过虚假交易行为形成并巩固自身在相关商品市场中的支配地位,此后再通过有意或无意的"算法默示共谋",侵蚀消费者的知情权、自主选择权与公平交易权。因此,为从源头上禁止虚假交易行为,需发挥平台自

---

① 史际春:《反垄断的辩证法》,《经济法学评论》2017 年第 1 期。
② 并非说"剥削性滥用"一定是"排他性滥用"的进阶,两种滥用形式完全可以同时进行。只是因为本文重点讨论的是平台滥用市场支配地位而对消费者利益造成损害,所以将规制重点放置于"剥削性滥用"这一以消费者为目标的滥用形式之上,因此为方便论述,故将两种滥用形态予以区分并明晰规制重点。
③ 丁茂中:《"360 与 QQ 事件"凸显我国竞争文化的缺失》,《法学》2011 年第 1 期。
④ 王晓晔:《反垄断法》,法律出版社 2011 年版,第 208 页。
⑤ 参见陈兵:《反垄断法实施与消费者保护的协同发展》,《法学》2013 年第 9 期。

身监督、社会监督及公权力监督的三重作用,如平台对此种"刷单"等虚假交易行为要进行处罚,时时抽检,联合快递站检查包裹真实情况①,接受消费者评价②及社会的建议与举报。与此同时,反垄断执法机构也应对这种虚假交易行为进行抽检、排查,若发现须进行处罚。久而久之,通过平台、社会及公权力的规范行为使得平台内经营者通过真实交易不断提高商品质量,防止商品"溢价"严重,尽可能提高商品质量并降低价格,为消费者提供高性价比的商品,切实保障消费者的权益。

五、余论——兼议保障消费者权益在经济法中的地位与"外循环"瓶颈的突破

社会主义市场经济从本质和客观要求来说,是消费者主权的经济。消费者主权思想充分体现了"以人为本"的理念,"人本"就是要把消费作为出发点和落脚点。人的需要主要是消费需要,消费需要不断得到满足,不断丰富,正体现社会生产目的,"人本"就是要扩大消费需求,提高消费质量,从而促进人的全面发展③。《反垄断法》作为经济法中的重要组成部分,理应秉持经济法的基本理念。《反垄断法》目的在于促进创新和发展,满足消费者多元需求,使广大消费者受益。因此,保障消费者权益应当是经济法的最终价值追求。

此外,面对复杂的国际环境,我国提出"双循环"④的要求,平台经济作为数字经济的代表,理应承担更多的责任,尤其应表现在"外循环"瓶颈的突破上。平台经济的发展得益于数据的获取应用、基础设施的建设完善、政策的倾斜扶持、消费者基数的"人口红利"以及特殊的经济社会环境等各种优厚条件,在平台经济领域,我国的商品或服务仍以性价比为竞争优势,在最根本的技术层面依然体现出不足。然而,这类的应用创新不足以构成核心竞争力,尤其是在发达国家对来自我国的数字技术高度警惕的环境下。作为数字经济代表的平台经济,理应有更多担当、追求与作为,不应将目光仅仅盯住消费者的"口袋","损了"消

---

① 因为涉及消费者隐私,仅做形式上的审查,如订单上的"交易"应当是一台收音机,而实际包裹就是一包空纸巾大小,对于这种显而易见的"刷单"行为可以在平台自身层面发挥监管作用进行规制。
② 有学者认为可通过设立"消费者评价权"作为连接平台与消费者两个层面的桥梁与纽带。参见许恋天:《消费者网络评价权的配置法理与立法表达》,《法制与社会发展》2021年第3期。
③ 尹世杰:《市场经济是消费者主权的经济》,《中国工商管理研究》1997年第3期。
④ 《中共中央政治局常务委员会召开会议》,新华网,2020年5月14日。

费者。在美国、欧盟、日本等发达国家和地区,保障消费者权益的重要力量之一就是来自那些具有国际市场优势地位的经营者,通过它们的努力和行业影响力来提升相关商品和服务的标准和质量①。单从这一点来看,我国平台经济发展的路依旧很长。质言之,我国互联网平台经济在发展中应承担更多使命,切实保障消费者权益,不断加大自身科技创新能力,寻求技术突破,向"外循环"的星辰大海进发。

参考文献:

[1] 张世明.定谳私议:奇虎诉腾讯滥用市场支配地位案中"相关市场"的认定方法[J].经济法学评论,2015(2):297-320.

[2] 应品广.经营者集中反垄断控制的福利标准——类型化之研究及我国的选择[J].兰州商学院学报,2010(4):114-121.

[3] 张世明.经济法学理论演变原论[M].中国人民大学出版社,2019.

[4] 陈兵.反垄断法实施与消费者保护的协同发展[J].法学,2013(9):82-91.

[5] 张守文.提升治国能力的经济法路径[J].中国高校社会科学,2015(1):149-155.

[6] 史际春.改革开放40年:从懵懂到自觉的中国经济法[J].东方法学,2018(6):70-82.

[7] 徐孟洲.论我国反垄断法的价值与核心价值[J].法学家,2008(1):6-10.

[8] 王晓晔.反垄断法聚焦:我国反垄断立法的宗旨[J].华东政法大学学报,2008(2):98.

[9] 刘宁元.反垄断法政策目标的多元化[J].法学,2009(10):70-76.

[10] 赖源河.公平交易法新论[M].中国政法大学出版社,2002.

[11] 兰磊.反垄断法上消费者利益的误用批判(下)[J].竞争政策研究,2016(11):73-84.

[12] 焦海涛."二选一"行为的反垄断法分析[J].财经法学,2018(5):78-92.

[13] 杨勤法,丁庭威.新时代人工智能技术发展的法律规制[J].科技与法律,2019(5):53-59.

[14] 孙晋,钟瑛嫦.互联网平台型产业相关产品市场界定新解[J].现代法学,2015(6):98-107.

[15] 王晓晔.我国《反垄断法》修订的几点思考[J].法学评论,2020(2):11-21.

[16] 苏号朋.优势电商平台"二选一"行为中的消费者权益保护[J].法律适用,2021(3):16-24.

[17] 丁茂中."360与QQ事件"凸显我国竞争文化的缺失[J].法学,2011(1):8-14.

---

① 陈兵:《反垄断法实施与消费者保护的协同发展》,《法学》2013年第9期。

点评

本文探讨作为实施《反垄断法》的宗旨之一的保障消费者权益问题,分析互联网平台滥用市场支配地位损害消费者权益的案例,着重剖析三类典型情况,并建议采用相应的有效制约措施。全文论证充分,资料翔实,观点鲜明,逻辑严密,具有较强的说服力。

图像叙事与时间

——论连环画《白光》的艺术时间诗学

李玥融[*]

摘要：连环画艺术形式完美呈现了图像叙事与时间的关系,连环画的"连"与"停"展现了图像叙事中时间的在场,叙事节奏的安排取决于绘者对故事时间的熟稔与重点顷刻的选取,得以使静态的图像具有连续性的同时,高度凝练又重点突出地完成叙事。连环画《白光》[①]以水墨淡彩皴染手法描绘物理时间,以写意笔法勾勒心理时间,作为艺术时间表达手法的创新离不开作品"变奏"时艺术时间的错位与绘者对艺术时间的探索。

关键词：图像叙事;连环画;《白光》;艺术时间

连环画这种艺术形式既具有绘画造型艺术的空间感,又具有文学艺术在时间上的延展性,连环画艺术形式完美呈现了图像叙事与时间的关系。图像叙事的本质是"使空间时间化"[②],主要有两种方式:一是利用"错觉"或"期待视野"而诉诸观者的反应;二是利用图像来组成图像系列,从而重建事件的形象流或时间流[③]。连环画正是这种利用观者的时间意识,让人在"最富于孕育性"的图像系列中建立联系,生成叙事秩序。

一、连环画的叙事节奏

黑格尔在谈到时间艺术音乐时,指出时间具有节奏,可长、可短、可拉长、可

---

[*] 李玥融,女,上海大学文学院2020级硕士研究生。
① 《白光》,贺友直绘,见《连环画报》1981年第1期。
② 龙迪勇:《空间叙事学》,生活·读书·新知三联书店2015年版,第419页。
③ 同上,第425页。

停顿,不能让时间处在无定性的状态①。连环画具有像音乐在时间上的绵延性,但在时间"节奏"处理上更为直观可感,贺友直谈连环画创作曾说"连环画作者必须具备会演'戏',会'制造'情节的本领"②,"制造"情节是对叙事节奏的把控,体现在连环画的"连"与"停"上。

(一)连环画如何"连"

其一,由系列图像连贯而成的连环画具有在时间上的流动性,因连环画的故事性、逻辑性、动作性使得其具有时间上的延展性。

从时间的角度,连环画借助了隐形的叙事逻辑连接。如贺友直所说的"意在笔先"。连环画绘制以脚本为先,以此确立故事发展大纲,通常以时间先后顺序安排画面。故而连环画的图像"一般是不再连接了,但上下幅在内容的贯连与情节的发展上却是衔接的"。③ 贺友直在编绘鲁迅小说《白光》时,原文就是文字脚本,画面之间虽不同于电影取帧般的密集,却以故事逻辑的完整连贯保证画面在故事时间上的连续性。

从空间的角度,连环画借助空间片断部分或邻近地方连接。美国诺埃尔·伯奇说:"在两个连接镜头中,脱离开时间表达,和独立于时间表达之外所表现的空间之间可能有三种表达形式……同一空间片断都是全部或部分出现在镜头 A 之中,也可以在镜头 B 中看到……可以表现一个明显是处于前面所看到的那空间片断的邻近地方。"④连环画《白光》的空间处理上大多采用同一空间片断的延续,如第一幅(图 1)至第二幅(图 2)由"看榜"的全景切换至远景,周围"看的人全已散尽了",只剩地上的残叶与陈士成一人,以统一的人物形象和空间场景作为连接。第七幅(图 3)至第九幅(图 4),分别以门、椅子作为同一空间片段将图像连接起来,既以简明的笔墨、不同的视角呈现出人物活动的空间,又使图像不雷同,达到画面的连续性。

空间上的串联亦是对无可描绘的时间形态的还原,以连贯性的空间组接呈现"存在着间隙"的时间片段,唤起观者"建立联系的欲望"⑤,感知并衡量时间的省略,亦是时间的在场。

---

① (德)黑格尔:《美学》,朱光潜译,第 3 卷上册,商务印书馆 1981 年,第 359 页。
② 贺友直:《关于做"戏"和"制造"情》,载刘千编:《贺友直谈连环画创作》,人民美术出版社 1985 年版,第 24 页。
③ 吴兆修:《"画的是修养"——连环画〈白光〉读后》,载林敏,赵素行编:《中国连环画艺术文集》,山西人民出版社 1987 年版,第 950 页。
④ (美)诺埃尔·伯奇:《电影实践理论》,周传基译,中国电影出版社 1992 年版,第 6—7 页。
⑤ (美)A.阿克里斯:《维登的〈基督下十字架〉与时间的描绘问题》,邵宏译,载上海师范大学美术学院编:《艺术史与艺术理论Ⅰ》,中国美术学院出版社 2004 年版,第 121—122 页。

图 1

图 2

图 3

图 4

其二，连环画的单幅图像通常具备动作性，使图像静态的瞬间形象具有运动感，给人时间在场的印象。单幅图像"一般只能通过一空间、一定角度的形象，集中地表现事物发展的一个场面"[①]，它只是展现某一时刻发生的事。截取运动中的时间片刻通过"变"展现出时间的流逝。黑格尔指出"时间就是变的第一种

---

① 徐景：《略论连环画》；载林敏，赵素行编：《中国连环画艺术文集》，山西人民出版社 1987 年版，第 748 页。

形式。时间在直观中是纯粹的变。时间是纯粹的变化……"①,变化展现了时间的运行现象,是对无形时刻的有形感触。如《白光》第一幅图(图1)里,陈士成右手拎起衣摆的动作是人物运动中截取的一格,穿着长袍马褂的陈士成步履匆匆赶至照壁前,因为紧张、焦虑都忘记放下衣摆,慌着找自己的名字。"陈字也不少,似乎也都争先恐后的跳进他眼睛里来,然而接着的却全不是'士成'这两个字。"②贺友直以有形的"手"代替无形的目光,悬在半空的手指成为焦灼目光的外在显现,一遍一遍点着榜上的名字,绘出了人物"找"名字的心理状态。第二幅,人群散去,陈士成仍不甘心地站在照壁前,这次他挨得更近,头高昂着、几乎没有脖子地盯着,高耸的照壁与空旷的青石板路更显出陈士成的落寞。诸如此类"以运动和变化的形式在艺术作品中赋予时间以具体形式"③,在《白光》中还有飞散的树叶(第一幅)、奔跑的人(第七幅、十九幅、二十一幅、二十八幅、三十幅)、仰脖长啸的狗(第三十一幅)、水波纹(第三十四幅)等。

  静止的图像以动作的韵律呈现时间的在场,更能通过微小的动作细节将文学语言中难以转化为图像的心理活动具象化,更好地展现出人物心理的变化。黑格尔说:"能把个人的性格、思想和目的最清楚地表现出来的是动作。"④贺友直也说:"在处理人物的动作表情时,既要追求描绘心理状态的准确性,又要追求表达情节的明确性。也就是说要求溶心理与情节于一体之中。"⑤动作呈现出人物的心理活动,展现时间的流逝,保证情节上的连贯性。

  其三,连环画图文结合的形式使得造型艺术在时间上的运动并发展,是一种空间形式的时间艺术。

  图画与图画之间不可能像电影一样做到没有间隔,画幅中的间隔需要用想象和文字来填补,因此,书中文字的说明对于画面的连续和衔接起到了重要的作用⑥。连环画的前后图像之间也存在断裂、脱节的情况,单凭图像难以梳理故事的叙事,连环画上的文字则可作为故事时间的衔接,对具有跳跃性的图像变化起到阐释说明和承上启下的作用。《白光》第三十幅(图5)至三十一幅(图6)中,

---

① (德)黑格尔:《哲学史演讲录》,第1卷,商务印书馆1981年版,第304页。
② 鲁迅:《呐喊·彷徨》,四川人民出版社2018年版,第130页。
③ (美)罗伯森、迈克尔尼尔:《当代艺术的主题:1980年以后的视觉艺术》,匡骁译,江苏美术出版社2011年版,第126页。
④ (德)黑格尔:《美学》,朱光潜译,第1卷,商务印书馆2017年版,第278页。
⑤ 贺友直:《关于做"戏"和"制造"情节》,刘千汇编:《贺友直谈连环画创作》,人民美术出版社1985年版,第25页。
⑥ 宛少军:《20世纪中国连环画研究》,广西美术出版社2012年版,第25页。

没有统一的人物形象和邻近的空间片段组接,也并非按照时间顺序铺排,需借助文字填补图像之间的空白,"……他突然仰面向天,月亮已向西高峰这方面隐去,远想离城三十五里的西高峰正在眼前,朝笏一般黑魆魆的挺立着,周围便放出浩大闪烁的白光来。而且这白光又远远的就在前面了。"(图5)"'是的,到山里去!'他决定的想,惨然的奔出去了。"(图6)两幅图像与文字说明之间存在时间错位,是故事时间的倒置,亦是贺友直艺术处理的用心所在。图5圆圈外围的阴影处理遮挡了陈士成的现实空间,是对"白光"的重点刻画,更是人物"发疯"的精神写照。图6将远处山里的西高峰与村落并置在同一空间中,依照陈士成的行动轨迹描绘却独不见陈士成,这是将陈士成死前最后一次亮相移前,以之后几幅萧索寂寥的景物铺垫人物的悲凉结局,时间倒置的处理营造出作品的凄凉氛围,引导观者想象人物具体的内心世界,体悟作品的意旨。

图5　　　　　　　　　　　　图6

连环画中的文字弥补图像之间存在的时间空白,以文字具有的在时间上的绵延性使图像表现内容更丰富深刻。"图文并茂"使得连环画图文互证、互补,综合了空间艺术与时间艺术的特征,既具有造型艺术对空间上画面准确具体的要求,同时也留给观者以想象空间,揣摩图像与文字背后的深意。

(二)连环画在何处"停"

连环画上的图像是绘者选取的阅读停顿点,以空间形式在最具有表现能力的时间节点上呈现故事的关键情节、完成叙事功能。连环画的"停"需要绘者依据文学脚本的事件发展过程,考量接受者视听时间与感觉时间的前提下对故事时间进行切割,凝结成连环画的某一顷刻。

莱辛在《拉奥孔》中指出如图像一类的造型艺术"由于材料的限制,只能把它的全部模仿局限于某一顷刻……绘画在它的同时并列的构图里,只能运用动作的某一顷刻,所以就要选择最富于孕育性的那一顷刻,使得前前后后都可以从这一顷刻得到最清楚的理解"①。"最富于孕育性的那一顷刻"成为美学的重要理论,指最富于暗示性、引人想象的时刻,在叙事中是最具有表达能力的情节点。

图 7

以连环画《白光》对陈士成之死的处理为例(图 7),一幅枯叶水波图暗示陈士成的死,描绘陈士成的死却使主人公不显现,犹如"深山藏古寺"只画和尚不画寺、"听取蛙声一片"不画蛙画蝌蚪般巧妙,以孕育性顷刻画面引导读者对事件前因后果的想象,正如莱辛所说:"从大风暴抛掷到岸上的破船和残骸去认识那场大风暴本身。"②这种处理避免事件发展的顶点那种激烈的景色,想象被限止住而跳不出感官印象,选取孕育性的顷刻使得图像含蓄而深邃,增添图像的想象空间与艺术性。

连环画的"连"与"停"展现了图像叙事中时间的在场,叙事节奏的安排取决于绘者对故事时间的熟稔与某一顷刻的选取,使得静态的图像具有连续性的同时,高度凝练又重点突出地完成叙事。

二、连环画中艺术时间的艺术表达

艺术时间"是广义的作品中的事件时间,即情节时间,并综合了艺术时间既作为心理的、知觉的,又作为概念的、又是栩栩如生的感性形象的时间。这样,把主观的时间,我的时间,作者的时间,与客观的时间、情节时间、主人公的时间、读者的时间等等融合(结合)在一起"③。可见艺术时间"利用主体知觉时间的多样

---

① (德)莱辛:《拉奥孔》,朱光潜译,人民文学出版社 1984 年版,第 23—24 页。
② 同上,第 18—21 页。
③ 卢小合:《艺术时间诗学与巴赫金的赫罗诺托普理论》,北京大学出版社 2016 年版,第 86 页。

化"(利哈乔夫语),不仅聚焦了艺术家对现实时间的主观反映,也涵盖了接受者的知觉时间与感性时间,是总的社会历史时间在艺术作品中的审美反映。对艺术时间的研究,从根本上说反映着一定社会时间的整体,反映着艺术时间与真实时间的关系,反映着艺术与生活的本质关系①。

连环画中的艺术时间主要指情节时间,连环画作为空间形式存在的时间艺术,既是生命体活动的场所,亦是时间意识的外显所在。贺友直说情节"偏重于描绘人与人的关系"②,通过事件得以展现。《白光》与一般的连环画脚本相比,缺少曲折的故事情节、复杂的人物关系和丰富多彩的生活场景,诚然难以"做戏",全文唯一中心人物陈士成的行动即为故事的情节,陈士成的生命时间即为连环画的艺术时间。缺乏叙事性的连环画更需注重时间的表达,贺友直绘制《白光》运用不同以往的艺术手法展现个体生命对时间的体验,凸显艺术时间的在场。

(一) 以水墨淡彩皴染手法描绘物理时间

贺友直说:"我每本(组)作品都要根据主题来确定基调,并不是画什么题材都是一种画风一种手法,要根据不同的内容确定不同的基调。"③绘制《白光》时,贺友直没有延续他一贯擅长的线描写实画法,而是采用中国传统水墨写意的表现形式。不少研究者分析贺友直这一画法的深意,姜维朴认为"为了适应《白光》这部作品题材的需要,画家在艺术手法上也采取了新的变化,放弃了他长期使用的单线勾描的手法,采用了水墨淡彩皴染"④。顾音海认为"运用中国画酣畅淋漓的写意水墨法,很好地突出了'白光'的虚幻本质"⑤。杨剑龙从水墨画的色温分析,认为"《白光》主人公陈士成的遭际充满了悲凉,因此画家采用了具有寒感的水墨画的方式"⑥。诚然,水墨画苍凉的色调符合鲁迅《白光》的整体基调,晕染的效果也更能体现"白光"的虚幻,但研究者们忽视了一个极为重要的角度,即水墨淡彩皴染在展现艺术时间上的重要性。

---

① 卢小合:《艺术时间诗学与巴赫金的赫罗诺托普理论·前言》,北京大学出版社 2016 年版,第3—4页。
② 贺友直:《关于做"戏"和"制造"情》;载刘千编:《贺友直谈连环画创作》,人民美术出版社 1985 年版,第24页。
③ 张公者:《小人书大文章——贺友直访谈》,《老年教育(书画艺术)》2012 年第 10 期。
④ 姜维朴:《贺友直和连环画〈山乡巨变〉〈白光〉及其他》,《连环画报》2016 年第 5 期。
⑤ 顾音海:《贺友直绘〈白光〉中陈士成形象的塑造》,《上海鲁迅研究》2016 年第 2 期,第 167—174 页。
⑥ 杨剑龙:《论贺友直连环画对鲁迅〈白光〉的阐释》,《鲁迅研究月刊》2016 年第 10 期,第 34—41 页。

连环画《白光》以赭黄色的半生熟宣为底,并运用色调微妙的变化展现时间的流逝。图9至图13展现出绘者以不同色调对应不同时间点的匠心。图8推测应为清晨,《白光》中写道:"陈士成看过县考的榜,回到家里的时候,已经是下午了。他去得本很早,一见榜,便先在这上面寻陈字。"以陈士成对县考结果的执着,他定是一放榜便去了。清晨的天空青灰色的冷色调,更有冬日清晨萧瑟严寒之感。图9是陈士成"惘惘的走向归家的路",正值下午,画面中冷色调的墨色加入暖色调红褐色,这是因为"凉风虽然拂拂的吹动他斑白的短发,初冬的太阳却还是很温和的来晒他",风是冷的,太阳光虽是温和的暖,却只叫他头晕,"脸色越加变成灰白","许多乌黑的圆圈,在眼前泛泛的游走",整体的色调依旧是冷的。图10入夜时分,"别家的炊烟早

图8　清晨

消歇了,碗筷也洗过了,而陈士成还不去做饭……独有月亮,却缓缓的出现在寒夜的空中"。进入黑夜,月亮升起,"空中青碧到如一片海,略有些浮云,仿佛有谁将粉笔洗在笔洗里似的摇曳"。淡淡的灰紫色天穹营造出凄楚悲凉的冷色调。图11整体色调是灰黑色,此时已是深夜,别家的烛火早已熄灭,只有

图9　日暮

图10　入夜

陈士成家的幽幽亮着。图12是"第二天的日中,有人在离西门十五里的万流湖里看见一个浮尸",虽是正午,却只有湖面荡着淡淡的红色,几乎隐没在整体灰色的基调中。绘者宛如克劳德·莫奈绘制《鲁昂大教堂》般把握不同时刻光的色调,捕捉瞬息万变的光线,以不同时段光源映照的物体颜色变化彰显故事时间的推进。

图11　深夜

图12　次日正午

光感正是对无形时间的捕捉,通过画面背景色彩的不同,展现故事不同的时间阶段,对应着主人公的生命时间。清晨,陈士成满怀希望在榜上寻找自己的名字,却失望而归。日暮,冷色调与暖色调叠加中的陈士成渐渐失去生机。象征链的词语"白""凉",正好与"黑""红""温暖"形成对照,这样,就安排了两个相互对立的象征链:一方是象征链"白"—"凉"→死亡;另一方是其对立面:"红"—"温和"—"太阳"→生。与这种对比相应的是,先写风是凉的,再写太阳是温和的,然后太阳把陈士成晒得头晕的描写,将平静舒适的印象打消了①。陈士成经受落第打击,萎靡的生命状态如落日,即将消逝。入夜,冷月青光,寒夜的冷色调延续至结尾,衬托出陈士成因前程幻灭而产生的悲哀孤寂之感,预示着人物惨淡的结局。故而,即使在本该阳光正好的次日正午,也笼罩着一层灰色调,绘出生命消逝的悲剧。

---

① 魏格林、顾闻:《鲁迅与吕不韦:短篇小说〈白光〉试析》,《鲁迅研究月刊》1993年第7期,第38—39页。

(二)以写意笔法勾勒心理时间

艺术时间是现实的物理的时间通过人的心理对时间的折射而形成的①。在连环画中,人物的心理时间如回忆、想象、意识流等虽脱离故事情节发展的逻辑时间,但也是作品重要的艺术时间。

连环画《白光》以写意的笔法处理主人公的心理时间,绘者并没有以写实的手法在画面中展现出来,而是以图文互补的形式用文字来叙事。如第四幅场景(图13)中,文学脚本写道:"隽了(考中)秀才,上省去乡试,一径联捷上去,……绅士们既然千方百计的来攀亲,人们又都像看见神明似的敬畏,深悔先前的轻薄,发昏,……赶走了租住在自己破宅门里的杂姓——那是不劳说赶,自己就搬的,——屋宇全新了,门口是旗竿和扁额,……要清高可以做京官,否则不如谋外放。……他平日安排停当的前程,这时候又像受潮的糖塔一般,刹时倒塌,只剩下一堆碎片了。他不自觉的旋转了觉得涣散了身躯,惘惘的走向归家的路。"②贺友直并没有一一描绘陈士成构想的中举、攀亲、搬家、做官等画面,而是以远景的形式,由暗红的落日营造出萧瑟悲婉的意境,以人物佝偻的侧影与低垂耷拉的脑袋展现心中的凄凉失意,通过压抑沉郁的画面与幻想中充满希望的文字形成对比,绝望与希望同时在一张图上体现,更衬托出人物此时的幻灭感。

图 13

图 14

---

① 卢小合:《艺术时间诗学与巴赫金的赫罗诺托普理论·前言》,北京大学出版社2016年版,第4页。
② 鲁迅:《呐喊·彷徨》,四川人民出版社2018年版,第131页。

绘者以彩绘水墨画的形式展现浓墨对比、明暗对比,将现实世界与虚构世界用重叠交叉的处理方法,营造出画面中的各元素之间的层次感。以具有锐度的线勾勒出图画(图14)中真实的部分:陈士成瘫倒在椅子里,作为他前程的试帖因他无力垂下的双臂散落着,两颊下凹,双目圆睁,脸上是震惊的神情。对于陈士成心理世界的描绘则借水墨笔法的虚实将其作为背景隐现在人物周围,以衬托人物心境。脚边"倒塌了的糖塔"是"陈士成开始对自我产生怀疑,对共同体的价值观产生疑问,他面临的是旧价值观的崩塌;这里,他感到阻住他一切路的其实是一地破碎的旧价值。叙事者看到的是脱离旧价值观后有希望"重生"的他,因此说他的"眼光格外的闪烁"[①]。陈士成身后被遮住的圆月露出些许白光映照在他眼睛上,通过对光影的捕捉描绘出主人公眼神"格外的闪烁",象征着他的觉醒与重生。但陈士成的悲剧在于他虽醒悟了旧制度造成以往岁月的颓唐,却将未来希望寄托在"一柄白团扇白光"上,他回忆起那"白光"。

对于小说中插叙部分主人公回忆中的心理时间,绘者均用画中事物构成框架以区别于故事时间场景的画法。"一到夏天的夜间,夜夜和他的祖母在此纳凉的院子"(图15),"有一回,他确有把握,知道这是在租给唐家的房底下的了,然而总没有前去发掘的勇气"(图16),"先前几回下第以后的发了怔忡的举动,后来自己一看到,也还感到惭愧而且羞人"(图17),这些是陈士成望见"白光"

图 15

图 16

[①] 霍斐:《构筑"希望"的神话——论鲁迅小说〈白光〉的深层意义》,《西北大学学报(哲学社会科学版)》2020年第3期,第39—45页。

后一连串的回想,儿时祖母在他心中种下的"阔绰梦"伴随着夏夜摇摆着的蒲扇上的白光时不时晃进他眼里也激荡着他的心,诱人的白光成为他"中举梦"失意后的希望寄托。

图 17

图 18

对"白光"的心理绵延时间揭示出陈士成深层的内在心理被"共同体所异化的价值观"①,他始终被物欲与虚荣侵占着头脑,无论是意识还是潜意识里都没有形成独立的自我。之后,"白光却分明的又起来了,这回更广大,比硫黄火更白净,比朝雾更霏微","朝笏一般黑魆魆的挺立着,周围便放出浩大闪烁的白光来"。白光由觉醒的象征转为陈士成心中欲望的外化,白光将陈士成的绝望与希望集于一体,其变化对应着陈士成的心理变化,这种似真似假、似现实又似幻觉的"白光"唯有用水墨写意的画法才能凸显其随人物生命时间发展后的不同样态。陈士成"狮子般"地追逐着白光最终落入湖中结束生命体时间亦是对共同体价值观的挣脱,"身中面白无须,浑身也没有什么衣裤"(图18),陈士成死相宛若出生婴儿般"纯净",亦是象征着生命体挣脱原有枷锁后的"重生",展现了鲁迅"反抗绝望""向死而生"的"执着于现在的时间理念"。贺友直在绘制连环画时对死者并未多作描绘,而是以两位文中并没有提及的看客挡住尸体,只露出枯瘦如柴、未着寸缕的双腿,既体现人物悲惨的结局,又给人留有想象余地并留

---

① 霍斐:《构筑"希望"的神话——论鲁迅小说〈白光〉的深层意义》,《西北大学学报(哲学社会科学版)》2020年第3期,第39—45页。

待细细品味鲁迅文字中的深意。

三、连环画的"变奏"——艺术时间错位

连环画通常是编绘小说、戏曲、电影等而成，将已成经典的题材重新谱写，故而其改编画本与其脚本原作间必然存在一种时间错位，同时作家写作时间、作品中的故事时间、绘者改编绘画的时间、出版时间、读者接受时间与感觉时间构成错综复杂的艺术时间错位关系。

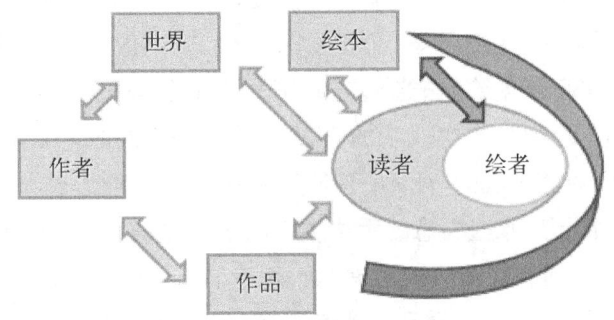

图19　连环画的"变奏"

连环画的"变奏"不仅涉及艾布拉姆斯提出的世界、作者、作品、读者这四个元素①，还涉及绘者与绘本，故而，不可忽视这六种元素（图19）相互影响的艺术过程。外在世界使作家有感而发，创作出作品，并启发读者，读者以阅读经验改变对世界的看法。不仅如此，读者对作品的接受受到其世界观的影响，体会作者对世界的感知。而当作品以连环画的方式"变奏"时，绘者以读者方式理解其作品，绘制连环画，绘本也会影响读者对原作品的感知。作品与绘本需要通过作者或读者（绘者）与世界发生关系，读者（绘者）与作者也与作品及世界发生关系。

贺友直重新绘制鲁迅于新文化运动时期揭露"历史旧相"的小说《白光》，已相隔半个多世纪，讽刺科举制度的叙事已不再新鲜，但贺友直对《白光》再加工时正是抓住了鲁迅在《白光》中对时代"共名"②的穿透，并与之契合，既致敬鲁迅

---

① （美）艾布拉姆斯：《镜与灯：浪漫主义文论及其批评传统》，郦稚牛、张照进、童庆生译，北京大学出版社1989年版，第5页。

② 所谓"共名"是指一种时代主题，它可以涵盖一个时代全民族的精神走向。参见陈思和：《思和文存》，第一卷，黄山书社2012年版，第43页。

的经典①,又具有现实指向性。鲁迅以陈士成的"发疯"展现科举制度对人心灵的腐蚀是他与时代"共名"之处。鲁迅借陈士成揭示的是欲望对人支配的骇人力量,陈士成孜孜不倦参与科举实则是对权力、地位与金钱的欲望,正是这种欲望造成他精神异化最终被吞噬了生命②。贺友直在绘制时以新的艺术形式重点描绘贯穿陈士成生命时间的"白光",正是抓住《白光》的精髓。

贺友直之所以能采取新的形式美学表达艺术时间也是源于连环画在时代中连环画以其通俗性与广泛的群众基础被赋予了"启蒙"大众的使命,以其社会功用性响应了反映时代真实的文艺需求。茅盾称连环画是"最厉害最普遍的'民众教育'的工具"③,鲁迅也指出"'连环画图'便是取'出相'的格式,……倘要启蒙,实在也是一种利器。但要启蒙,即必须能懂。……但应该着眼于一般的大众"④。贺友直1980年创绘《白光》,艺术形式上的创新成为连环画探索的新图景,贺友直《白光》绘制是一次成功的尝试⑤,他运用不同的艺术手法将追忆与现实时间区分开来,对陈士成的"死"并不多做刻画,以不描绘形成与"生"的对比,将陈士成的绝望与希望用水墨写意的手法烘托出来,还原了鲁迅小说的精髓与味道。

贺友直说连环画的构图应该考虑"合理、有含义、美"⑥。他在"以图译文"时抓住了文本情节与叙事结构的重点,将"主题思想、矛盾性质、人物性格、作品情调、原作的题材、体裁、内景、外量、地理环境、四季变化、春夏秋冬,还有自己的风格等等"⑦都考虑在内,以作品的艺术时间解析鲁迅《白光》中的小说叙事,以连环画艺术时间诗学机制搭建对小说主人公"生命体"的理解。

参考文献:

[1] 贺友直,绘.白光[Z].连环画报,1981(1).
[2] 龙迪勇.空间叙事学[M].北京:生活·读书·新知三联书店,2015.

---

① 贺友直1980年创作的《白光》是基于鲁迅1922年创作的同名小说编绘而成,1981年是鲁迅先生诞辰100周年,又恰逢鲁迅倡导的中国新兴版画50周年。上海人民美术社为迎接这一重要的纪念活动,从1980年开始组织出版鲁迅手编画册10种、《鲁迅诗稿》、《鲁迅与书籍装帧》、鲁迅小说连环画10种等。贺友直接到的这项任务是画一本《白光》。
② 李希凡:《〈呐喊〉〈彷徨〉的思想与艺术》,上海文艺出版社1981年版,第113页。
③ 茅盾:《连环图画小说》,《文学月报》1932年第5、6期合刊。
④ 姜维朴:《鲁迅论连环画》,连环画出版社2012年版,第6页。
⑤ 贺友直绘制的《白光》获1981年全国第二届连环画评奖绘画一等奖。
⑥ 贺友直:《连环画的构思、构图》,《美术》1982年第6期。
⑦ 贺友直:《连环画创作谈》,湖南少年儿童出版社1982年版,第42页。

［3］黑格尔.美学［M］.第3卷上册,朱光潜,译.北京:商务印书馆,1981.
［4］贺友直.关于做"戏"和"制造"情［C］//刘千,编.贺友直谈连环画创作.北京:人民美术出版社,1985.
［5］徐景.略论连环画［C］//林敏,赵素行,编.中国连环画艺术文集.太原:山西人民出版社,1987.
［6］鲁迅.呐喊·彷徨［M］.成都:四川人民出版社,2018.
［7］宛少军.20世纪中国连环画研究［M］.广西美术出版社,2012.
［8］莱辛.拉奥孔［M］.朱光潜,译.北京:人民文学出版社,1984.
［9］卢小合.艺术时间诗学与巴赫金的赫罗诺托谱理论［M］.北京:北京大学出版社,2016.
［10］姜维朴.贺友直和连环画《山乡巨变》《白光》及其他［J］.连环画报,2016(5).
［11］顾音海.贺友直绘《白光》中陈士成形象的塑造［J］.上海鲁迅研究,2016(2):167-174.
［12］杨剑龙.论贺友直连环画对鲁迅《白光》的阐释［J］.鲁迅研究月刊,2016(10):34-41.
［13］朱国荣.白描民间悲欢情·贺友直［M］.上海:上海文化出版社,2015.
［14］茅盾.连环图画小说［J］.文学月报,1932.
［15］姜维朴.鲁迅论连环画［M］.北京:连环画出版社,2012.
［16］贺友直.连环画的构思、构图［J］.美术,1982.
［17］贺友直.连环画创作谈［M］.长沙:湖南少年儿童出版社,1982.

点评

  本文以根据鲁迅小说改编的连环画《白光》为例,生动地阐述了连环画如何完美呈现图像叙事与时间的关系。该连环画作品以水墨淡彩皴染手法描绘物理时间,以写意笔法勾勒心理时间,巧妙处理艺术时间的错位,给人以启迪。论文选题有意义,论述有新意,凸显了著名连环画作者贺友直对时间诗学机制的理解和搭建。文章论证规范,图文并茂,可读性强。

农村老龄人口金融权利保障的进路优化

王 庆[*]

摘要：保障农村老龄人口的金融权利，在农村金融与老龄金融的统合推进下，限于资源禀赋的差异与信息不对称的制约，积极维度与消极维度的"双阶性侵害"，进一步升高了农村老龄人口经济供养与福利制度的成本。通过推动农村老龄人口金融权利确权、厘定政府与金融机构的行为边界、创新农村金融机构涉老业务的监管模式、提供农村老龄人口金融权利的救济途径，作为对我国农村老龄人口金融权利保障的进路优化审思。

关键词：农村老龄人口；金融权利；法律保障；信息不对称

一、问题的提出

农村老龄人口金融需求的满足将适恰性顺应人口老龄化社会金融发展的需要。农村老龄人口作为经济发展进程中易于被忽略的主体，其金融权利保障的规范更需优化完善，从实践与理论角度透视可以反映现存问题的表现。

（一）现实诉求：农村老龄人口金融权利保障机制的薄弱

从实践层面审视，自1999年国有独资商业银行分支机构改革政策出台后，众多金融网点从农村地区撤离进而导致农村金融供给不济，此后以农村信用社为代表的金融机构替代了四大行成为金融领域的支农主力军。但由于缺乏有效的竞争准则与服务设计，金融产品展现出较强的同质性特点。概言之，传统金融机构网点撤乡、现有金融产品或者服务缺乏针对性、互联网金融内生"数字鸿沟"等消极权利侵害现象引发了农村老龄人口金融权利保障不足的

---

[*] 王庆，男，浙江师范大学法政学院2020级硕士研究生。

困境。

从规范层面审视,农村老龄人口具有现实的金融权利需求。老龄人口有从国家和社会获得物质帮助的权利①,因而农村老龄人口金融权利保障的制度功效不仅能提升农村老龄人口的获得感、幸福感和安全感,更是对农村老龄人口宪法性权利的制度回应。

(二)理论诉求:对农村老龄人口金融权利保障现有研究的梳理

现有研究更多着眼于对农民金融权利的关注,而鲜有文献聚焦于农村老龄人口的金融权利的保障。以农民金融权利的研究现状来看,学者们大致展开了四个方面的研究。第一,通过成因与必要性分析为权利保障提供理论证成。从法理基础阐释,限于资源、经营、制度等因素的原因,农民金融权在当下难以实现[1]。农民在自身权利缺失和国家权力扩张的双重困境中沦为弱势群体,权利保护的不足正是造成农民弱势群体的根源所在[2]。明确对农民金融权利的厘定既是对农民金融发展权的延伸,也为农村金融体制改革提供了法律保障[3]。第二,通过深化权利主体和权利内容的内涵落实农村金融发展权。农民金融权是一种关乎农民生存和发展的人权,其权利主体为个体的农民[4]。农民金融权利的内容具体包括平等获得金融贷款的权利、获得农业保险的权利以及参与金融合作的权利[5]。在农村普惠金融发展中,政府处于供给方立场[6],应为农民金融发展权的实现提供制度支持,确保农民金融发展权的落实[7]。第三,通过以宏观与微观视角厘清现存问题。宏观层面上,我国农民金融权利规范存有立法缺失、基本价值取向偏差以及农村金融资源匮乏等方面的问题[8]。微观层面上,相关立法未详细明晰农村普惠金融对象的权利保护程序、标准或方式,普惠金融立法体系也未形塑农户法律救济机制[9]。第四,通过提出权利保障路径以消解现存问题。围绕以上困境,学者们分别从定性或定量的维度进行分析并提出完善建议。例如以我国农民金融权利法律保障在立法理念、立法制度和法律实施层面予以完善[10],放宽农村地区金融服务准入门槛、完善担保等举措[11],另有论者对31个省级单位的数字普惠金融调节城乡居民福利差异效率进行定量分析,提出加强技术创新、合理配置金融资源、政府加大扶持力度等建议[12],以及借助实证调查的方式提出金融扶贫工作应从提升贫困户的利益关注度切入,针对不

---

① 《宪法》第33条第1款:"中华人民共和国公民在年老、疾病或者丧失劳动能力的情况下,有从国家和社会获得物质帮助的权利。国家发展为公民享受这些权利所需要的社会保险、社会救济和医疗卫生事业。"

同的县域特点和贫困层次设计多样化、适用性产品，保护农村地区的金融权利[13]。

虽然学者已从多维度对农村居民金融权利保障问题展开探讨，但是以农村老龄人口为对象的金融权利保障研究却乏善可陈。截至2021年5月，笔者以"农村"和"老龄金融"为双主题在中国知网进行检索后仅发现4篇文章。理论研究的价值填补与现实生活的严峻状况凸显对农村老龄人口予以制度性倾斜保障的必要，故而在现有研究成果基础上对农村老龄人口金融权利保障展开研究尤为必要。

二、农村老龄人口金融权利保障薄弱的现状反思

农村老龄人口作为农民中较为弱势的群体，具有金融素养缺乏、经济利益可预期程度较低等特点，故而其金融权利保障往往薄弱。在积极维度与消极维度的"双阶性侵害"下，农村老龄人口金融权利保障的现实困境表征愈发显著。

（一）农村老龄人口金融权利的积极维度侵害

1. 农村地区金融诈骗类犯罪情形的频发

中央乡村振兴与精准扶贫战略的推进下，虽然农村老龄人口经济收入在不断增加，但金融素养的不匹配导致农村地区金融诈骗现象也日渐频发。

以金融诈骗方式进行的积极维度侵害产生的原因有两方面。主观上，农村老龄人口金融知识的相对缺乏，基于盲目逐利的羊群效应，老龄人口难以理性做出正确决策；客观上，监管机构对农村金融活动存在监管缺位的现象，加之愈渐复杂的诈骗形式更加深了农村老龄人口对金融诈骗的辨识难度[14]。因此，农村地区金融诈骗类犯罪情形频发的现状致使老龄人口金融权利直接受到侵害的现象日益凸显，对农村老龄人口金融权利予以保障的难度与日俱增。

2. 农村传统金融资源供给的不足

从供给侧来看，农村老龄人口金融权利保障功效的不足与我国金融供给体制密切相关。中国农村金融体系的建立和发展初为方便工业化、城市化进程，并满足政府管控的需要，而非基于解决农村金融困境的基本问题[15]。

从需求侧来看，一方面，囿于当前征信体系不完善，农村老龄人口在选择金融产品或服务前或基于逆向选择使得农村金融市场萎缩[16]，选择后或又基于道

德风险而使农村金融机构的经营风险和成本增加。农村金融机构运营的风险与成本增加,将使压缩农村金融机构供给量的可能性有所升高。另一方面,基于安全为先理念的小农生存逻辑,农村老龄人口为降低自然风险会天然排斥借贷,因而金融需求侧主张内容较少[17]。此外,结合部分农村老龄人口收入仅够维持基本的消费与再生产,故而生产生活性资金需求也存有不足。概言之,以传统金融供给而言,除供给侧以外部力量推动而出现供给不足外,需求侧本身具有的弱势禀赋特质亦是供给不足产生的重要原因。

(二)农村老龄人口金融权利的消极维度侵害

1. 农村新型金融机构的趋利化窠臼

农村新型金融机构包括由农村信用合作社改制而成的农村商业银行和政策引导下设立的众多新型农村金融机构。就农村商业银行而言,政策支农义务与商业盈利内在要求的悖论困境,其发展依然面临风险管理能力、市场份额比重和资产治理低效化的实践难题[18],内生的商业逐利特征也对普惠理念下的农村商业银行提出了是否仅为数量普惠而非实质普惠的未来之问。

就新型农村金融机构而言,可以通过增设新型农村金融机构解决农村地区银行业金融机构网点覆盖率低、金融供给不足、竞争不充分等问题①。然而新型农村金融机构脱农趋利倾向较为严重[19]。金融机构趋利倾向一旦加剧,势必会导致金融业务远离农村老龄人口以及会造成对农村金融秩序的挑战与冲击。易言之,金融产品数量导向下的现状已深刻揭示出现有金融服务的同质性和农村新型金融机构过度趋利化特点,故而对农村老龄人口金融权利的保障将有力回应现实条件的束缚。

2. 互联网金融"数字鸿沟"的现实性制约

"数字鸿沟"是指社会上不同性别、年龄、种族、经济、居住环境、阶级背景的人,接近使用数字产品的机会与能力上的差异[20]。根据中国互联网信息中心发布的数据,截至2020年12月,我国非网民规模为4.16亿,其中农村地区非网民占比62.7%,60岁及以上老年群体占比46.0%②。农村老龄人口接受电子科技产品的能力较弱,对ATM机、电脑、手机等电子设备适应性差。相关互联网产品和应用普遍缺乏适老性,不能满足农村老龄人口的网络使用需要,互联网金融

---

① 参见银监会于2006年12月20日发布的《关于调整放宽农村地区银行业金融机构准入政策,更好地扶持社会主义新农村建设的若干意见》(银监发〔2006〕90号)。

② 各项数据来源于《第47次中国互联网络发展状况统计报告》。

行为的有效性满足仍较为匮乏。因而从权利侵害的消极维度来看,农村地区老龄人口与互联网金融存在的"数字鸿沟"亦是农村老龄人口金融权利保障不足的成因之一。

三、农村老龄人口金融权利保障的理论解构与域外经验借鉴

对农村老龄人口金融权利问题予以理论解构有助于厘清权利保障困境的理论成因,并为消解权利保障的实践困境提供进路思考,审思域外农村金融发展和农村老龄人口金融权利保障的成熟经验能为本土化制度的演进提供有益借鉴。

(一)理论梳解下的问题呈现

1. 借助社会分层理论明晰现象成因

"社会分层"(Social Stratification),是指存在于社会中的诸如经济、政治、文化和社会等各种形式的差异现象和不平等现象[21]。农村老龄人口由于各类资源的稀缺和文化程度的局限而始终处于社会底部。

经济方面,城市化与工业化时代下农村地区以一种"输血式"的资源移转推动城市的迅速发展;制度方面,经济抽离后遗留的空白本应由制度提供后续的资源填充与支撑,然而伴随经济真空而来的是制度真空,农村老龄人口基于经济基础和制度保障的双重缺失而在社会分层中被长期禁锢。因此,对农村老龄人口金融权利的赋予和保障将逐渐化解社会分层负向影响的蔓延,也将弥补农村金融抑制的成本空洞。

2. 依托博弈论纾解实践困境

在以农村金融机构和农村老龄人口为对象的农村金融市场动态博弈场域中,基于信息不对称状态的普遍存在,二者形成了属于不完全信息博弈的地位差异。在此种博弈状态之下,通常会出现失衡的局面,而通过政府适当干预以达成有利于农村老龄人口金融权利保障的博弈态势无疑具有积极意义。具体而言,一方面,由于现有征信体系不够完善,农村金融机构往往会基于道德风险控制和逆向选择排除的考量而提高金融产品或服务的获得门槛,金融机构如此行为的直接表达结果便是农村老龄人口被间接排斥于金融场域之外,其应然的金融权利无法得以实现。另一方面,农村老龄人口的经济能力有限,且囿于制度藩篱而缺乏必要且适当的担保,这与农村金融机构内生的盈利禀赋难以适恰,后者更愿

意将金融资源投至经济发展势头强韧的地区,故而缩减对农村地区的金融供给,农村老龄人口便自然地被直接排斥在金融服务之外。

究其实质,农村金融机构和农村老龄人口在上述博弈失衡的表征均系农村金融市场失灵所导致,因此需要政府予以适当性干预,进行制度规范与行为边界厘定,以此推动形塑稳定的农村金融机构与农村老龄人口的动态博弈均衡。

(二)农村老龄人口金融权利保障的域外经验借鉴与启示

1. 域外农村老龄人口金融权利保障的经验借鉴

借鉴国际上的先进做法有助于完善我国农村老龄人口金融权利保障机制。美国健全的农村金融体系、日本完善的金融法律体系和孟加拉国的特色小额贷款机制是目前国际上发展农村金融和保障老龄人口金融权利较为典型的案例样本,他山之石可以攻玉,进行经验借鉴可以推动对农村老龄人口金融权利保障的实施。

(1)金融供给健全的美国经验

美国作为西方发达国家的典型代表,在发展农村金融和保障农村老龄人口金融权利领域实施健全的"多元组织复合型"农村金融体系。目前,美国已经形成以商业金融机构及个人的信贷为基础、以政府农贷机构为辅助、以农村合作金融的农业信贷系统为主导的,包括合作性、政策性、商业性农村金融体系和农业保险体系在内的金融结构体系[22]。各金融机构的明确分工确保了农村各项发展、农村老龄人口及其他各类主体的金融需求得以满足,此外,金融方向和规模适应农村不同阶段的发展目标。概言之,美国完善的农村金融结构体系为农村老龄人口金融权利的实现提供了全方位多层级的保障。

(2)法律制度完善的日本经验

日本在消解农村老龄人口经济贫困和金融权利贫困方面具有制度上的借鉴意义。例如,日本在合作性金融领域颁行了《农村协同组织法》《农业生产合作法》《水产业生产合作法》《农林中央金库法》等法规,政策性金融领域有《农林渔业金融公库法》《中小企业金融公库法》《株式会社日本政策性金融公库法》等法规,农业保险法律领域有《家畜保险法》《农业灾害补偿法》《农业信用担保保险法》等法规[23]。在消解金融权利贫困方面,日本先后颁行了《国民年金法》《农业劳动者年金基金法》《国民年金基金制度》和《老龄人口护理法》等多部法律规范[24]。历经多年发展,日本农村金融法律体系已几近全面,对特定群体农村老龄人口予以全方位照顾亦具有保障性的特点。日本成功的制度经验表明,完善的农村金融法律体系对于发展农村经济与保障老龄人口金融权利至关重要。

(3) 金融权利具化的孟加拉国经验

由穆罕默德·尤努斯创立的小额贷款金融机构格莱珉银行(Grameen Bank)受到了世界的广泛关注,形成了独具特色的金融服务模式。格莱珉银行专以农村贫困人口为服务对象,对其提供存款、贷款、保险等小额信贷金融服务。为破解农村贫困人口的抵押担保难题和信息不对称问题,格莱珉银行创设了极具特殊性的"小组+中心"的贷款机制,具体表现为:借贷者每5人组成一个贷款小组,小组以联保代替担保并相互监督形成内部约束,每6个小组建立一个中心,定期召开会议检查项目情况并进行经验交流[25]。最终,其通过特殊的运行机制实现了营利性与持续性经营,通过利用组织化合作来实现农村居民的金融权利,因而成就为金融扶贫模式的典范,此种合作化模式为我国分散化的农村老龄人口的金融权利集中表达提供了思考。

2. 域外农村老龄人口金融权利保障的启示

美、日、孟加拉国的农村金融发展实践的成功经验表明,一方面,顺畅农村金融结构体系与完善保障农村老龄人口金融权利的农村金融法律体系,能够塑造良性的市场环境与提供有力的制度法规。另一方面,采用合作化的机制破解农村老龄人口金融权利实现的制度桎梏,对农村老龄人口提供针对性的金融产品和社会帮扶,有助于更好地实现对农村老龄人口金融权利的保障。

结合我国实际,宏观层面上,目前中国农村金融机构虽包括了合作性、政策性、商业性以及新型农村金融机构等各种类型的金融机构,然而相关政策和商业金融机构的农村撤离与网点撤并却无形中压抑了农村金融的发展,改革中的合作性农村金融机构和新型农村金融机构正逐渐扮演着发展农村金融的主体性作用。审视美、日两国的成功经验,应当依据公平和效率的双重价值追求对农村金融机构进行功能重构,既要发挥市场在资源配置中的决定性作用,也应在法律层面予以制度支持,实现农村老龄人口金融权利保障的社会实质公平。微观层面上,针对我国农村老龄人口贷款难、救济难等客观阻碍,格莱珉银行的小额信贷机制则为此提供了一种问题解决的新范式和新思路,即通过互助合作形成组织化团体来解决信息不对称的难题和完善权利救济的路径。应当明晰的是,各国实践成功的背后均以本国实情为基础,我国在借鉴以上经验的同时亦当审慎结合我国实际而非轻易舶来。

四、我国农村老龄人口金融权利保障的进路优化

实现农村老龄人口金融权利的制度保障,不仅是全面推进乡村振兴战略的重要环节,亦是对依宪治国内涵的深刻落实。

(一)推动农村老龄人口金融权利确权

制度上确权是保障农村老龄人口金融权利实现的重要前提。金融权利作为宪法中公民基本权利的基本延伸,其在部门法中的落实不仅是对法秩序一致性的体现,更是实现社会正义的重要保证。《中华人民共和国老年人权益保护法》第3条①规定了老年人的各项应享权利,推动农村老龄人口金融权利确权的工作尤为必要。

1. 完善农村老龄人口金融权利保障的专门法律规范

2015年和2017年中央一号文件都明确提出要"积极推动农村金融立法",我国农村金融法制建设的滞后对农村经济金融的发展来说弊端尤甚,而美、日两国农村金融发展的成功经验表明完善的金融法律体系对于实现农村金融健康发展和农民金融权利保障至关重要。目前我国已经形成多样化的农村金融体系架构,故而可考虑针对各类金融组织分别制定单行法律,如"农村合作性金融法""农村政策金融法"等[26],或可借鉴日本《老龄人口护理法》等经验设置农村老龄人口金融权利保障的专门法律,或增设农村老龄人口金融权利条款。鉴于农村老龄人口与城市老龄人口相异,因而可于《老年人权益保障法》第三章(社会保障)、第四章(社会服务)、第五章(社会优待)中专门增设农村老龄人口便利使用金融产品或服务、共享金融发展成果等相关权利条款。此外,明确国家及农村金融机构对此的供给与保障义务亦不可缺。

2. 健全农村老龄人口金融权利配套保障措施

配套措施对于搭建农村老龄人口金融权利保障体系有着不可或缺的辅助功能。对此可从以下几方面着手,一是继续推进农村基础设施建设,提升农村互联网普惠金融普及率,从而缓和数字鸿沟的负外部性,消减制度的运行成本。二是

---

① 《中华人民共和国老年人权益保护法》第3条第2款:"老年人有从国家和社会获得物质帮助的权利,有享受社会服务和社会优待的权利,有参与社会发展和共享发展成果的权利。"

完善农村土地入市的抵押担保制度,为农村老龄人口充分配置金融资源提供支持。如可以在特定条件下,赋予农地出租、转让和抵押等功能,提升农地资源利用效率,降低农村老龄人口融资担保门槛。三是完善符合农村经济发展特性的保险和再保险制度,健全对农村老龄人口经济补偿机制。务农收入系部分农村老龄人口的主要经济来源,为其设置适应的保险和再保险等金融制度有助于消解小农经济的高风险。四是完善农村金融机构的激励与约束机制,保证农村金融机构支农积极性和金融活动规范化[27]。如可在农村金融机构设立申请条件中增设帮扶农村老龄人口的强制性支农指标,并根据指标设置相应的激励与处罚条款。五是加强农村信用体系建设,培育良好的农村金融生态环境。对农村老龄人口可根据信用级别设置金融服务级别以实现对农村金融机构的有效保护,而对农村金融机构的不良行为则应予以严厉规制以保护农村老龄人口的权益。

(二)厘定政府与金融机构的行为边界

适当配置与明晰政府与金融机构的运行结构和权属边界是实现农村老龄人口金融权利维护的重要支撑。社会本位原则使得政府应恪守金融调控的职责,同时农村金融机构在从事金融活动时不能一味追求利益的最大化而忽视对整体社会公共利益的关注[28]。换言之,无论是政府决定推进城市化与工业化进程或是金融机构追逐经济利益的本质趋向,都应在追求效率价值的轨道上注重对公平价值优位的思考,从而体现对农村老龄人口金融权利的尊重与保障。

1. 明确政府的主导性保护责任

政府对农村老龄人口予以主导性保护是建设权责统一法治政府的必然要求。依农村老龄人口金融权利保障而言,政府的保护责任可主要概括为经济与政治两方面的责任。一是经济保护责任,是指在当前农村金融供需失衡的情境下克服农村金融市场失灵的政府适当干预责任。二是政治保护责任,是指制定符合农村老龄人口金融权利需求的公共政策并保证其实施的职责。在农村老龄人口金融权利时受积极侵害与消极侵害的背景下,明确政府的保护责任对于权利保障来说具有强本固根之效。

2. 彰显金融机构的社会职能责任

农村金融机构的趋利本质对于实现自身可持续发展和促进农村经济发展效果显著,农村金融机构作为我国宏观调控的重要下沉主体,是农村经济有效平稳运行的压舱石,经济法作为宏观调控最重要的法律部门,其社会本位基本原则表明增加农村金融供给和服务农村老龄人口双重面向的社会责任承担是其本源内涵。这种责任设计的正当性在于,一是明确农村金融机构支农职能有利于追求公平价值,二是保证农村金融机构可持续发展有利于实现效率价值,三是优先公平价值有利于达成价值互融。除农村政策性金融应进一步加强支农力度外,农村合作性、商业性金融机构以及新型农村金融机构应主动承担社会责任以服务农村老龄人口和服务老龄金融发展。具体而言,农村商业性金融机构在满足自身发展时,应促进更多金融资源转移于农业领域投资,保证宏观内需充足,新型农村金融机构和农村商业银行作为农村合作性金融机构的典型代表,应创新异质性适老普惠金融产品并扩大服务规模,保证微观供给的完备。

(三)创新农村金融机构涉老业务的监管模式

创新金融机构涉老业务监管模式是保障农村老龄人口金融权利实现的重要依托。金融监管是政府运用行政权力实现社会公益目标的方式之一,因此,横向维度上对各异质机构实行特征性的差别化监管,纵向维度上实行放宽准入与强化风控的监管模式是践行农村金融机构涉老义务履行的重要方式。

1. 横向维度实行差别化监管机制

厘清监管主体与对象,横向维度实行差别化监管机制。在目前农村金融法律监管中,外部监管由央行、银保监会等多部门负责,内部监管又依本部门具体制度,城乡统一、权责不清和标准不一等问题制约了监管效能的发挥[29]。需要根据不同风险特征实行以功能为导向的监管,针对农发行、农行、邮政等大型农村政策性、商业性银行应以更为宏观的发展和服务型为主的指标进行监测,而针对农信社、农商行等合作性金融机构、新型农村金融机构和农村民间金融机构则应当以微观的安全指标为主进行监测,保证其发展的健康性和服务的安全。

2. 纵向维度强化风险防控监管

新型农村金融机构能弥补传统金融机构撤出后的空位,降低农村金融市场准入标准,并适度设置运营规模的限定能进一步扩张支农功效。新型机构的广泛推广与多样化类型增加了金融风险发生的可能,如此便要求金融监管机构强化相应的风险防控监管。一是合理设置农村金融机构经营规模,有效化解农村金融成本与风险难题[30]。二是完善农村金融机构信息披露制度,防止部分金融机构套利诈骗直接侵害农村老龄人口权利。三是健全风险预警和跟踪机制[31],

保证农村老龄人口金融权利得到切实保障与救济。通过降低准入门槛来解决农村金融供给"量"的问题，而通过事前的经营规模控制、事中的信息披露完善以及事后的预警跟踪则可缓解农村金融供给"质"的问题，两者有效连接可以优化对农村金融风险的纵向防控。

（四）提供农村老龄人口金融权利的救济路径

完善权利救济路径是实现农村老龄人口金融权利的重要保障。农村老龄人口作为社会中的弱势群体，在权利救济过程中由于缺乏必要的经济、法律等资源条件而使得救济能力不足，对此可以采取组织化合作形式与倾斜式裁量方式予以完善权利救济路径。

1. 通过组织化合作破解自我救济能力不足困境

农村老龄人口囿于多方面资源禀赋的弱势而受到诸多排斥，孟加拉国金融互助合作小组为此提供了可借鉴的解决思路，即以社会组织形式建立农村老龄人口金融权益的表达机制。具体言之可探索建立以村集体为单位范围和以农村老龄人口为主体的农村老龄人口金融权利保护组织，以规范化、组织化的形式切实维护农村老龄人口的金融权利，能收到权利保障与社会稳定的双重功效。组织内部可以通过开展金融知识宣传教育来提升金融素养和减少互联网金融"数字鸿沟"、通过联保替代担保以增强农村金融机构服务老龄人口的信心，并通过互助合作来提升农村老龄人口的权利诉求和救济能力。

2. 通过法院倾斜式自由裁量保障金融权利的实现

司法作为维护社会公平正义的最后防线，其对农村老龄人口金融权利的保护是实现社会公平正义的重要举措。基于农村老龄人口经济和社会资源的局限，法院对其受理的案件应当为农村老龄人口提供便利的诉讼条件，如提供专项法律援助，对诉讼费适量予以减免，以及为高成本的举证责任设置法院依职权调查服务选项等。总之，倾斜式的司法救济是保护农村老龄人口金融权利的底线屏障，权利诉求机制疏通后，可再通过法院偏向性的自由裁量实现老龄人口权利救济最优。

五、结论

乡村振兴视阈下保障农村老龄人口金融权利是实现宪法性人权的内在要求，我国农村金融发展实践中存在着以金融诈骗和金融排斥为代表的积极维度侵害,也存在着包括农村金融机构趋利过度和互联网金融"数字鸿沟"在内的消极维度侵害。以社会分层理论为工具对农村老龄人口金融权利保障现状进行理论剖析可以明晰权利保障不足的现实困境,而借助博弈论揭示农村金融市场失灵的实质可为政府予以适当干预提供合理性依据。审思域外经验可以发现,在发展农村金融的过程中,健全的金融供给体系、完善的金融法律体系以及发挥重要功能的金融权利具化机制能够为我国农村老龄人口金融权利保障提供有益借鉴。通过农村老龄人口金融权利保障的进路优化是有效对接巩固脱贫攻坚成果、实现乡村振兴适应人口老龄化社会金融发展的应有之义。

参考文献:

[1] 李乐平.农民金融权形成的法理基础与实现路径选择[J].商业研究,2011(10):176-180.

[2] 郭哲.农民权利保护与权利救济的人本发展观视角[J].求索,2006(9):158-160.

[3] 廖丹.基于农村居民金融发展权的农村金融法律制度完善[J].行政与法,2020(9):80-89.

[4] 张燕,杜国宏,吴正刚.农民金融权:一个农村民间金融理论研究的新视角[J].农村经济,2010(9):54-56.

[5] 祁敬宇.关于农民金融权利问题的思考[J].商业时代,2011(28):63.

[6] 唐文婷,李明贤.普惠金融的政府行为与农村金融消费者权益保护[J].财经科学,2018(11):3-14.

[7] 潘施琴.农民金融发展权立法:一个分析框架[J].理论月刊,2012(7):114-117.

[8] 李乐平.经济新常态下应该切实保障农民金融权利的实现[J].玉林师范学院学报,2015,36(6):61-64.

[9] 梁洁.农村普惠金融供给侧改革的核心重点与路径选择[J].西南金融,2021(4):44-51.

[10] 李在华.论我国农民金融权利法律保障机制的完善[J].农村实用技术,2020(4):28-31.

[11] 王渊喆.论农村地区金融权利的法律保护[J].时代金融,2017(12):32-33.

[12] 金发奇,黄晶,吴庆田.数字普惠金融调节城乡居民福利差异效率及影响因素研究——基于DEA-Malmquist-Tobit模型[J].金融理论与实践,2021(3):14-22.

[13] 赵萍,王纯杰.农村普惠金融扶贫:成效、差异与审思——基于辽宁省117个贫困村的实

证调查[J].金融理论与实践,2020(8):103-111.

[14] 植凤寅.农村金融立法正当时[J].中国金融,2017(11):92-95.

[15] 周立,周向阳.中国农村金融体系的形成与发展逻辑[J].经济学家,2009(8):22-30.

[16] 王秋颖,赵德海.农村普惠金融供给侧改革的现实困境与破解路径[J].现代经济探讨,2020(10):76-81.

[17] 邵国华,吴有云.我国农村金融抑制成因及对策探讨[J].理论探讨,2015(6):82-85.

[18] 姚凤阁,满小莉,赵娜.我国农村商业银行经营提质增效的现实选择[J].商业经济研究,2020(16):177-181.

[19] 王煜宇,刘乃梁.新型农村金融机构的制度障碍与法律完善[J].西北农林科技大学学报(社会科学版),2016(2):117-125.

[20] 孟醒.智慧法院建设对接近正义的双刃剑效应与规制路径[J].中国政法大学学报,2020(6):33-44.

[21] 李春玲,吕鹏.社会分层理论[M].北京:中国社会科学出版社,2008.

[22] 徐世平.社会主义新农村建设中的金融法律问题研究:以甘肃为例[M].北京:人民出版社,2012.

[23] 史晓娟,苏银侠.国际农村金融法制化的借鉴[J].世界农业,2017(5):148-152.

[24] 陈殿美,刘吉双.日本农民参加社会养老保险机制及其对我国的启示[J].学术交流,2013(4):130-132.

[25] 彭向升.中国农村普惠金融发展研究[M].北京:经济科学出版社,2018.

[26] 谭正航.我国农村普惠金融发展法律保障体系的构建[J].求实,2018(2):97-108.

[27] 张楚凡,顾文斌.我国农村普惠金融发展法律保障机制建设研究[J].农业经济,2020(2):101-103.

[28] 李昌麒.经济法学[M].北京:法律出版社,2008.

[29] 温红梅,李环宇.新形势下农村合作金融法律规制的完善对策[J].人民论坛·学术前沿,2021(2):94-97.

[30] 郭连强,祝国平,李新光.新时代农村金融的发展环境变化、市场功能修复与政策取向研究[J].求是学刊,2020,47(2):66-76.

[31] 柳松,姜美善.普惠金融视阈下新型农村金融组织的使命漂移与政策优化研究[M].北京:经济管理出版社,2018.

点评

本文的主题是保障农村老龄人口的金融权利,推动适应老龄化社会的金融顺利发展。文中指出,资源禀赋的差异与信息不对称的制约导致农村老龄人口弱势地位,而"双阶性侵害"进一步提高了改善现状的制度成本。借鉴域外经验和博弈论分析,提出四项相应的权利保障进路优化审思。本文论证严谨,层次清晰,论述充分,数据翔实,是一篇质量较好的学术论文。

民族村寨旅游发展与当地居民
幸福感关系实证研究
——以云南大理喜洲古镇为介入点

曾 刚[*]

摘要：以云南大理州大理市喜洲古镇居民为研究对象，通过实地调研，对当地居民的幸福感水平进行测量与评价，研究发现喜洲古镇居民的整体幸福感水平较高。古镇居民的幸福感水平受性别、婚姻状况、民族、年龄等多种因素的影响，还受旅游从业年限、家庭收入的影响。

关键词：民族村寨；旅游；幸福感；实证研究

一、研究背景

随着我国民族村寨地区旅游产业的快速发展，旅游开发和发展是否能够有效地提升本地区居民的生活幸福感相关研究在不同领域展开。一方面，旅游发展带动了当地的经济发展，提高了人们的经济收入；另一方面，也对当地的文化和环境也产生了诸多负面影响，比如物价上涨、噪声污染、交通堵塞、犯罪率上升、环境破坏、传统文化丢失等。无论是积极的还是消极的变化，生活在旅游地的居民是这些影响的直接感受者。少数民族地区旅游产业的发展既应该注重吸引游客，也应该重视居民的旅游参与，提升本地居民的生活幸福感。喜洲古镇隶属云南省大理白族自治州大理市，下辖13个自然村，人口约为6.4万，居住着汉、白、回、纳西、傣、彝等14个民族[1]。近年，随着旅游产业开发和政策倾斜，旅游业在喜洲古镇得到快速发展，在很大程度上改变了当地村民的生产生活方式、

---

[*] 曾刚，男，武汉大学哲学学院2021级硕士研究生。

家庭结构和经济收入来源。古镇居民既是民族村寨特色旅游参与者、建设者和受益者,也是民族文化的传承者、弘扬者,是当地旅游业发展不可忽视的参与主体,本次研究以喜洲古镇为案例,从旅游产业发展的角度研究古镇居民生活幸福感的提升,并对如何提升居民的生活幸福感给出对策和建议。

二、文献综述

（一）国外研究现状

国外对特色乡村旅游与居民幸福感的研究主要集中在以下方面：

1. 居民主观幸福感（Subjective Well-Being，简称 SWB）的研究

Ryff 使用 PWB 检测发现人们主观幸福感和经济状况、个体整体生活状态具有显著相关性[2]。Diener E.等学者的研究也表明,经济状况与幸福观 SWB 呈现出显著的正相关性,一个国家或地区居民的经济收入水平和收入增长预期越高,其主观幸福感程度也越高[3]。

2. 乡村旅游对环境影响方面的研究

乡村旅游的兴起与蓬勃发展不仅促进了经济的发展,也对当地的社会结构、自然环境等产生了一定的影响。一部分学者认为发展乡村旅游对当地环境具有积极影响。Garcia 是这一观点的重要拥护者,他在 1995 年以西班牙农场旅游为例,提出这种旅游模式促使当地环境得到改善[4]。乡村旅游为吸引更多游客,并给他们创造更好的旅游体验,当地政府努力改善旅游环境,这对当地环境的美化具有重要意义,并由此促进了旅游地区的可持续发展。2002 年,Augutyn 提出了 Environmental Management System,即乡村旅游生态环境管理系统,使得乡村可持续发展的可行性产生了实践的效用[5]。Maude 指出,很多地区为了建立具有游乐性的设施,大肆破坏当地自然景观,为此给当地生态环境带来了严峻的威胁[6]。Brosius 从旅游对当地居民影响的角度指出,区域政府为了发展旅游业,建立了一大批旅店、游乐园等设施,不但严重干扰了村民原本的生活环境,而且对当地自然生态产生了极大破坏[7]。

（二）国内研究现状

国内学者对民族村寨旅游发展与居民幸福感方面的研究主要集中在民族地区居民增收,促进经济发展,脱贫攻坚、乡村振兴等方面。

1. 村寨旅游开发对经济、文化发展促进作用的研究

我国对村寨旅游影响方面作的研究,最早是以经济发展为研究对象,希望通过发展村寨旅游来改善农村地区的贫困问题,促进新农村的发展并减少农村与城市的贫富差距。刘会杰(2018)认为乡村旅游的发展能够促进居民就业、提升人口素质、增加农户的多途径创收、增进农村基本设施的完善等方面,村寨旅游是促进乡村经济发展的有效途径[8]。乡村旅游项目的实施,不但能促进当地经济的发展,从某种意义上来说,属于农业结构优化的一种表现。对文化的影响方面最显著的是促进了当地传统文化的发展,促使大量的地区优秀文化得到保留并挽救了濒临灭绝的土著文明。刘文溪(2018)以关中地域文化为研究对象,探究其在乡村旅游景观中的运用,发现具有文化特色的乡村旅游,能够促使游客了解当地历史文化知识[9]。江洋(2018)在安化县乡村旅游发展模式中提出,乡村旅游业的发展是推动当地农村经济增长的重要手段之一[10]。

2. 旅游开发中民众参与研究

大量研究表明,游客的旅游动机、旅游需求、旅游方式等一定程度上决定着村寨旅游的发展规模和方向。陈小云(2011)利用调查问卷的形式,探究游客对乡村旅游的认知,认为"吸引游客参与乡村旅游的核心引力要素是基于乡村本土的资源,包括当地的自然文化景观、具有传统元素的乡土建筑、独特的风土人情以及具有特色的风俗习惯",这些特点也直接决定着游客乡村旅游行为的参与度[11]。赵明(2012)从近几年对游客出行目的的调查研究中发现,游客自身素质与对旅游目的地文化的体验程度成正比。游客喜爱参与真正的具有民族特色的民俗文化,而反感所谓的"伪民俗"的旅游项目。其中,具有实践性的参与能够极大地调动游客对旅游的兴趣,这种经历一方面满足了游客的参与感,另一方面也满足了游客对旅游景点文化了解的欲望[12]。当地民众的参与对旅游项目的开发具有至关重要的作用。陈庆(2019)在乡村旅游社区居民参与度的评价研究中得出:当地民众的积极参与将能够有效地促进乡村旅游的健康发展,此外,还能实现收入增长[13]。

3. 民族村寨旅游发展与当地居民幸福感方面的研究

旅游开发与当地居民幸福感方面的研究涉及经济收入、环境影响、居民态度等方面。黎志逸(2009)在物质、人际、精神三个维度构建了旅游目的地居民社会幸福感指数指标监测体系,并对其进行了分析[14]。高园(2012)从海南

省国际旅游岛建设出发,采用逐层分析法在经济、社会、生态、文化和政治五个方面对海南省本地居民的主观幸福感进行了研究,分析认为在关注旅游业促进地区经济、文化发展的同时,不能忽视旅游活动的发展对民族村寨保存原有文化方面的影响,以及对本地居民生活、交通、物价、环境等方面带来的负面聚集效应[15]。卢松(2008)依据民族村寨居民对当地旅游开发的感受,认为村落旅游开发成功的关键在于社区居民对当地发展旅游业的感知与态度,他将居民划分为五种类型:热爱者、矛盾者、理性支持者、中立者和反对者[16]。唐晓云(2018)利用探索性因子法,对广西龙脊平安寨梯田农业文化遗产地进行实证调查,发现环境感知、关系感知、利益感知、权利感知是社区居民旅游开发后较显著的感知因子[17]。

总体来说,国内外学者对于村寨旅游开发与居民幸福感的研究已经取得了一定的研究成果。民族村寨的开发与当地居民的生活、当地的文化变迁、经济的可持续发展等方面密切相关。民族村寨旅游业发展迅猛,当地居民幸福感的研究与这一行业的可持续发展有密切关联,本文的研究具有一定的参考价值。

三、研究思路与方法

以云南省大理白族自治州大理市喜洲镇为案例,坚持理论和实践相结合、定性和定量相结合的方式进行,采用深度访谈、自填问卷等形式收集喜洲古镇居民关于旅游发展与幸福感的相关信息,使用 EXCEL 2010、PASS 15.0 和 SPSS 25.0 数据处理和统计软件对回收的数据进行研究和分析,对古镇居民生活幸福感现状以及在性别、民族、年龄、学历、收入、职业类型、旅游从业年限等多个控制变量上进行相关性和差异化分析。

(一)研究思路

分析民族村寨居民幸福感的影响因素,合理选取指标构建居民幸福感的评价指标体系,科学设计调查问卷,运用统计学进行数据分析实证研究,具体研究路线见图1。

(二)研究方法

结合国内外学者的前期研究成果和本次研究的目的,我们做出如下三个假设进行研究和验证:

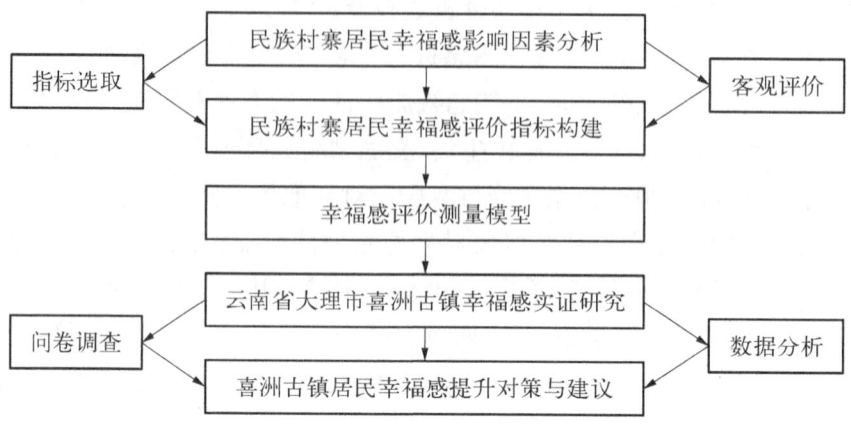

图1 研究思路及技术路线图

第一，民族村寨居民的幸福感在性别、民族、年龄等因素上存在显著性差异；

第二，民族村寨居民的幸福感与旅游开发活动存在相关性，随着旅游收入、旅游从业年限的增加而增加；

第三，旅游收入、旅游从业年限将会对民族村寨居民幸福感产生显著影响。

（三）调查问卷设计

在问卷设计方面，采用 Keyes 提出的成熟"社会幸福感量表"（Social well-being scale）为核心，分别在社会整合（social integration）、社会认同（social identity）、社会贡献（social contribution）、社会实现（social realization）和社会和谐（social harmony）五个维度测量居民幸福感，并在此基础上增加人口变量和旅游参与变量，以使问卷的整体结构更加符合研究目的。

量表题项全部采用李克特五级总加量表（Likert Scaling）的形式，假设每一个态度陈述都具有相等的效果，不同的陈述之间不存在数量的差别，用"5"代表"非常同意"，"4"代表"基本同意"，"3"代表"不确定"，"2"代表"基本不同意"，"1"代表"非常不同意"，其中有9个问题是反序计分制度，得分越高则幸福程度越高。在人口学变量上主要收集了被调查者性别、婚姻状况、年龄、民族、学历和月收入等观测变量，用以研究居民幸福感在以上观测变量方面的相关性和差异性；在旅游参与上，主要考察被调查者从事的行业，以及从事旅游相关职业分布和从业年限，以便于进一步研究旅游参与和居民幸福感之间的关系。（见表1）

表1 古镇居民生活幸福感调查问卷结构

问卷结构	一级指标	二级指标	题项数	符号
第一部分 基本信息	基本信息	Q1~Q6	6	
第二部分 旅游参与	职业类型	Q7~Q8	2	x_p
	旅游从业年限	Q9	1	x_1
第三部分 生活幸福感	社会幸福感	Q10~Q14	5	y
	社会整合	Q15~Q17	3	x_1
	社会认同	Q18~Q21	4	x_d
	社会贡献	Q22~Q23	2	x_c
	社会实现	Q24~Q26	3	x_r
	社会和谐	Q27~Q30	4	x_h

四、研究对象和抽样

云南省是我国少数民族分布相对集中的省份,同时又是我国旅游产业发展较早、较为成熟的地区,我们以喜洲镇作为实证研究案例,根据资料显示,目前喜洲古镇镇政府驻地为喜洲村,下辖喜洲村、周城村、上关村、桃源村、仁里邑村、永兴村、文阁村、沙村村、寺里村、金河村、河矣江村、庆洞村、作邑村13个自然村,常住人口约为6.4万人。

(一) 样本量计算

样本量计算主要解决研究需要多大的样本量,以及对于已知的样本量够不够的问题。因为涉及使用多种检验方法进行差异性研究分析,为了保证研究样本的代表性、客观性,我们对需要的样本数量进行了相应计算。两组均数比较的样本量计算公式为:

$$n = \frac{(z_\alpha + z_\beta)^2 \left(1 + \frac{1}{k}\right)\sigma^2}{\sigma^2}$$

n 为所需的样本数量;σ 为总体标准差,可以用样本标准差 S 进行代替;δ 为

两组样本均值的差 $\mu_\alpha - \mu_\beta$；z_α、z_β 研究规定检验水平、检验能效参数对应的统计值；k 为两组两本量比值,当两组样本量相等时取 1。为了更加科学、方便地进行样本量的计算,我们使用 PASS 15.0 软件对所需的样本量进行计算,从而确定本次研究需要的样本量的大小。

在正式实施调查研究之前,研究人员进行了前测,初步发现古镇不同性别居民的社会幸福感均值为 $\mu_\alpha = 4.2$,$\mu_\beta = 3.9$,$\sigma = 0.4$。检验水平是统计分析中犯错误的可能性,即客观情况真实的条件下被拒绝的概率,本研究将检验水平设置为 $\alpha = 0.05$；客观事实不真实的情况下被我们接受的概率为 β,检验能效(Power)是做出正确判断的可能性即 $1-\beta$,研究将检验能效设置为 $1 - \beta = 0.9$,即 $\beta = 0.1$。(见表 2)

表 2 两独立样本量计算

目标能效	实际能效	N_1	N_2	N	μ_1	μ_2	δ	σ	Alpha
0.90	0.904 8	39	39	78	4.2	3.9	0.3	0.4	0.05

备注:两组等方差。

从表 1 的计算结果可以看出,在两组样本数据方差齐性、样本量相等的条件下,78 个样本可以满足检验水平 0.05、检验能效 90% 的要求,实际检验能效 $1-\beta = 0.904\,87$。为了便于操作、计算和进一步提高检验能效,我们将本次调查的样本量确定为 $n = 100$,经 PASS 软件计算后,检验水平为 $\alpha = 0.05$,检验能效 $1-\beta = 0.960\,2$,即本次研究数据分析误差控制在 5% 以内,准确率控制在 96.02% 以上。(见表 3)

表 3 研究实际样本量检验效能计算

能效	N_1	N_2	N	μ_1	μ_2	δ	σ	Alpha
0.960 2	50	50	100	4.2	3.9	0.3	0.4	0.05

备注:两组等方差。

(二)抽样方法

根据中心极限定理,在一个含有 N 个元素且平均数为 μ、标准差为 ρ 的总体中,抽取所有可能的含有 n 个元素的样本,当 n 足够大时(大于 30),无论总体的分布如何,其样本平均数所构成的分布都趋于正态分布。我们可以基于这一理论对调查数据建立数学模型进行正态检验和定量分析,使用单样本T检验,对居民的社会幸福感现状进行研究,使用独立样本T检验、单因素方差分析对不同性别、婚姻状况、年龄、收入等控制变量上的幸福感进行差异性分析。

本次调查研究得到了喜洲镇政府、派出所相关领导的大力支持,为我们的研究顺利开展提供了客观、真实、完整的调查资料。我们使用分层抽样的方法,依托政府部门给出的喜洲古镇13个自然村列表确定了喜洲村、上关村、金河村、永兴村三地为实际调查地点,并按照各村的实际居民人口数量、性别比例确定了各村的样本数量依次为40、30、15、15。

一是建立抽样框。抽样框是指在抽样调查时使用的包含所有抽样单位的名单,我们将三个村的实际居民姓名列表作为本次研究的抽样框(包含非户籍实际居民,不含有户籍非实际居民),按照性别分别建立男性、女性两个抽样框。二是进行数据的整理排序。按照汉语拼音顺序使用EXCEL 2010软件对抽样框名单进行排序,并从0001至9999对所有人员进行编码。三是使用EXCEL软件RAND( )函数生成4位号码的随机数表,采用简单随机抽样的方式保证表内每一位居民都有相等概率被抽选为样本。使用骰子随机确定随机数表的开始位置,随机抽取样本。如随机数表内数值大于样本框编号,依次往后顺延,直到选取到足够数量的、符合规则的样本为止。

(三)样本结构

研究以在古镇长期居住、生活、工作的居民作为总体,采用概率抽样原则进行抽样调查,希望通过对样本的数据分析,研究总体的客观实际幸福感特征。本次调查控制样本数量$n=100$,借助于互联网免费问卷调查工具"问卷星"网站进行,实际方法问卷100份,回收问卷99份,经人工审核删除不完整、题项答案大面积雷同等无效问卷5份,最终有效问卷数量为94份,有效率为94%。(见表4)

表4 样本结构

项目	类别	人数	百分比
性别	男	50	53.19%
	女	44	46.81%

续表

项　目	类　别	人　数	百分比
婚姻状况	已婚	73	77.66%
	未婚	21	22.34%
年　龄	未成年(18岁以下)	8	8.52%
	青年(18—29岁)	26	27.66%
	中青年(30—44岁)	43	45.74%
	中年(45—59岁)	20	21.28%
	老年(60岁以上)	5	5.32%
民　族	白族	35	37.23%
	汉族	43	45.74%
	其他少数民族	16	17.03%
学　历	高中及以下	24	25.53%
	大学专科、本科	65	69.15%
	硕士及以上	5	5.32%
从事行业	旅游业	74	78.7%
	其他行业	20	22.3%

备注：样本量 $n=94$

（四）信度和效度检验

虽然调查问卷的核心使用的是比较成熟的"社会幸福感量表"（题项编号 Q1 至 Q30），但是为了保证测量工具的准确性、有效性，依然有必要对问卷的量表部分进行信度和效度检验，以检查问卷的可靠性、稳定、有效度和准确度。

信度（Reliability）是指采取同样的方法对同一测量对象重复测量时所得结果相一致的程度，可以反映出测量工具能否稳定地测量所测的事物或变量，主要有再测信度（test retest reliability）、复本信度（parallel forms reliability）、折半信度(split half reliability)三种类型,为了方便研究我们选择最为常见的克隆巴赫 α 系数(Cronbach's Alpa)作为信度检验的指标,α 系数是所有可能的折半信度的平均数,它克服了折半信度的不足,是社会科学最为常见的信度检验指标。通常情况下,该系数越高越好,一般认为当 α 系数大于 0.9 说明量表的内部一致性非常优秀,介于 0.8 到 0.9 之间可以认为内部一致性较好,介于 0.7 到 0.8 之间认为可以接受,低于 0.7 则认为量表的稳定性不足,需要进一步完善和修订调查问卷。

表 5 各维度 α 系数

	量表整体	维度					
		社会幸福感	社会整合	社会认同	社会贡献	社会实现	社会和谐
克隆巴赫	0.903	0.891	0.920	0.911 1	0.882	0.887	0.897
项数 α	21	5	3	4	2	3	4

从表 5 可以看出,量表整体 α 系数为 0.903,各个维度的 α 系数介于 0.882~0.920 之间,表明调查问卷具有较为良好的稳定性和内部一致性,使用其作为研究工具收集的数据真实、稳定,具有良好的再测可信度。

测量的效度(Validity)又叫作测量的有效度或准确度,由于在社会学研究中实施的通常都是间接的测量,研究者无法准确保证其设计的测量工具、程序所测的正是他们所要测量的变量。效度是指测量工具能够准确、真实地测出所要测量的变量的程度。为了确保量表题项的内容效度,我们在广泛参考现有"社会幸福感量表"的基础上,针对研究目的进行了相应修改,并使用德尔菲专家咨询法分别与中央财经大学、北京工商大学、首都师范大学等几所高校的专业教师进行访谈,所有专家都具有副教授以上职称,且从事统计、经济或管理等相关专业研究 5 年以上,具有非常丰富的经验。经广泛征求意见,实施预调研,研究者使用四分位数作为上下限,分别计算了每一道题项的分辨力,删除了分辨力系数小于 1 的题项,保留分辨力系数较大的题项,对调查问卷先后进行了三次修改、调整和优化。

表 6　KMO 和巴特利特检验

KMO 取样适切性量数		.934
巴特利特球形度检验	近似卡方	13 500.760
	自由度	93
	显著性	.000

结构效度也称为构造效度,是检验测量工具能效性的主要指标,我们在探索性因子分析中使用主成分分析法和最大方差法进行研究。从表 6 可以看到,KMO 值为 0.934,$P = 0.000\ 0 < 0.05$,具有统计学显著性,表明问卷通过了巴特利特(Bartlett)球形检验,适于进行探索因子分析。在对成分矩阵进行旋转后,取最大因子载荷系数大于 0.5,最终浓缩为 6 个共同因子,各因子的方差贡献率分别为 16.762%、14.867%、13.365%、11.423%、8.74% 和 7.342%,对总变量累计方差总贡献为 72.633%,提取的公因子数都大于 0.5,表明以上所有因子解释了量表整体 72.633% 的信息量。从变量的公因子方差可以看出,各变量间的共同度水平较高,公共因子对于变量信息的全面概括可以得到保证,说明变量间关系对应良好,问卷的量表题项部分具有较好的结构效度。

五、居民幸福感及原因分析

（一）古镇居民幸福感现状分析

所谓幸福感,也称社会幸福感(Social Well-being),社会幸福感是个人在社会生活中基于资源整合、群体认同、社会贡献等因素,自身产生的满足感、安全感,进而产生的一系列欣喜与愉悦的情绪,是一个人综合生活质量的评估,是考量个人和社会生活质量的概括性指标。

通过对问卷中相应题项进行合并,取平均值代表居民幸福感的强弱,最高分为 5 分,最低分为 1 分,使用单样本 T 检验(Student's t test)的方式对喜洲古镇居民的幸福感现状进行研究：

原假设　$H_0: \mu = \mu_0$,备择假设 $H_1: \mu \neq \mu_0$

对单个总体均值的推断是建立在单个样本均值的基础之上的,即利用样本均值去估计总体均值,由于抽样误差的存在,虽然样本均值呈现出了差异性,但样本均值的抽样分布确是可以确定的。基于这一思想,在单样本 T 检验中,我们构建如下的 t 统计量:

$$t = \frac{\bar{x} - \mu}{\sqrt{S^2}}$$

μ 为总体均值,$\bar{x}$ 为样本均值,S 为样本的标准差,n 为样本量。

一般情况下总体的标准差是未知的,因此在上述模型中我们使用样本的标准差 S 进行代替,得到的检验统计量为 t 统计量,服从自由度（degree of freedom）为 $n-1$ 的 t 分布。为了便于操作,我们以 $\mu_0 = 3.5$ 为检验值,使用 SPSS 25.0 软件进行计算,结果如下（见表 7）：

表 7 喜洲古镇居民幸福感

	个案数	平均值	t	Sig.(双尾)	标准偏差	标准误
社会幸福感	94	4.317	17.095	0.000	.582	0.060
社会整合	94	3.971	8.426	0.000	.956	0.099
社会认同感	94	4.681	9.094	0.000	.700	0.072
社会贡献	94	4.733	5.582	0.015	.644	0.066
社会实现	94	3.718	4.931	0.032	.666	0.069
社会和谐	94	4.098	3.787	0.041	.602	0.062

注：检验值=3.5,df=93。

如上所示,喜洲古镇居民社会幸福感均值为 4.317 ± 0.582,$t = 17.095$,$P = 0.000 < 0.05$,具有统计学意义。说明古镇居民的社会幸福感指数显著高于我们设定的检验水平 3.5（满分的 70%）,表明古镇居民的社会幸福感整体水平较高。这说明随着我国经济、社会的发展,喜洲古镇的居民的物质、文化生活水平不断提高,居民对于目前生活状态比较满意。

（二）幸福感差异性分析

1. 性别、婚姻状况差异分析

差异性研究主要是考察观测变量在控制变量各个水平间是否存在显著性差异，常用的研究方法有独立样本 T 检验和 ANOVE 方差分析（Analysis of Variance）。对于居民幸福感在不同性别、婚姻状况因素上的差异，我们采用独立样本 T 检验的方法进行研究。

原假设 $H_0: \mu_1 = \mu_2$，备择假设 $H_1: \mu_1 \neq \mu_2$

μ_1, μ_2 分别为两个独立样本组总体的均值。

于是，两组总体均值差检验的检验统计量为 t 统计量，数学定义为：

$$t = \frac{\bar{x}_1 - \bar{x}_2 - (\mu_1 - \mu_2)}{\sqrt{\sigma_{12}^2}}$$

σ_{12}^2 两样本均值差的抽样分布的方差估计，$\bar{x}_1, \bar{x}_2$ 为两样本的均值，t 统计量服从 $n_1 + n_2 - 2$ 为自由度的 t 分布。

表 8　居民幸福感性别、婚姻状况独立样本检验

	莱文方差等同性检验		t 检验		
	F	显著性	t	自由度	Sig.
性别	1.561	0.215	1.652	92	0.037
婚姻状况	1.014	0.587	1.674	92	0.010

表 9　居民幸福感分组统计

因素	水平	个案数	平均值	标准偏差	标准误差平均值
性别	男	50	4.06	0.562	0.079
	女	44	4.38	0.736	0.111
婚姻状况	未婚	21	3.78	0.698	0.152
	已婚	73	4.44	0.748	0.875

从表 8、表 9 可以看出,对性别和婚姻状况进行独立样本 T 检验,两个控制变量的莱文方差分析 F 统计量和显著性均表明内部组间满足方差齐性。性别因素的 $t=1.652$,$df=92$,$P=0.037<0.05$,具有统计显著性,表明喜洲古镇不同性别的居民幸福感具有显著差异,结合表 8 数据可以看出,女性居民的幸福感水平显著高于男性居民。婚姻状况因素的 $t=1.674$,$df=92$,$P=0.010<0.05$,同样具有统计显著性,结合表 8 数据说明已婚居民的幸福感水平显著高于未婚居民。从社会角色、家庭责任的角度分析,社会对于男性的要求普遍高于女性,男性居民承担了更多的社会责任、经济压力,而社会对于女性的家庭经济责任要求较轻,这是造成男性居民幸福感水平低于女性的主要原因;同时,社会幸福感受个人欲望的影响,相关研究表明男性对于社会地位、权力、财富的渴望程度普遍高于女性,这也是导致幸福感在性别间产生差异的原因所在。

研究表明,婚姻状态也会对幸福感产生影响,已婚居民的生活稳定感更强、满足感高于未婚居民。

2. 年龄、民族和学历差异分析

独立样本 T 检验只适用于 2 水平的变量,本研究中年龄、民族和学历等变量的因素水平都超过 3 个,因此采用 ANOVE 方差分析法进行数据分析。方差分析是研究某种控制因素多水平下不同差异的分析方法。在方差分析中将居民幸福感作为观测变量,将年龄、民族、学历作为控制变量,每个变量下的不同类别作为控制变量的不同水平。方差分析方法将居民幸福感的变化视为两种因素影响的结果,一是受控制变量不同水平所产生的影响,二是随机变量产生的影响。

设观测变量总离差平方和为 SST(Total sum of squares);受控制变量不同水平变差影响的组间离差平方和为 SSA(Sum of Squares for factor A);由抽样误差引起变差影响的组内离差平方和为 SSE(Sum of Squares for Error),单因素方差分析的模型则有:

$$SST = SSA + SSE$$

$$SST = \sum_{i=1}^{k} \sum_{j=1}^{n_i} (x_{ij} - \bar{x})^2$$

$$SSA = \sum_{i=1}^{k} n_i (\bar{x}_i - \bar{x})^2$$

$$SST = \sum_{i=1}^{k} \sum_{j=1}^{n_i} (x_{ij} - \bar{x}_i)^2$$

原假设 H_0 为：控制变量不同水平的变化对观测变量均值不产生显著影响，备择假设 H_1 为各效应值不同时为 0,控制变量不同水平变化对观测值发生显著影响。我们采用 F 统计量作为检验统计量，其服从 $k-1$ 和 $n-k$ 为自由度的 F 分布，F 统计量的数学定义为：

$$F = \frac{SSA/(k-1)}{SSE/(n-k)} = \frac{MSA}{MSE}$$

表 10　居民幸福感年龄因素 LSD 多重比较

（I）年龄	（J）年龄	平均值差值(I-J)	标准错误	显著性	95% 置信区间 下限	95% 置信区间 上限
未成年	青年	-0.014 69	0.127 23	0.908	-0.267 5	0.238 1
	中青年	-0.189 95	0.174 98	0.281	-0.537 6	0.157 7
	中年	-0.632 57*	0.156 71	0.000	-0.943 9	-0.321 2
	老年	-0.906 32*	0.232 14	0.000	-1.367 6	-0.445 1
青年	未成年	0.014 69	0.127 23	0.908	-0.238 1	0.267 5
	中青年	-0.175 26	0.156 05	0.264	-0.485 3	0.134 8
	中年	-0.617 88*	0.135 25	0.000	-0.886 6	-0.349 1
	老年	-0.891 63*	0.218 22	0.000	-1.325 2	-0.458 0
中青年	未成年	0.189 95	0.174 98	0.281	-0.157 7	0.537 6
	青年	0.175 26	0.156 05	0.264	-0.134 8	0.485 3
	中年	-0.442 61*	0.180 89	0.016	-0.802 0	-0.083 2
	老年	-0.716 36*	0.249 10	0.005	-1.211 3	-0.221 4
中年	未成年	0.632 57*	0.156 71	0.000	0.321 2	0.943 9
	青年	0.617 88*	0.135 25	0.000	0.349 1	0.886 6
	中青年	0.442 61*	0.180 89	0.016	0.083 2	0.802 0
	老年	-0.273 75*	0.236 63	0.250	-0.743 9	0.196 4

续表

(I)年龄	(J)年龄	平均值差值(I-J)	标准错误	显著性	95% 置信区间	
					下限	上限
老年	未成年	0.906 32*	0.232 14	0.000	0.445 1	1.367 6
	青年	0.891 63*	0.218 22	0.000	0.458 0	1.325 2
	中青年	0.716 36*	0.249 10	0.005	0.221 4	1.211 3
	中年*	0.273 75	0.236 63	0.250	−0.196 4	0.743 9

备注：*表示显著性水平为 0.05。

从表 10 的数据可以看出，通过单因素方差分析发现，喜洲古镇居民未成年人、青年人、中青年人和中年、老年居民的幸福感存在显著性差异；但是未成年人、青年人和中青年人之间不存在显著差异，中年人和老年人之间存在显著差异。

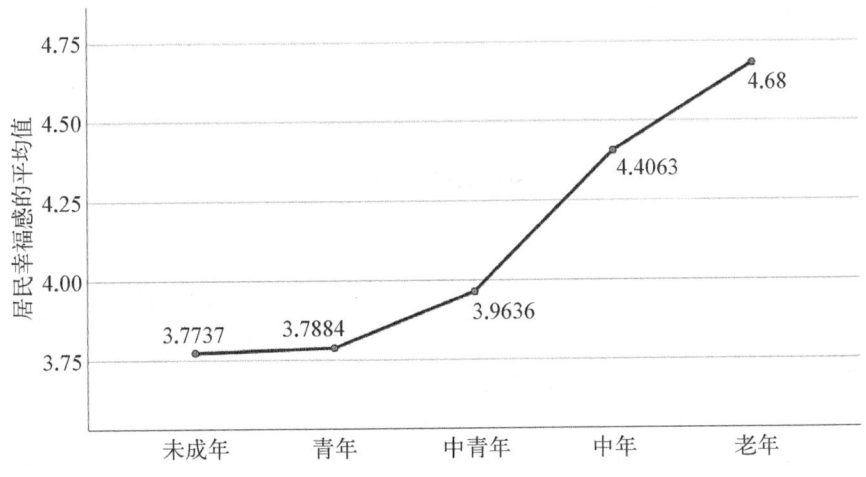

图 2　不同年龄段居民幸福感水平

从图 2 可以看出，古镇居民的幸福感水平随着年龄的增长而逐渐增加，未成年、青年和 44 岁以下的中青年人的幸福感水平较低，中老年的人幸福感水平最高。通过与古镇居民的访谈发现，未成年人幸福感水平低主要是学业负担重、前途未知变化大和对幸福感理解的概念偏差引起的，例如就读于古镇某高级中学的一名同学表示，幸福感的高低主要取决于父母给予的零用钱的多少，用零用钱的数量来理解是对幸福感概念的误解;青年、中青年人幸福感水平较低,主要由经济、心理因素引起,这两个群体的人群普遍承受着高房价带来的经济压力,大多数人每月都承担数额不等的房贷、车贷或消费贷等,虽然物质生活不是十分匮乏,但较重的经济压力降低了其幸福感水平;中老年群体则正好相反,调查中发现中老年人经济压力相对较小、物质欲望也较低,参与调查的中老年人普遍身体健康,很多70后、60后、50后人群普遍经历过改革开放之前的物资匮乏年代,他们对于现在生活状态的满意度最高。

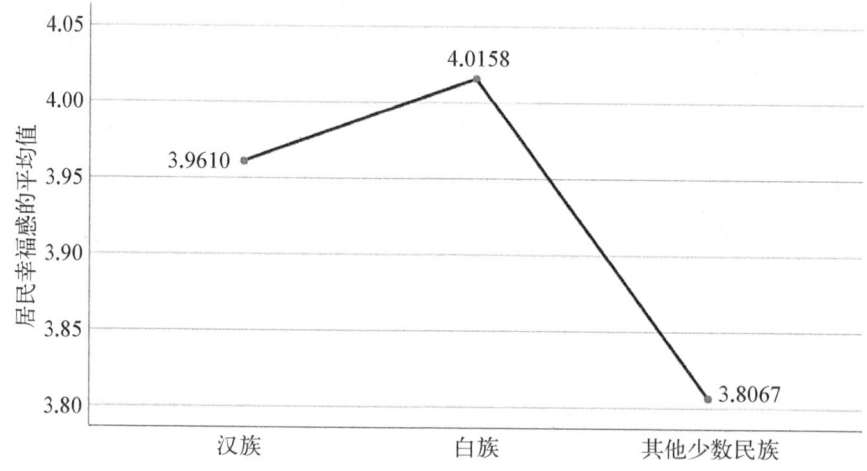

图3 不同民族居民幸福感水平

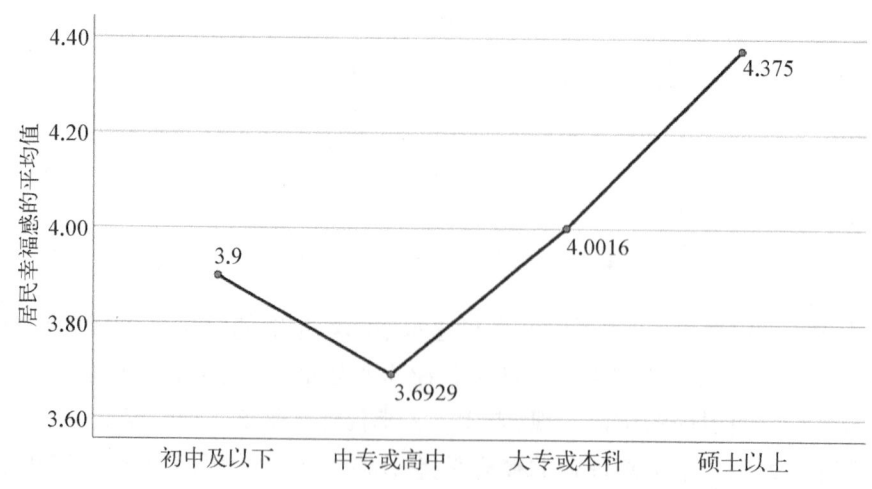

图4 不同学历居民幸福感水平

对民族、学历因素对居民幸福感的影响,研究发现汉族、白族居民的幸福感水平较高,分别为3.96±0.49、4.02±0.53,彼此之间不存在显著性差异,但是彝族、回族、纳西族等其他少数民族的幸福感水平则较低,得分为3.80±0.32。通过向喜洲镇政府工作人员了解,喜洲古镇属于大理白族自治州大理市,6.4万常住人口当中,白族约占2.8万人,汉族约占3.2万人,其他少数民族约占0.4万人,人数优势在区域内具有较强的文化优势、心理优势和族群优势,更容易获得社会认同感,具有更高的社会归属感和幸福感。在学历因素上,我们发现幸福感水平随着学历层次的提高而升高,中专高中学历人群、硕士以上人群与其他学历人群幸福感水平具有显著性差异,初中与大专本科学历人群幸福感水平属于同一水平,差异性不明显。硕士以上高素质人群,其职业成就、经济收入、社会地位普遍较高,产生较高的社会幸福感水平非常容易理解,但出乎意料的是幸福感水平最低的不是初中以下人群,而是具有中专高中学历的人群。通过走访调查我们发现,产生这一现状的原因是初中以下人群的物质欲望、心理预期较低,能够较好地接受生活现状,而中专高中人群则普遍具有较高的心理焦虑,其一方面希望通过自己的努力让生活过得更好,另一方面又苦于没有足够的知识、技能来尽快提高自身的生活水平,从而降低了这一群体的社会幸福感。

六、旅游发展对居民幸福感的影响

(一)行业因素不直接影响居民幸福感

本次实证分析所调查的数据中,从事旅游行业的受访样本为74人,占比为79%;从事其他行业的样本为20人,占比为21%。参与调查的居民分别从事旅游业、农林渔业、工业制造业、公共事业和其他行业,在五个行业当中农林渔业的居民的幸福感水平最高,达到4.02±0.24,然后依次是旅游业、工业制造业、公共事业和其他行业(见图5),通过对各行业居民进行单因素方差分析发现,虽然各行业居民幸福水平有高有低,仅其他行业与上述4个行业有显著性差异,农林渔业、旅游业、工业制造业和公共事业间并不存在统计学意义上的显著性差异,说明该项数据的高低是由抽样误差等随机因素引起的。因此,不能说明从事旅游业的古镇居民就比其他行业居民幸福感水平高,或者说,不同的行业并不会引起居民幸福感水平的变化(见表11)。

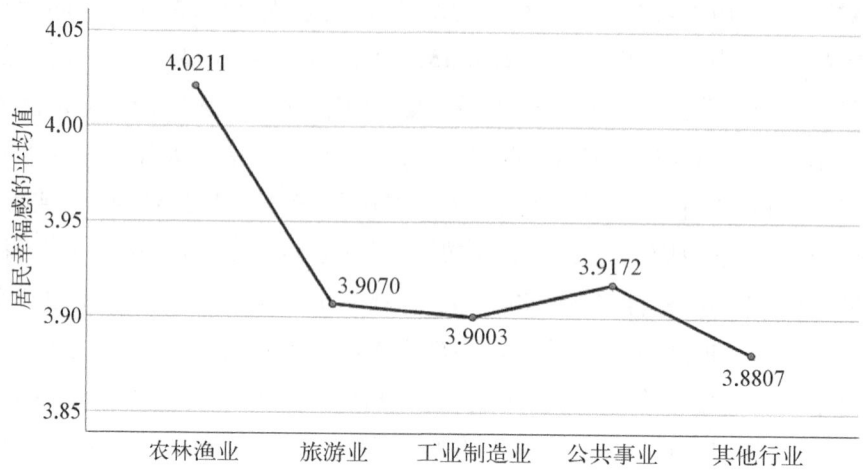

图 5　不同行业居民幸福感水平

表 11　不同行业居民幸福感水平

	个案数	平均值	标准偏差	标准误	字母标识
农林渔业	4	4.02	0.24	0.12	a
旅游业	74	3.91	0.11	0.01	a
工业制造业	5	3.90	0.02	0.01	a
公共事业	3	3.92	0.02	0.01	a
其他行业	8	3.88	0.07	0.02	b

（二）不同职业影响居民社会幸福感

虽然行业因素对居民的幸福感水平没有产生显著影响,研究发现旅游行业具体从事不同职业的居民在主观社会幸福感上还是存在着不小的显著性差异,从图6可以看出,旅游企业主和旅游住宿业的从业人员主观幸福感要远远高于其他职业,导游、旅游商品销售和生产人员的幸福感水平较低,显著低于旅游企业主,其他职业的幸福感水平高于导游等职业,但并不显著。对于这一结果,研究人员再次进行了深入分析,发现在抽样中旅游企业主、旅游住宿从业人员多为个体工商从业者,他们工作时间自由,收益稳定,这一群体在家庭收入方面较高,因此对于幸福感的体验水平较高。而幸福感水平较低的职业,往往伴随着收入不高、稳定性不强、未来预期不明朗等因素,可见职业对于居民幸福感的影响,主要是通过经济收入因素这一中介变量产生的。

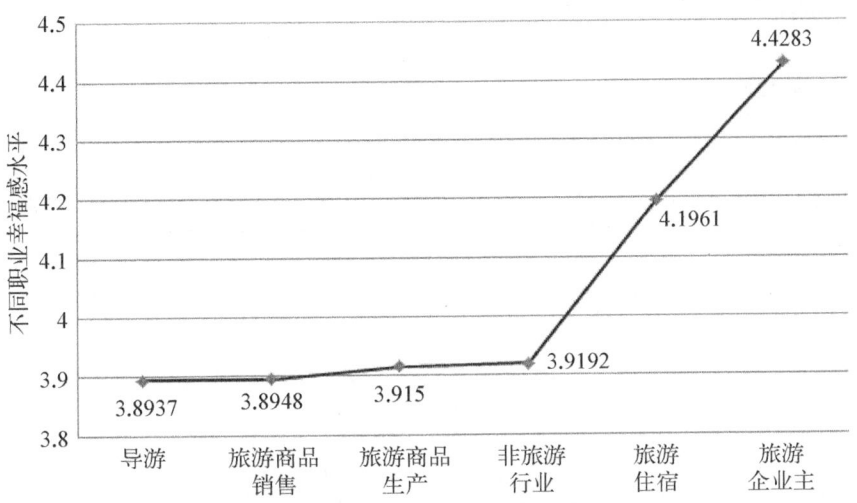

图 6　不同行业居民幸福感水平

(三) 旅游从业年限越长幸福感水平越高

在旅游从业年限方面,表 12 和图 7 表明,随着旅游行业从业年限的增加,社会幸福感水平不断提高。需要特别注意的是,刚刚从事旅游行业的人群的幸福感水平要显著低于非旅游行业人群,幸福感水平最高的是从业 6 到 10 年的居民,其与从业 10 年以上的人群幸福感水平稍有差异,但并不存在统计学意义。产生这一结果的原因,我们可以从多种角度进行解释,随着旅游行业从业时间的增加,从业者的年龄、婚姻状况、经济收入、社会地位等多种因素都会发生变化,这些因素在前面的分析中都对居民幸福感水平产生了影响,但具体是哪一种因素起主导作用,还需要使用更加多种的研究方法进一步进行研究。

表 12　居民幸福感沃勒-邓肯比较分析

从事旅游相关 工作的时间	个案数	$\alpha = 0.05$		
		1	2	3
3 年以下	23	3.721 7		
3 到 6 年	30		3.836 7	

续表

从事旅游相关工作的时间	个案数	α = 0.05		
		1	2	3
非旅游行业	20		3.875 0	
10年以上	10			4.200 0
6到10年	11			4.300 0

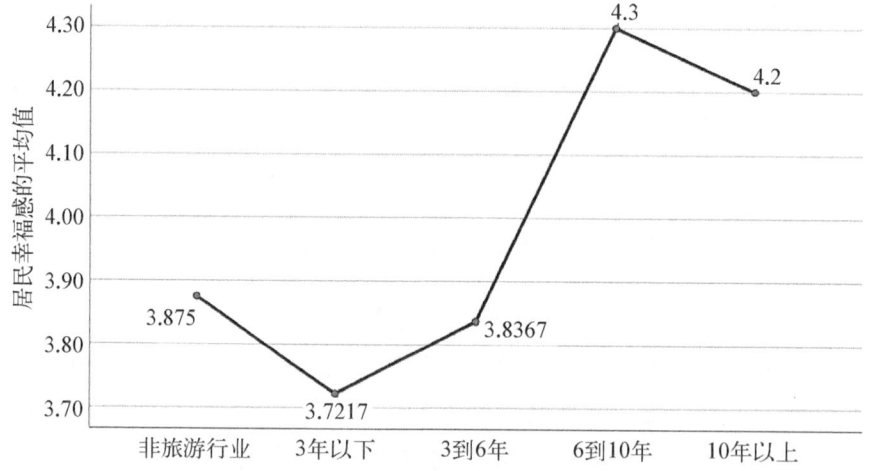

图7 不同从业年限幸福感分析

（四）职业和从业年限的交互作用影响

多因素的交互作用分析需要采用多因素方差分析方法，将居民幸福感的变化视为三种因素影响的结果，一是受控制变量不同水平所产生的影响，二是随机变量产生的影响，三是控制变量交互作用对观测变量的影响。设观测变量总离差平方和为 SST(Total sum of squares);受控制变量不同水平变差影响的组间离差平方和为 SSA(Sum of Squares for factor A)、SSB(Sum of Squares for factor B);由抽样误差引起变差影响的组内离差平方和为 SSE(Sum of Squares for Error)，则有：

$$SST = SSA + SSB + SSAB + + SSE$$

$$SSA = \sum_{i=1}^{k} \sum_{j=1}^{r} n_{ij}(\bar{x}_j^A - \bar{x})^2$$

$$SSB = \sum_{i=1}^{k} \sum_{j=1}^{r} n_{ij}(\bar{x}_j^B - \bar{x})^2$$

$$SSE = \sum_{i=1}^{k} \sum_{j=1}^{r} \sum_{m=1}^{n_{ij}} (x_{ijm} - \bar{x}_{ij}^{AB})^2$$

原假设 H_0 为：各控制变量不同水平各效应和交互作用对观测变量没有显著影响；假设 H_1 为控制变量的不同水平下观测变量存在显著性差异。单因素方差分析采用的检验统计量是 F 统计量，定义如下：

$$F_A = \frac{SSA/(k-1)}{SSE/[kr(l-1)]} = \frac{MSA}{MSE}$$

$$F_B = \frac{SSB/(k-1)}{SSE/[kr(l-1)]} = \frac{MSE}{MSE}$$

$$F_{AB} = \frac{SSAB/[(k-1)(r-1)]}{SSE/[kr(l-1)]} = \frac{MSAE}{MSE}$$

MSA、MSB 为组间均方（Mean square of SSA/SSB），MSE 为组内均方（Mean square of SSE），F_A、F_B 统计量服从分子自由度为 $k-1$，分母自由度为 $n-k$ 的 F 分布，即：

$$F = \frac{MSA}{MSE} \sim F[k-1, kr(l-1)]$$

F_{AB} 统计量服从分子自由度为 $[(k-1)(r-1)]$，分母自由度 $[kr(l-1)]$ 的 F 分布，即：

$$F_{AB} = \frac{MSAB}{MSE} \sim F\{[(k-1)(r-1)], [kr(l-1)]\}$$

我们使用 SPSS 建立基于职业和旅游从业年限的饱和模型，计算个检验统计量的观测值和对应概率的 P 值，结果如表 13 显示，模型调整后的 R^2 为 0.564，说明模型介绍了观测变量 56.4% 的数据变化，模型拟合优度可以接受。修正模型的对应 F 值为 11.05，$P<0.05$，说明多因素分析的模型显著，职业、旅游从业时间等因素中至少有一个会对模型产生影响；职业、旅游从业时间和二者交互对应的 F 值分别为 13.52、27.20、5.14，所对应的 P 值也全部小于 0.05，说明职业、旅游从业时间会对居民幸福感产生影响，这与前面单因素方差分析的结论一致。职业*旅游从业时间对应的 F 值为 5.14，$P<0.05$，表明二者的交互作用，对居民的幸福感水平产生了影响。

表 13　幸福感多因素主体间效应检验

源	III 类平方和	自由度	均方	F 值	P 值
修正模型	14 967.34ª	16	935.46	11.05	0.000
截距	35 581.22	1	35 581.22	420.24	0.000
职业	4 577.20	4	1 144.30	13.52	0.000
旅游从业时间	6 908.51	3	2 302.84	27.20	0.000
职业 * 旅游从业时间	3 481.63	8	435.20	5.14	0.000
误差	6 519.48	77	84.67		
总计	57 068.04	94			
修正后总计	21 486.82	93			

a. $R^2 = 0.625$（调整后 $R^2 = 0.564$）。

七、对策与建议

（一）旅游开发对于促进民族村地区经济发展有促进作用

研究表明，是否从事旅游行业并不会直接影响喜洲古镇居民的幸福感水平。但古镇进行旅游开发活动，可以有效促进该地区经济、社会发展，提高社会整体就业率，增加古镇居民的收入水平，这对提高居民幸福感是十分有帮助的。同时，我们也应该关注到，在旅游行业内部，不同的职业因素会对居民幸福感产生影响，主要是因为不同行业的实际收入水平差异引起的，作为社会事务的管理者，政府应该更加关注旅游产业收入分配的公平问题，有效提高当地最低工资标准，完善导游、销售人员等岗位的薪酬管理体系，让旅游基层工作人员的收入能够真实反映旅游行业发展的水平，有效提高低收入群体的社会生活尊严和幸福感。

（二）大力提高民族村地区教育水平，满足居民受教育的美好愿望

社会幸福感是一个相对比较主观的体验，是居民对本地区经济、社会、文化

等多种因素综合评价的结果,与居民的主观认知、社会发展预期和个人欲望等因素也存在关系。较高的受教育水平,能够提升人们对客观、主观事物的认知水平,增强居民的理解能力和理性思维能力,也会在职业、收入等因素上产生显著影响。正如所说,"人民对美好事物的向往就是我们奋斗的目标",古镇居民对于幸福生活的向往,也需要通过不断提高受教育水平来实现,因此加大对教育的供给侧改革,办好人民满意的教育,提高古镇居民的受教育水平,也是提高古镇居民整体幸福感的有效途径。

(三)营造更加包容的社会氛围,提升民族村地区居民的社会认同感

社会的包容程度,文化的兼容性,少数民族的心理认同等因素也影响其主观幸福感的水平,未来古镇管理者应该在维护民族团结、民族文化多样性方面投入更多的工作和精力,以巩固脱贫攻坚成果、小康社会建成、提升古镇居民幸福感的大路上一路前行。

总之,喜洲古镇居民的整体幸福感水平较高。古镇居民的幸福感水平受性别、婚姻状况、民族、年龄等多种因素的影响,还受旅游从业年限、家庭收入的显著影响,居民幸福感是一个非常综合的概念,受主观与客观,自身与外在,微观与宏观多种因素共同作用,有效提升居民幸福感水平,应该坚持多措并举,经济社会协同发展,兼顾效率与公平。

参考文献:

[1] 陈庆.乡村旅游社区居民参与度评价研究[D].东北林业大学.2019.

[2] 陈小云.基于游客参与的乡村旅游开发策略研究[J].安徽商贸职业技术学院学报,2019(2):26-29.

[3] 大理统计年鉴委员会.大理统计年鉴2020[M].昆明:云南统计出版社,2021:78.

[4] 高园.旅游目的地居民主观幸福感的外在影响因素研究:基于海南国际旅游岛的实证调查[J].生态经济,2012(11):89-90.

[5] 江洋.安化县乡村旅游发展模式探讨[D].中南林业科技大学,2018.

[6] 黎志逸,赵云,程道品.旅游目的地居民幸福指数评价体系构建[J].商业经济研究,2009(29):104-106.

[7] 刘会杰.浅析乡村旅游对乡村经济发展的影响[J].商场现代化,2018(20):174-175.

[8] 刘文溪.关中地域文化在乡村旅游景观中的运用研究[D].西安建筑科技大学,2018.

[9] 卢松,张捷,唐文跃.基于旅游影响感知的古村落旅游地居民类型划分:以世界文化遗产

皖南古村落为例[J]. 农业经济问题,2008(11):67-73.

[10] 唐晓云,闵庆文,吴忠军.社区型农业文化遗产旅游地居民感知及其影响:以广西桂林龙脊平安寨为例[J]. 资源科学,2010(6):1035-1041.

[11] 赵明.少数民族民俗旅游开发分析[J].旅游纵览(下半月),2016(4):318-320.

[12] AUGUSTYN M M. Environmental management for rural tourism and recreation [J]. Annals of Tourism Research, 2002, 29(1):284-287.

[13] BROSIUS P, LOWENHAUPT T A, ZERNER C. Communities and Conservation: Histories and Politics of Community-based Natural Respource Management [J]. The Geographical Journal, 2005, 168(1).

[14] DIENER E. Subjective well-Being and personality. In Hersen M, Van Hetal ed. Adanced Personality[M]. The Plenum Series in Social/Clinical Psychology. New York: Plenum Pres, 1998:311-314.

[15] GARCIA. Rural cultural economy tourism and social relations[J]. Annals of Tourism Research, 2001(3):180-190.

[16] MAUDE A J, REST D J. The Social and Economic Effects of Farm Tourism in The United Kingdom[J]. Agricultural Administration, 1985, 20:85-99.

[17] RYFF C D, SINGER B. Interpersonal Flourishing: A positive health agenda for the new millennium[J]. Personality & Socialpsychology, 2000, 4(1):30-44.

点评

这是一篇很好的社会调查报告,着眼点在于旅游业的发展对民族村寨居民幸福感的影响。报告以大理市喜洲古镇为介入点,通过实地调研,测评居民幸福感水平,多角度分析旅游发展的影响,得到了合情合理的结论,表明居民幸福感是一个非常综合的概念,受主观与客观、自身与外在、微观与宏观等多种因素共同作用。全文视角新颖,论述条理,分析严谨,结果可信,为未来的深入研究奠定了良好基础。

长江经济带绿色技术创新效率的时空演进及空间驱动机制

胡孟颖　刘德志[*]

摘要：从绿色技术创新视角出发,以长江经济带11省市为研究对象,从时间和空间角度考察绿色技术创新的演变过程,并考察其空间驱动机制。研究结果表明,样本期间长江经济带绿色技术创新效率水平是波动上升的;根据泰尔指数等指标,上中下游地区绿色技术创新效率的差异不是很大,差异主要是各区域内部差异带来的。关于各因素对绿色技术创新效率的影响,碳排放强度对本地绿色技术创新有促进作用,产业结构升级不利于本地绿色技术创新但对周边地区绿色技术创新效率提升有推动作用。本文的研究结论可以为长江经济带各省市制定相关绿色发展政策提供较为具体的证据,具有一定的现实意义。

关键词：绿色技术创新效率;碳排放强度;泰尔指数;空间杜宾模型

一、引言

绿色转型发展成为当今推动经济增长的助推剂,技术创新是经济增长的源动力,绿色技术创新在创新的基础上考虑到环境和资源因素,可以提高能源利用效率,节约资源,有效推进经济可持续发展。本文以长江经济带为研究对象,拟研究样本期间绿色技术创新效率的时空演变规律,并将碳排放强度、环境规制等变量作为解释变量,和被解释变量绿色技术创新一起纳入空间杜宾模型,分析空间效应。

---

[*] 胡孟颖,女,安徽财经大学2020级硕士研究生。刘德志,男,安徽财经大学教授。

众多学者对绿色技术创新效率的测度方法以及指标体系的选取有着深入的研究,测度方法包括纳入非期望产出的 DEA 模型、熵权 TOPSIS 法以及指标法等。武力超等(2021)通过对绿色专利进行整理分类,以绿色专利的申请量表示绿色技术创新[1];魏龙等(2020)将创新分为技术研发、技术交易、产品试验与产业化四个阶段,利用 Super-SBM 和 Undesirable SBM 模型测算各阶段的绿色技术创新[2];赖永剑等(2020)使用两阶段共享投入 DEA 测算地区绿色创新效率[3]。

关于绿色技术创新的时空演变规律,学者们从不同的角度进行了一定的分析,彭甲超等(2019)测度了工业企业绿色技术创新效率,分析其演变与区域差异,并采用 LMDI 方法对绿色技术创新的影响因素进行分解,分析各影响因素的影响效果[4]。黄磊等(2019)运用泰尔指数对城市工业绿色发展效率的时空演变规律进行了分析,发现其在研究期间是有所上升的,并且各地区间的城市工业绿色发展存在较为显著的差异[5]。

空间杜宾模型用来研究变量的空间溢出较为方便,白俊红等(2017)运用 SDM 模型研究借助空间知识溢出效应,研发要素的区间流动能否促进经济增长,结果表明研发要素的区间流动存在显著空间溢出效应并显著促进了经济增长[6]。邵帅等(2019)就经济集聚和能源强度对碳排放的影响建立了空间杜宾模型,发现经济集聚和能源强度与碳排放强度间分别存在"倒 N"形和"倒 U"形曲线关系,并且二者在时间上存在"滚雪球"效应,在空间上存在策略性竞争效应[7]。曾艺等(2019)研究了生产性服务业集聚对城市经济增长质量的空间影响效应,发现生产性服务业集聚对本地的经济增长有显著正向影响,但却显著抑制周边地区的经济增长,并且影响效果受不同服务行业与不同城市规模的影响[8]。

综上所述,在借鉴前人丰富研究成果的基础上,本文尝试在以下方面进行拓展:(1)在研究长江经济带绿色技术创新效率的时空演变规律时,选取基尼系数、泰尔指数和 σ 收敛值进行对比分析;(2)将长江经济带划分为上、中、下游,分区域进行 SDM 模型的回归,更加细致地对比分析回归结果。

二、研究方法与模型

(一)非期望产出的 DEA-SBM 模型

环境因素对绿色技术创新效率会产生很大的影响,参考曾菊芬(2019)的方法[9]，本文加入非期望产出，构造非期望产出的非径向 SBM 模型来测算绿色技术创新效率。具体模型如下：

$$\min \rho = \frac{1 - \frac{1}{m}\sum_{i=1}^{m}\frac{s_i^-}{x_{ik}}}{1 + \frac{1}{q}\sum_{r=1}^{q}\frac{s_r^+}{y_{rk}}}$$

$$\text{S.t.} \ X\omega + s^- = x_k$$
$$Y\omega - s^+ = y_k$$
$$B\omega + s^b = b_k$$
$$\omega, s^-, s^+ \geq 0$$

其中，ρ 代表效率值，且 $0 \leq \rho \leq 1$。当 $\rho = 1$ 时，决策单元是强有效的；当 $\rho < 1$ 时，决策单元并未到达理想状态，在投入和产出上需要改进。ω 代表决策单元；s^- 代表投入变量的松弛变量；s^+ 代表期望产出；s^b 代表非期望产出。

（二）泰尔指数

泰尔指数是分析地区间收入差异的重要指标，是分析区域差异的有效工具。具体的公式为：

$$T = \frac{1}{n}\sum_{i=1}^{n}\frac{y_i}{\bar{y}}\log\left(\frac{y_i}{\bar{y}}\right)$$

此处的 T 为绿色技术创新效率的泰尔指数，y_i 为第 i 个地区的绿色技术创新效率，$\bar{y}$ 为地区绿色技术创新效率的平均水平。泰尔指数处于 0 到 1 之间，T 越大则地区间差异越大，T 越小地区间差异越小。T 描绘的是总体差异，还需要分析组间和组内差异，因而对泰尔指数进行分解，分解公式为：

$$T = T_b + T_w = \sum_{k=1}^{K} y_k \log\frac{y_k}{\frac{n_k}{n}} + \sum_{k=1}^{K} y_k \left(\sum_{i \in g_k}\frac{y_i}{y_k}\log\frac{y_i/y_k}{1/n_k}\right) \ (k = 1, \cdots, K)$$

其中，$T_b = \sum_{k=1}^{K} y_k \log\frac{y_k}{\frac{n_k}{n}}$ 为组间差异，$T_w = \sum_{k=1}^{K} y_k \left(\sum_{i \in g_k}\frac{y_i}{y_k}\log\frac{y_i/y_k}{1/n_k}\right)$ 为组内差异，

$T_k = \sum_{i \in g_k} \frac{y_i}{y_k} \log \frac{y_i / y_k}{1 / n_k}$ 则表示第 k 组的组内差距。

（三）空间杜宾模型（SDM）

选取绿色技术创新效率（GTIE）为被解释变量，解释变量包括碳排放强度（EI）、环境规制（ER）、人均 GDP 的对数值（lnPGDP）、产业结构（IS）、城镇化水平（PUP）以及进出口（IE），由此构建如下计量模型：

$$\ln GTIE_{it} = \beta_0 + \beta_1 EI_{it} + \beta_2 ER_{it} + \beta_3 \ln PGDP_{it} + \beta_4 IS_{it} + \beta_5 PUP_{it} + \beta_6 IE_{it} + \varepsilon_{it}$$

其中，i 为省市，t 为年份，ε_{it} 为随机扰动项。

将各项解释变量合并为 X，则计量模型可以简化为：

$$\ln GTIE_{it} = \beta_0 + \beta_1 X_{it} + \varepsilon_{it}$$

当考虑到绿色技术创新效率的空间滞后项与空间滞后解释变量对其的影响，需要建立包含解释变量与被解释变量空间交互项的空间杜宾模型。

$$\ln GTIE_{it} = \beta_0 + \sigma_1 \omega_{ij} \ln GTIE_{jt} + \beta_1 X_{it} + \sigma_2 \omega_{ij} X_{jt} + \varphi_i + \tau_t + \varepsilon_{it}$$

其中，σ 为空间自回归系数，ω_{ij} 为空间权重矩阵，φ_i、τ_t、ε_{it} 分别表示空间效应、时间效应和随机误差。

三、指标选取与数据来源

（一）指标选取

（1）绿色技术创新效率（GTIE）

运用 SBM-DEA 模型测算绿色技术创新效率，从投入、期望产出和非期望产出角度来构建指标体系。参考相关文献，本文选取的各项指标具体见表 1。

① 投入指标

投入指标主要考虑了劳动、资本和技术三方面，因此选取 R&D 人员全时当量代表创新的劳动投入水平，R&D 经费内部支出表示创新的资本投入水平，R&D 项目数代表创新的技术水平。

表 1 绿色技术创新的投入产出指标

一级指标	二级指标	三级指标	单位
投入指标	劳动投入	R&D人员全时当量	人年
	资本投入	R&D经费内部支出	万元
	技术投入	R&D项目数	项
期望产出指标	创新项目成果	专利申请量	件
	创新经济成果	新产品销售收入	万元
非期望产出指标	环境产出指标	废水排放量	万吨
		废气排放量	亿标立方米

② 期望产出指标

期望产出指标是指在创新中希望得到的项目和经济成果,因此选取专利申请量和新产品销售收入。

③ 非期望产出指标

从绿色创新角度来看,生产过程中产生的环境污染问题是不希望得到的产出,因而选取废水排放量和废气排放量来代表环境效益指标。由于固体废弃物的数据缺失值较多,并且近几年我国固体污染物治理效果较为良好,因此本文剔除了固体废弃物指标。

(2) 碳排放强度(EI)

首先,采用 IPCC 的计算公式对碳排放量进行测度:

$$CO_2 = \sum_{i=1}^{n} E_i \times NCV_i \times CEF_i \times COF_i \times (44/12)$$

各指标含义见表2。

接着,计算碳强度,即单位 GDP 所产生的 CO_2 排放量,计算公式如下:

$$EI_{it} = \frac{CO_{2it}}{GDP_{it}}$$

表 2　各指标的具体含义

指标	含义
i	能源种类（本文选取煤油、焦炭、汽油、燃料油、柴油、天然气和原煤七种原料）
CO_2	二氧化碳排放量
E_i	能源i的消耗量（实物量）
NCV_i	能源i的平均低位发热量
CEF_i	能源i的单位热值含碳量
COF_i	能源i的碳氧化因子
44/12	二氧化碳气化系数

注：各类能源的平均低位发热量取自《综合能耗计算通则》（GB/T2589-2020），单位热值含碳量和碳氧化因子来源于《2006 IPCC 国家温室气体清单指南》目录。

（3）环境规制（ER）

环境规制在一定程度上能减少环境污染，可以促进绿色技术创新发展，因而利用熵值法，选取二氧化硫排放总量、污水厂集中处理率和环境污染治理投资占 GDP 的比重来对环境规制强度进行测算。

（4）人均 GDP（lnPGDP）

选取人均 GDP 并取对数来衡量当地的经济发展水平。

（5）产业结构（IS）

产业结构转型升级会对企业内部的创新活力产生一定的影响，本文以第二产业增加值占总产值比重来表示。

（6）城镇化水平（PUP）

城镇化水平反映了人口向城镇集聚的程度，人才聚拢对绿色技术创新也是有利的，以城镇人口占当地总人口的比重来度量。

（7）进出口（IE）

外资在推动经济发展的过程中是一把双刃剑，可能带来国外的先进技术及更加环保的生产管理技术，本文选取进出口指标来探究外资对绿色技术创新的影响效应。

(二) 数据来源

基于数据的可得性，本文选取了长江经济带 11 个省市 2009—2019 年的面板数据，数据来源于《中国能源统计年鉴》《中国环境统计年鉴》及各省市的统计年鉴等，为了剔除价格波动的影响，还选取相应的价格指数来进行相关指标的平减，利用线性插补或均值对少数缺失数据进行了处理。

四、实证分析

(一) 绿色技术创新效率测算结果

将具体数据代入到 SBM-DEA 模型中，测算出长江经济带 11 个省市的绿色技术创新效率。并将长江经济带划分为上、中、下游，上游包括重庆、四川、贵州和云南，中游包括湖北、湖南和江西，下游包括安徽、江苏、浙江和上海，具体结果见表 3，由于篇幅限制，表 3 只列出了部分年份的绿色技术创新效率数值。

表 3 2009~2019 年部分年份绿色技术创新效率测算结果

区域		2009	2011	2013	2015	2017	2019	年均增长率%
下游	上海	0.828 7	0.916 9	0.867 0	0.901 7	0.921 1	1.000 0	2.002 2
	江苏	0.648 3	1.000 0	1.000 0	0.930 7	1.000 0	1.000 0	4.893 1
	浙江	0.751 5	0.736 6	1.000 0	0.909 7	1.000 0	1.000 0	3.427 7
	安徽	0.646 3	0.591 7	0.667 6	0.785 3	1.000 0	1.000 0	5.048 4
	均值	0.718 7	0.811 3	0.883 7	0.881 8	0.980 3	1.000 0	3.407 2
中游	江西	0.611 3	0.624 9	0.629 8	0.748 3	0.784 6	1.000 0	5.350 7
	湖北	0.686 0	0.724 8	0.730 1	0.763 8	0.776 0	0.869 0	2.438 3
	湖南	0.678 7	0.736 8	0.675 9	0.641 5	0.802 7	0.788 6	1.725 2
	均值	0.658 7	0.695 5	0.678 6	0.717 9	0.787 7	0.885 9	3.080 8
上游	重庆	0.655 7	0.757 9	0.601 9	1.000 0	1.000 0	0.980 9	4.972 8
	四川	0.623 4	0.742 6	0.788 9	0.812 1	0.857 9	0.876 9	3.954 1

续表

区域		2009	2011	2013	2015	2017	2019	年均增长率%
上游	贵州	0.730 2	0.721 3	0.674 9	1.000 0	0.643 2	1.000 0	6.394 9
	云南	0.632 1	0.609 8	0.590 9	0.520 6	0.547 5	0.519 0	−1.605 6
	均值	0.660 3	0.707 9	0.664 1	0.833 2	0.762 1	0.844 2	2.814 6
全区域	均值	0.681 1	0.742 1	0.747 9	0.819 4	0.848 4	0.912 2	3.021 1

由表3可以看出，就整个长江经济带区域而言，绿色技术创新效率的均值从0.681 1增加到0.912 2，年均增长率为3.021 1%，不同省市的绿色技术创新效率基本也是有所提升的，只有云南省是从0.632 1下降到了0.519 0，在样本期间上海市的绿色技术创新效率基本都是处于领先行列的，江苏省和浙江省则有着较快的提升速度。

从长江经济带上游、中游和下游来说，其绿色技术创新效率是逐年递增的，并且下游区域的年均增长率最快为3.407 2%，中游区域次之为3.080 8%，上游区域最末为2.814 6%。从绝对量来看下游地区2019年绿色技术创新效率为1，中游地区为0.885 9，下游地区为0.844 2，表明下游地区的绿色技术创新效率原本就高于其他地区，并且还有更高的增长率水平。

（二）绿色技术创新效率的区域时空演化趋势

长江经济带绿色技术创新效率区域差异的基尼系数、泰尔指数以及σ收敛值如表4所示，整个区域内只有2016年的σ收敛值是高于0.2的，其他年份的各项指标值都小于0.2，即总体来说长江经济带各地区的绿色技术创新效率差异不是特别大。但是各地区间的绿色技术创新效率的绝对量还是存在一定的差距的，例如在2019年，在大部分地区的绿色技术创新效率值都为1的情况下，云南省却为0.519 0，差距较为显著。

可以看出，样本期间上述基尼系数、泰尔指数以及σ收敛值是有所上升的，这表明随着时间的推移，地区间的差距是有所增加的，并不是趋于收敛的。但也并非是一直处于上升阶段，而是有所波动。

分区域来看，上游区域的各项指标总体上呈现上升态势，表明上游区域的绿色技术创新效率的差距是扩大的;中游区域的基尼系数和泰尔指数有所增加,σ 收敛值则是下降的,表明该区域的绿色技术创新效率的差距有一定的增加;下游区域的各项指标都是有所降低的,也就是说下游区域的绿色技术创新效率的差距呈现收敛态势,如表4所示。与总体区域一样,分区域的各项指标值在样本期间也是在不断波动的,并非一直上升或下降。

表4 绿色技术创新效率基尼系数、泰尔指数及 σ 收敛值

指标	地区	2009	2011	2013	2015	2017	2019
基尼系数	全区域	0.048 6	0.082 9	0.102 7	0.096 6	0.095 7	0.070 8
	上游	0.032 6	0.041 1	0.062 8	0.122 0	0.128 9	0.114 5
	中游	0.025 2	0.035 8	0.032 9	0.037 9	0.007 5	0.053 0
	下游	0.056 5	0.108 2	0.079 9	0.031 5	0.015 1	0.000 0
泰尔指数	全区域	0.004 1	0.012 1	0.017 2	0.015 8	0.016 0	0.013 8
	上游	0.002 0	0.003 5	0.006 9	0.029 8	0.027 2	0.028 8
	中游	0.001 3	0.002 7	0.001 8	0.002 9	0.000 1	0.004 8
	下游	0.005 6	0.019 5	0.012 4	0.002 1	0.000 6	0.000 0
σ 收敛值	全区域	0.086 5	0.149 8	0.177 8	0.186 5	0.187 6	0.187 2
	上游	0.158 6	0.138 3	0.168 4	0.176 5	0.178 1	0.174 5
	中游	0.155 7	0.138 8	0.145 7	0.128 2	0.086 2	0.066 6
	下游	0.138 4	0.147 0	0.109 4	0.059 8	0.021 6	0.003 8

图1显示了长江经济带绿色技术创新效率的泰尔指数分解,结果表明在2009年到2011年期间,组内差异高于组间差异,2010年和2012年两年组内差异低于组间差异,2013年到2019年期间组内差异又高于组间差异,因此结合来说,长江经济带绿色技术创新效率的差异主要是由各区域内部差异带来的,上、中、下游各区域间的差异则相对较小。

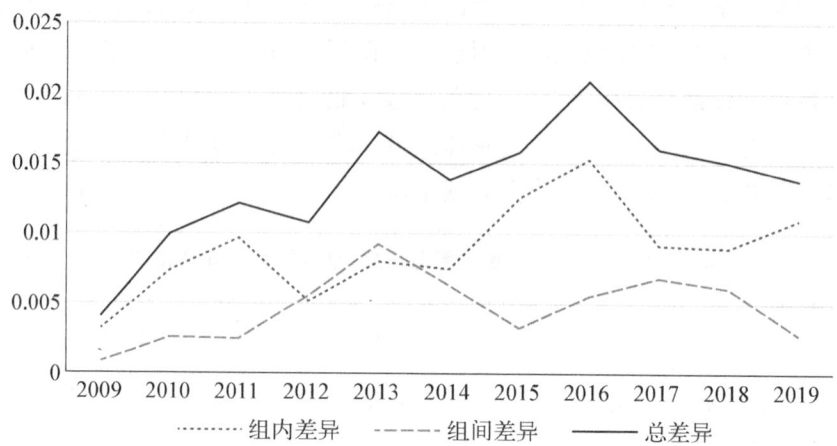

图 1　绿色技术创新效率的泰尔指数分解图

（三）空间杜宾回归

1. 空间相关性分析

在估计空间杜宾模型之前采用 Moran's I 指数进行空间相关性分析，对绿色技术创新效率、碳排放强度以及人均 GDP 进行检验，结果见表 5。

表 5　莫兰指数结果

年　份	GTIE	EI	lnPGDP
2009	0.014*	0.169***	0.162***
2010	−0.044	0.108***	0.175***
2011	−0.140	0.087***	0.167***
2012	0.056**	0.073**	0.157***
2013	0.090**	0.059**	0.154***
2014	0.097**	0.051**	0.142***
2015	−0.101	0.044**	0.129***
2016	0.014***	0.077**	0.126***

续表

年　份	GTIE	EI	lnPGDP
2017	0.090**	0.080**	0.123***
2018	0.108***	0.110***	0.134***
2019	−0.040	0.089**	0.143***

注：*、**、***分别表示在10%、5%、1%水平下显著，下同。

从表5中可以看出，绿色技术创新效率的莫兰指数在大部分年份都是显著为正的，并且碳排放强度和人均GDP在样本期间均显著为正，因此可以认为指标具有较强的空间效应，即可以对后续的空间计量模型进行回归。此外，本文选取基于经纬度的地理距离矩阵作为空间权重矩阵。

2. 描述性统计分析

对各变量进行描述性统计分析，结果见表6，可以看出，绿色技术创新效率的均值为0.783 2，标准差为0.146 7，表明长江经济带各区域的绿色技术创新效率水平有一定的差异，并且有待提高。碳排放强度的均值为0.738 9，标准差为0.445 0，也就是说CO_2排放强度在不同的地区也是存在差异的。

表6　变量描述性统计分析结果

变　量		Mean	Std.Dev.	Min	Max	观测值
GTIE	overall	0.783 2	0.146 7	0.457 3	1.000 0	$N=121$
	between		0.106 8	0.559 9	0.943 0	$n=11$
	within		0.105 2	0.488 5	1.063 2	$T=11$
EI	overall	0.738 9	0.445 0	0.179 1	2.671 6	$N=121$
	between		0.345 9	0.335 3	1.557 3	$n=11$
	within		0.297 3	−0.021 5	1.853 3	$T=11$
ER	overall	0.007 7	0.003 2	0.000 7	0.017 7	$N=121$
	between		0.002 5	0.004 3	0.012 8	$n=11$

续表

变量		Mean	Std.Dev.	Min	Max	观测值
ER	within	0.007 7	0.002 1	0.001 8	0.014 6	$T=11$
			0.264 7	9.812 0	11.061 9	$T=11$
ISI	overall	0.440 1	0.064 9	0.270 3	0.551 6	$N=121$
	between		0.053 1	0.329 2	0.506 3	$n=11$
	within		0.040 4	0.346 1	0.517 3	$T=11$
PUP	overall	55.475 7	13.949 1	29.890 0	89.600 0	$N=121$
	between		13.801 6	40.148 2	88.663 6	$n=11$
	within		4.468 5	45.217 5	64.347 5	$T=11$
IE	overall	4 279.890 0	6 734.534 0	9.867 0	22 860.320 0	$N=121$
	between		6 983.536 0	34.724 8	19 839.960 0	$n=11$
	within		805.183 8	833.517 6	7 300.252 0	$T=11$

3. 空间面板回归结果分析

在对 SDM 模型进行回归之前,首先进行 LM 检验,结果见表 7。可以看出,绝大部分指标均在 0.01 的显著性水平上通过了显著性检验,因此选用空间计量模型是合理的。然后,进行空间杜宾模型固定效应检验,结果均拒绝原假设,因此优先选用双固定效应模型。最后,LR 检验也拒绝了原假设,即接下来选用 SDM 模型。

表 7 LM 检验结果汇总表

检验	标准误	P 值
MI－err	8.288	0.000
LM－err	35.624	0.000
R－LM－err	9.218	0.002
LM－lag	26.808	0.000
R－LM－lag	0.402	0.526

综上结果,本文运用双固定效应的 SDM 模型来进行回归,并将 SEM 模型、SLM 模型的回归作为参照对比,结果见表 8。

表 8 空间计量模型回归结果

变量	双固定效应 SDM 模型	SEM 模型	SLM 模型
EI	0.214***	0.213***	0.231***
ER	−4.417	−2.940	−2.053
lnPGDP	0.247	0.184	0.297*
ISI	−1.332**	−1.032**	−0.950**
PUP	0.014*	0.016***	0.010**
IE	0.000 009 89	0.000 001 79	0.000 002 03
ρ	−0.824***	−0.962***	−0.871***
W×EI	0.154		
W×ER	−31.436		
W×lnPGDP	−2.106***		
W×ISI	3.719		
W×PUP	0.087***		
W×IE	−0.000 074 1		
Log-likelihood	163.898 2	155.250 6	154.953 0
R^2	0.093 3	0.361 7	0.282 2

由表 8 可知,SDM 模型的空间自回归系数显著为负,这意味着长江经济带各省市之间的绿色技术创新会相互影响,并非是独立的。并且各个模型的每个变量的回归系数正负都是一致的,回归系数显著性水平也相差无几,因此选取双固定效应的 SDM 模型是较为合理的。SDM 模型的回归系数无法直接反映各变量对绿色技术创新效率的影响效果,因此分列出直接效应、间接效应和总效应,见表 9。

表 9　双固定效应 SDM 模型下的直接效应与间接效应

变　　量	直接效应	间接效应	总效应
EI	0.214***	−0.017	0.197
ER	−1.825	−18.113	−19.938
lnPGDP	0.462***	−1.474***	−1.011**
ISI	−1.787***	3.130**	1.343
PUP	0.007	0.048***	0.055***
IE	0.000 017 5*	−0.000 052 1*	−0.000 034 6

从表 9 中可以看出,碳排放强度的直接效应显著为正,表明碳排放强度的增加会带来本地绿色技术创新效率的增加;而间接效应为负但不显著,表明本地的碳排放强度变化量对邻近地区并无显著影响。环境规制的直接效应和间接效应都为负但不显著,表明环境规制的完善未能很好地提升创新能力,这可能是由于环境规制带来的成本的增加大于"创新补偿效应"带来的技术创新,因此不能显著提升绿色技术创新效率。人均 GDP 的增加能有效促进本地绿色技术创新效率,但是却会显著拉低附近地区的绿色技术创新效率。产业结构升级会显著拉低本地绿色技术创新效率,对于邻近地区绿色技术创新效率却有明显的促进效应,因此在以后的产业结构升级转型过程中,要更加注重效率,以科技创新为导向,不能盲目转型升级。城镇化的直接效应并不显著,间接效应则显著为正,表明城镇化水平的提高可以带动邻近地区绿色技术创新效率提高。进出口的直接效应显著为正,间接效应显著为负,说明进出口水平的增加会拉高本地绿色技术创新效率,拉低附近地区的绿色技术创新效率。

4. 空间异质性检验

运用 SDM 模型分别对各区域进行回归,结果见表 10。

从表 10 中可以看出,关于碳排放强度,上游地区的直接效应和间接效应与长江经济带整个区域的回归结果是相同的;中游地区的直接效应显著为负,与全区域的结果相反,间接效应与全区域的结果相同,都是为负但不显著;下游地区的直接效应和间接效应都不显著,与其他区域不同,对于下游地区来说,碳排放

表 10 基于不同区域的 SDM 模型稳健性检验结果

变量	上游（双固定效应）			中游（随机效应）			下游（双固定效应）		
	直接效应	间接效应	总效应	直接效应	间接效应	总效应	直接效应	间接效应	总效应
EI	0.474**	−0.131	0.342	−0.800**	−0.699	−1.499*	−0.073	0.626	0.554
ER	−13.248	−31.155	−44.403	−10.139	4.900	−5.239	−1.363	21.407*	20.044*
lnPGDP	1.180*	1.244	2.424	2.443*	7.936**	10.379**	0.083	−0.650*	−0.567
ISI	−1.529	−0.282	−1.811	−0.506	−1.839	−2.345	−1.738**	0.858	−0.881
PUP	0.055	0.135	0.190	0.070*	0.121	0.191*	0.029***	0.033***	0.062***
IE	−0.000 131 9**	−0.000 292 9	−0.000 424 8*	0.000 409 9	0.000 526 1	0.009 36	0.000 011 4	0.000 044**	0.000 055 4***

强度的变化对绿色技术创新效率的影响不显著。关于其他变量的回归系数,不同的区域间以及各区域与全区域相比都是存在一定差异的。很显然,不同区域的回归结果存在差异,因此在制定经济环境政策的时候需要因地制宜,不能只有一套标准。

五、研究结论与启示

以长江经济带 11 省市 2009—2019 年为样本区间,测度了绿色技术创新效率的具体数值并考察了其时空演变规律,接着构造了空间杜宾模型,对绿色技术创新效率的空间驱动机制进行了研究。主要研究结论包括:(1)样本期间,就整个长江经济带而言,绿色技术创新效率水平是波动上升的,年均增长率为 3.021 1%。(2)根据基尼系数、泰尔指数以及 σ 收敛值等指标,各地区的绿色技术创新效率差异不是很大,但地区间的差距并不趋于收敛,而是有增降的趋势;分区域来看,上、中游区域的绿色技术创新效率的差距在扩大,下游区域则呈现收敛态势。(3)根据泰尔指数分解,长江经济带绿色技术创新效率的差异主要是由各区域内部差异带来的,上、中、下游各区域间的差异则相对较小。(4)在上游地区碳排放强度的增加会带来本地绿色技术创新效率的增加,在中游地区则相反,在下游地区影响效应不显著;对邻近地区的绿色技术创新,碳排放强度的影响效应均不显著。(5)环境规制的影响效果不显著,人均 GDP 对本地绿色技术创新效率有显著促进作用,城镇化水平的提高可以带动邻近地区绿色技术创新效率提高,产业结构升级显著拉低本地绿色技术创新效率但拉高周边地区,进出口的影响效应则与产业结构升级完全相反。

促进绿色技术创新发展可以更加合理有效地利用资源,对减少环境破坏和生态污染有较为深远的影响,可以有效促进低碳循环可持续发展,因而本文的实证分析有较强的政策意义和现实意义,针对上述研究结论有以下的政策启示:

(1)由于部分地区的绿色技术创新效率仍旧处于较低的水平,因此应当鼓励其积极提升绿色技术创新水平,为其提供绿色创新平台。(2)长江经济带各区域间绿色技术创新的发展存在一定的差异,因而需要推动长江经济带一体化,促进上中下游协同发展,鼓励处于更高绿色技术创新水平的地区带动较低水平的地区。(3)尽量降低环境规制的挤压成本,提升创新补偿效应,加快推动本地和周边地区的绿色技术创新发展。(4)推动产业进行绿色转型升级,推动传统高能耗产业进行改造,并更多地布局绿色低碳产业,增强产业绿色竞争力。(5)进出口水平提高会拉高本地绿色技术创新效率,但对周边地区不利,因此在引进外资时要更加谨慎,不能以牺牲邻区的环境资源为代价,要与周边地区共同提升绿色发展水平。

参考文献:

[1] 武力超,陈韦亨,林澜,冯巧. 创新及绿色技术创新对企业全要素生产率的影响研究[J]. 数理统计与管理,2021,40(2):319-333.

[2] 魏龙,张虎. 环境规制对绿色技术创新效率:促进还是抑制?——基于创新价值链和空间外溢的双重视角[J]. 北京邮电大学学报(社会科学版),2020,22(4):48-58.

[3] 赖永剑,贺祥民,潘素晶. 消费结构升级与地区绿色创新效率的空间交互溢出效应——基于空间联立方程及动态门限面板模型的实证检验[J]. 生态经济,2020,36(9):78-85.

[4] 彭甲超,许荣荣,付丽娜,易明,许耀东. 长江经济带工业企业绿色创新效率的演变规律[J]. 中国环境科学,2019,39(11):4886-4900.

[5] 黄磊,吴传清. 长江经济带城市工业绿色发展效率及其空间驱动机制研究[J]. 中国人口·资源与环境,2019,29(8):40-49.

[6] 白俊红,王钺,蒋伏心,李婧. 研发要素流动、空间知识溢出与经济增长[J]. 经济研究,2017,52(7):109-123.

[7] 邵帅,张可,豆建民. 经济集聚的节能减排效应:理论与中国经验[J]. 管理世界,2019,35(1):36-60+226.

[8] 曾艺,韩峰,刘俊峰. 生产性服务业集聚提升城市经济增长质量了吗?[J]. 数量经济技术经济研究,2019,36(5):83-100.

[9] 孙欣,曾菊芬. 中国区域绿色技术创新效率的空间分布及影响因素分析[J]. 长安大学学报(社会科学版),2019,21(6):29-44.

点评

本文采用统计方法研究长江经济带绿色技术创新效率的时空演进和空间驱动机制,发现:样本期间该创新效率水平是波动上升的,且上中下游地区间的差异不是很大;碳排放强度对本地绿色技术创新有促进效应,产业结构升级不利于本地绿色技术创新但对周边地区创新效率提升有推动作用。研究结果有一定的现实意义。论文言之有据,计算细致有效,结果有可信性,如能标注引述模型、系数来源会更有说服力。

大数据分析报告的审查判断

洪 涛*

摘要：大数据分析报告相关性审查的重点和难点，是数据与数据之间以及数据与待证事实的相关性，而非分析结论与待证事实的相关性。具体判断时，需结合"相关关系"与"因果关系"的远近处理，如果"相关关系"飞跃或逼近"因果关系"，则具有相关性。相反，如果"相关关系"远离"因果关系"，则分析报告不能作为证据使用。基础数据的可信性观念需重构为整体真实，宏观维度上应以数据集为单位展开可信性审查，微观维度上可通过抽样取证进行验证。技术方法的可信性审查，则需从"打破黑箱"和"解释技术方法"两方面进行。

关键词：相关关系；因果关系；整体真实；解释技术方法

一、引言

大数据时代，在司法证据领域，基于海量数据的大数据分析报告成为诸多案件的关键性证据，对案件事实的认定起着举足轻重的作用[①]。与大数据分析报告在司法实践的广泛需求相比，证据理论研究有所滞后，不能有效地指导实践应用。在假定接受大数据分析报告可以作为证据使用的前提下[②]，从审查判断角度切入，探究具体个案中如何对大数据分析报告开展审查判断，从而实现从证据材料到定案根据的转变。证据资格研究固然重要，但却不是最终目的，研究大数据分析报告的证据资格，归根到底是要用以案件事实的认定，因而实现这一目的

---

* 洪涛，男，辽宁大学法学院2020级硕士研究生。
① 参见李某某等组织、领导传销活动案，(2017)鲁01刑终88号。北京趣拿信息技术有限公司与广州市去哪信息技术有限公司不正当竞争纠纷案，(2013)粤高法民三终字第565号民事判决书。
② 刘品新：《论大数据证据》，《环球法律评论》2019年第1期，第21页；杨继文、范彦英：《大数据证据的事实认定原理》，《浙江社会科学》2021年第10期，第46页。

审查判断环节是重中之重。本文希望通过对分析报告审查判断的探讨，为具体个案中如何使用分析报告提供帮助，实现理论研究与司法实践的衔接。考虑到合法性属于证据的法律属性，内容自成体系且较为庞大，"相关性"和"可信性"属于证据的自然属性，与证据本身的特点更紧密，因而本文只聚焦于后者，"合法性"问题将另文研析。

二、大数据分析报告的内涵厘定及性质辨识

（一）内涵厘定

大数据分析报告，是大数据证据最为常见的一种表现形式，是指建立在海量电子数据之上，通过数据挖掘、模型建构等技术增值，得到的分析报告。典型的大数据分析报告有资金流水报告、组织的层级模型等，如侦查机关利用大数据技术对涉案的资金流水进行加工和分析，在短时间内就能形成资金流动的分析报告，清楚地显示涉案资金的来源和去向，为法院的量刑裁判提供证据支撑①。理解和认识大数据分析报告，需要着重把握三个方面的特征：

首先，大数据分析报告的基础是海量电子数据，这是最突出的特点，表现为数据规模大、数据类型多、数据信息海量。有学者明确指出："相比早期一条一条的电子数据而言，大数据证据则以数据量大为新特色。"②

其次，基础数据除了量"大"之外，单个价值通常较低，呈现非结构化的特点。例如法院智慧执行系统分析得出的报告，正是基于海量价值低的数据，如一次乘坐记录、一次餐饮记录等，这些数据以往很难用以证明被执行人的履行能力，但在大数据技术的分析下，它们被有效地利用了起来。

最后，大数据分析报告不是海量数据的简单罗列，而是对这些海量数据的进一步加工，应该有附加价值的生成。只有当生成了附加价值，挖掘出海量数据中的隐藏规律，在看似不相关的数据间搭建起联系时，此时的分析报告才是真正的大数据分析报告。即依托互联网络应用背景而做出的简单数量统计，并非真正意义上的"大数据证据"③。更有学者明确指出，大数据的运用必须产生增值价

---

① 何家弘、邓昌智等：《大数据侦查给证据法带来的挑战》，《人民检察》2018年第1期，第54页。
② 刘品新：《论大数据证据》，《环球法律评论》2019年第1期，第34页。
③ 罗文华：《大数据证据之实践与反思》，《中国刑事警察》2019年第5期，第18页。

值,仅是数据的大,与普遍的电子数据无异①。

(二)性质辨识

《刑事诉讼法》第 50 条第 2 款规定了八种证据种类,该规定被视为我国证据审查判断的第一道门槛②。要求证据必须是法定种类,否则不能使用,只有具备了法定的证据种类,才有"相关性"和"可信性"审查判断的需要。故大数据分析报告的审查判断,也避不开分析报告性质的辨识,而且明确其性质也便于审查判断的展开和论述。

关于大数据分析报告的性质,国内主要存在三种观点:一是电子数据说。持此观点的人认为,大数据证据本质上属于电子数据,分析报告是对电子数据的反映,依附于电子数据,不具有独立性,属于衍生品。二是鉴定意见说。持此观点的人认为,大数据分析报告和鉴定意见存在相似之处,它们都需要利用科学技术,针对的也是专业问题,都是对基础材料的再加工,最终形成一份有独立价值的报告。三是独立证据说。持此观点的人认为,大数据分析报告的形成基于的是机器逻辑,与现有的法定证据都不同,应该独立成为一种新的法定证据类型,建构独特的审查判断规则。"未来的证据法当中,大数据分析报告有必要单列出来作为独立的证据种类"③。

国外主要存在两种观点:一是数字证据说。*Big data and digital forensics* 将数字取证程序分为:collection、analysis、preservation and presentation④。其中的 analysis,就是要利用有效的数据挖掘工具来分析证据数据,这和大数据分析报告极为相似。Ali Dehgantanha 也认为,大数据技术是数字证据取证的一种方法,数字取证分为数字图像取证、移动设备取证、网络取证、反取证、数据恢复取证、应用取证、文件系统取证、取证框架和大数据取证⑤。

二是机器证言说。Andrea Roth 认为,机器在确定事实上发挥着越来越重要的作用,它所传达的一些信息成为法庭上的证据,如照相机的图像、温度计的测

---

① 谢君泽:《论大数据证明》,《中国刑事法杂志》2020 年第 2 期,第 125 页。
② 证据包括:(一)物证;(二)书证;(三)证人证言;(四)被害人陈述;(五)犯罪嫌疑人、被告人供述和辩解;(六)鉴定意见;(七)勘验、检查、辨认、侦查实验等笔录;(八)视听资料、电子数据。
③ 何家弘、邓昌智等:《大数据侦查给证据法带来的挑战》,《人民检察》2018 年第 1 期,第 56 页。
④ Oluwasola Mary Adedayo. *Big Data and Digital Forensic*, 2016 IEEE International conference on cybercime and computer Forensic(ICCCF), 2016, pp. 1-7.
⑤ Mohsen Damshenas, Ali Dehghantanha, RamlanMahmoud. *A Survey on Digital Forensics Trends*, International Journal of Cyber-Security and DigitalForensics, 2014, 3(4):209.

量、专家系统的意见①。

分析以上观点,本文认为,首先,电子数据说和数字证据说忽略了电子数据的同步性本质。根据 2016 年 9 月 9 日最高人民法院、最高人民检察院、公安部联合发布的《关于办理刑事案件收集提取和审查判断电子数据若干问题的规定》(以下简称《电子数据规定》)第 1 条规定:"电子数据是案件发生过程中形成的,以数字化形式存储、处理、传输的,能够证明案件事实的数据。"可见,电子数据是案件发生过程中形成的,精准地记录着案件事实,呈现的是案件事实的原始形态,被称为"沉默的现场见证人"。而大数据分析报告,是通过对数据事后加工得到的,换言之,分析报告形成于案件事实之后,不具有同步性。

其次,机器证言说(证人证言说),其实是将"人证"进行了扩大理解。但大数据分析报告与"证言三角形"理论并不相容②,机器证言不受记忆、情感的影响,相关审查失效。此外,证人有出庭作证,接受控辩双方和法官质疑的义务,但机器证言无法"出庭作证"。因而,有学者指出:"当证人变为机器时,被指控人则难以和冷冰冰的机器实现这种对抗。"③

再者,将大数据分析报告独立为一种新的证据形式,并没有解决问题,而是对其本质的规避。一种独立的证据形式,必须有自己的审查判断规则,然而该理论的支持者或是没有进行建构,或是套用了其他证据的审查判断规则。例如,有学者提出的大数据载体和介质真实,实际上与电子数据的审查判断并无差异④。

最后,鉴定意见说或是当前最佳选择。部分反对者指出大数据证据是由机器算法进行实质判断,而传统的鉴定意见则是由人借助机器和专业知识得出的⑤。简单说就是鉴定意见以"人"为主,以"机器"为辅,而大数据分析报告正好

---

① Andrea Roth. *Machine Testimony*, The Yale law journal, 2017, vol. 126(7), pp. 1972 – 2053.
② 依据证言三角形理论,一个证言的可信性涉及四种品质:感知能力、记忆能力、诚实性、叙述能力。在评价证言可信性时,要考虑三个特性,即诚实、客观和观察灵敏度。参见张保生:《证言三角形及其理论意义》,《中国政法大学学报》2015 年第 2 期,第 2 页。
③ 郑飞、马国洋:《大数据证据适用的三重困境及出路》,《重庆大学学报(社会科学版)》2022 年第 3 期,第 207—218 页。
④ 徐惠、李晓东:《大数据证据之证据属性证成研究》,《中国人民公安大学学报(社会科学版)》2020 年第 1 期,第 54 页。
⑤ 徐惠、李晓东:《大数据证据之证据属性证成研究》,《中国人民公安大学学报(社会科学版)》2020 年第 1 期,第 56 页。

相反。但笔者认为有三方面理由支持鉴定意见说,一是鉴定意见和大数据分析报告的生成过程相似,都是从"基础材料"到"分析结论",以结论进行证明。如刘品新教授认为:"将大数据证据纳入鉴定意见之列,具有形式上的亲缘性、可比性。"① 二是鉴定意见虽然通常以"人"为主,但有些并非如此,如DNA检测、血液含量检测,是有容纳大数据分析报告的空间。而且从司法解释的规定上看,鉴定意见并不是封闭的,将大数据分析报告纳入鉴定意见一定情况下行得通。三是将大数据分析报告归入鉴定意见,有利于审查判断的展开。鉴定意见的审查既涉及到检材,还涉及鉴定方法、鉴定人员资质等,对大数据分析报告来讲,海量基础数据类似于检材,算法类似于鉴定方法,制作人员同样需要相应资质,两者具有高度的相似性。因而,鉴定意见的审查判断规则和路径,是可以适用于大数据分析报告的,司法人员可以援引鉴定意见的审查判断规则去处理大数据分析报告的效力②。

三、相关性的独特之处与审查认定

(一)相关性的独特之处

相关性又称为"关联性"。通常认为相关性包括两方面内容,其一是证据所要证明的是"具有重要意义的事实"(要素性事实),其二是存在该证据与没有该证据相比,"具有重要意义的事实"更可能存在或更不可能存在③。此处的更可能或更不可能,其目的是为了让陪审员尽量接触到更多的证据,从而做出正确裁决④。一般来说,具有相关性的证据都可以通过推论性链条与要素性事实(待证事实)联系起来,并且判断的工具也可以"中间性主张"在其中体现(见图1)⑤。

然而,大数据分析报告的相关性有自身的独特之处,与传统的相关性相比,存在两个方面的不同。

第一,大数据分析报告的相关性,除了分析结论与待证事实的相关判断之

---

① 刘品新:《论大数据证据》,《环球法律评论》2019年第1期,第28页。
② 同上。
③ 王进喜:《美国〈联邦证据规则〉(2011年重塑版)条解》,中国法制出版社2012年版,第57页。
④ 同上,第56页。
⑤ 参见(美)罗纳德·艾伦、理查德·库恩斯等:《证据法:文本、问题和案例》(第三版),张保生、王进喜、赵滢译,高等教育出版社2006年版,第148—149页。

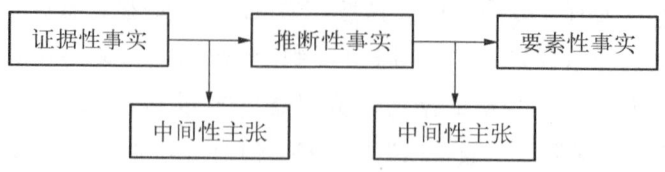

图 1　相关性链条

外,还涉及另一方面的相关判断。即学者认为"大数据证据的关联性是原始电子数据与案件的关联性与大数据证据与案件的关联性的统一。前者是对大数据证据关联性的特殊要求;后者则是对所有证据的一般要求。"①也有学者提出了不同看法,认为大数据证据的相关性,一是数据与数据之间的相关性;二是数据比对或分析结果与待证事实之间的相关性②。笔者认为,另一方面指的是数据与数据之间的相关,而非原始电子数据与待证事实的关联。如上文所言,海量数据的单个价值低,原始电子数据与待证事实的关联实际上无法建立起来的,因而才需要通过挖掘数据和数据的相关,间接地与待证事实建立起相关性链条。即"关联性审查内容为分析结论与案件事实而非作为报告基础的海量数据与案件事实的相关程度,大数据分析报告是用隐藏于数据背后的结论而非数据本身去证明案件事实"③。需要注意的是,数据与数据之间的相关,直接影响分析结论和待证事实的相关,如果数据与数据的相关链条没有建立起来,分析结论与案件事实的相关也就无从谈起。

第二,数据与数据的相关判断立足于相关关系,关注事物和事物之间的联系;相关关系的判断工具也有所不同,除了逻辑和生活经验之外,还需要利用数据经验,这是其超越因果关系的关键所在。数据经验是通过大数据技术在短时间内分析大量数据信息得到的经验,其强度依赖于数据样本的多少,样本越多的数据经验越稳定。有学者利用国际学术研究认可的权威统计工具 SPSS,对 2014 年上海市浦东新区 25 925 份裁判文书进行了数据分析,得出了以下数据经验:上海市浦东新区人民法院管辖范围内,借款主体同时包括自然人和公司的借款行为,合同纠纷达到了 61.4%,远比公司之间借款合同纠纷 1.4%高出太多。自

---

①　张吉喜、孔德伦:《论刑事诉讼中的大数据证据》,《贵州大学学报(社会科学版)》2020 年第 4 期,第 87 页。
②　林喜芬:《大数据证据在刑事司法中的运用初探》,《法学论坛》2021 年第 3 期,第 33 页。
③　童飞霜、向培权:《大数据分析报告作为刑事证据的可能与限度——以权利保护为中心的制度回应及规制探求》,参见葛晓燕主编:《司法体制综合配套改革与刑事审判问题研究》(下),人民法院出版社 2019 年版,第 176 页。

然人之间、公司之间、金融机构与自然人之间、金融机构与公司之间,存在较高的借款失败风险①。此经验显然不是逻辑和生活经验的所能容纳的,而是依据数据分析和海量数据样本形成的"数据经验"。

(二)相关性的审查认定

大数据分析报告相关性关键是如何对待相关关系。传统的相关性理论认为证据的相关性立足于因果关系,但是考虑的情形过于单一,只看到了相关关系中飞跃为因果关系的部分,而忽略了相关程度较高但未达到因果的部分以及相关程度较弱的部分。大数据分析报告的价值,就在于扩展了相关性的范围,相关关系的评价,根据其与因果关系的远近可分为三种情况处理(见图2):

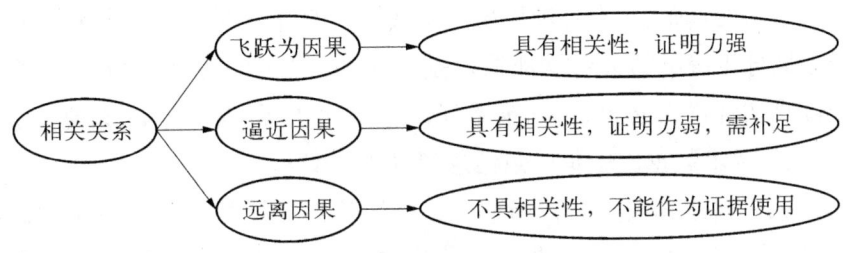

图2 相关关系的评价

(1)只要找到背后的原因,发现隐藏在"是什么"背后的"为什么",相关关系就可以飞跃为因果关系,此时可以评价为具有相关性。

(2)无法找到背后原因的相关关系,不能飞跃为因果关系,此时需要根据相关关系的相关程度进行判断。根据相关程度的高低,可以划分为逼近因果和远离因果,区分的界限可以参照"无疑使人确信",确定为60%。高于60%的概率为逼近因果,低于60%的概率为远离因果。这种做法一方面可以使更多分析报告进入到诉讼当中,另一方面也可以避免发挥相关性的筛选功能。

(3)逼近因果的相关关系,相关程度较高,可以评价为具有相关性,但此时毕竟没有飞跃为因果关系,需要其他证据进行补足。但如果没有其他证据补足,一般不会得到支持。

(4)远离因果的相关关系,相关程度较低,不能评价为具有相关性,此种情

---

① 周蔚:《大数据在事实认定中作用机制分析》,《中国政法大学学报》2015年第6期,第75页。

况下的分析报告不能作为证据使用,而只能作为线索或者说预警信息,不具有证据的相关性。

四、可信性的观念重构与审查路径

(一)可信性观念重构

可信性有两方面要求:一是证据本身可信,包括了证据的表现形式以及证据所记录的内容。二是证据来源可信。对大数据分析报告而言,其可信性受到海量基础数据和技术方法两方面的影响,其中技术方法必须真实可信,但作为基础的海量数据,是否也要全部真实存在争议。一种观点认为:"原始电子数据作为大数据证据的基础,只有每项原始电子数据都能符合电子数据审查规范时,这些电子数据分析得出的大数据证据才是可靠的。"①另一种观点则认为,海量数据的全部真实性没有必要,也很难做到,其可信性应为整体真实,只要数据集真实即可,无须要求数据库中每一条信息都具体真实②。

笔者认为整体真实是时代所趋,整体真实是在数据集没有明显虚假的情况下,假定数据集中每一条数据也是真实的,但如果有证据证明某条信息是虚假的,整体真实也要求将虚假信息排除。从这个意义上讲,整体真实和全部真实并不完全矛盾,我国《关于办理侵犯公民个人信息刑事案件适用法律若干问题的解释》第11条第3款规定:"对批量公民个人信息的条数,根据查获的数量直接认定,但是有证据证明信息不真实或者重复的除外。"从该规定就可以看到追求消极真实(整体真实)的立场,而不是积极地查证每一条信息(全部真实)。

首先,从大数据分析报告的产生来看,正是因为海量数据杂乱无章,有用的信息和规律被掩埋,才需要利用技术方法进行挖掘。其次,分析报告是以"面"的方式而非"点"的方式发挥证明作用。刘品新教授也认为:"只要在整体上达到一定规模的具体数据属实,大数据证据就不会对案件事实的认定产生实质性影响。"③最后,分析报告是海量数据加工得来的,具有衍生性,其并不是单独证

---

① 张吉喜、孔德伦:《论刑事诉讼中的大数据证据》,《贵州大学学报(社会科学版)》2020年第4期,第87页。
② 刘品新:《论大数据证据》,《环球法律评论》2019年第1期,第29页。
③ 同上,第30页。

明案件事实的,也要与其他证据进行互相印证,即便存在一定风险也会在印证中被发现进而排除。

(二) 可信性的审查路径

海量基础数据只需整体真实,技术方法要求全部真实可信,两者面对的问题和质疑也不同,因而审查路径需要分别展开,进行专门的论述。

1. 基础数据可信性的审查路径

海量基础数据是要经过整体的可信性审查,具体可以从宏观和微观两个维度展开。

宏观维度上,海量基础数据应该以数据集的形式进行审查判断,而不是单个数据的形式。海量基础数据虽然散布于网络空间,但是它们是有现实载体的,比如服务器、U盘等,所以散布的海量数据能够以数据集的形式固定和保存。而数据集的可信性审查,完全可以参照《电子数据规定》进行。

微观维度上,海量数据可以通过抽样取证的方法进行可信性的验证。抽样取证指从较大数量的物品中提取具有代表性的一定量的物品作为样本证据,并据此证明全体物品属性[1]。如有大量判决书承认抽样取证证据,将其作为案件裁判的依据[2]。但需要注意的是,抽样取证存在"取伪"与"弃真"两类风险,规避两类风险需要建立科学的抽样程序,确保所抽取的数据具有代表性和典型性。具体的方法有对数据群分块分区抽取、随机和抽签等多种方法抽取、确定最低比例样本等。基础数据的抽样取证同样具有两类风险,应当按照以上方法,结合具体情形选择最佳的抽样方法。

2. 技术方法可信性的审查路径

技术方法可信性主要面临两个质疑:其一是技术黑箱。黑箱只能观察到结果而不知晓生成原理[3]。其二是技术专业性和复杂性。大数据技术包括数据对比、数据碰撞、数据挖掘、数据画像等方法,这些都属于广义上的算法运用。技术黑箱是技术方法审查的第一个层面的问题,而打开黑箱之后,就涉及了第二个层面的问题,即解释技术方法。

(1) 打破"黑箱"

黑箱的主要问题是生成过程不透明,具体到大数据分析报告而言,就是技术

---

[1] 万毅、纵博:《论刑事诉讼中的抽样取证》,《江苏行政学院学报》2014年第4期,第120页。
[2] 杨帆:《海量证据背景下刑事抽样取证的法治应对》,《法学评论》2019年第5期,第106页。
[3] (英) 艾什比:《控制论导论》,张理京译,科学出版社1965年版,第53页。

方法不公开。面对技术黑箱，必须打破"黑箱"，而打破黑箱的具体路径，可以从两方面展开：一是解锁"ITO 三阶段"。将算法运行过程中的数据输入、数据吞吐、数据输出这三个环节所涉及的数据和操作步骤进行来源、标注等信息的公开①。二是针对性公开。大数据分析报告的制作涉及多个环节，有些环节存在争议，因而需要考虑公开存在争议的部分。此外，对于涉及商业秘密或个人隐私的技术方法，考虑针对诉讼有关人员公开。

（2）解释技术方法

考虑技术方法的专业性和复杂性，进一步的解释仍然是必要的，这也是可信性审查的关键所在。如前文所言，大数据分析报告面临的技术风险，鉴定意见也面临着，技术方法的解释可以参考鉴定意见的审查方法。如《刑事诉讼法》第 192 条第 3 款明确规定"公诉人、当事人或者辩护人、诉讼代理人对鉴定意见有异议，人民法院认为鉴定人有必要出庭的，鉴定人应当出庭作证。经人民法院通知，鉴定人拒不出庭作证的，鉴定意见不得作为定案的根据"。可见，刑事诉讼法通过鉴定人出庭制度，来实现对鉴定意见的质证，这一设计可以用于大数据分析报告。

大数据分析报告具有高度复杂性，由有专门知识的人分析报告的真实性，作为辅助认定。其实很多技术是存在国家标准或行业标准的，可以为审查判断提供指引。例如《司法鉴定程序通则》第 23 条规定，司法鉴定人进行鉴定，应当依下列顺序遵守和采用该专业领域的技术标准、技术规范和技术方法：① 国家标准；② 行业标准和技术规范；③ 该专业领域多数专家认可的技术方法。以上规定就为鉴定意见的审查提供了方向，如果对相同检材一份鉴定意见采用了行业标准，而另一份鉴定意见采用了国家标准，当两者认定的结论冲突时，应以后者为准。大数据分析报告，也会面临因算法不同而出现不同结论的情况，算法模型的有效性和适用性很大程度上决定着分析结果的准确性和可采性②。

如果没有国家标准或行业标准，大数据技术方法解释的可检验性、公开及同行审议、普遍接受、错误率是判断可采性的因素③。笔者认为，以上因素同样适

---

① 浮婷：《算法"黑箱"与算法责任机制研究》，中国社会科学院大学 2020 年博士学位论文，第 11 页。

② 刘绪崇、苏欣、唐德权：《智慧警务——大数据环境下新时代公安信息化建设模式探索》，清华大学出版社 2018 年版，第 69 页。

③ （美）罗纳德·艾伦、理查德·库恩斯等：《证据法：文本、问题和案例》（第三版），张保生、王进喜、赵滢译，高等教育出版社 2006 年版，第 735—736 页。

用于技术方法可信性的审查。当判断某一技术方法是否合适时,可以参照进行:① 分析报告所采用的技术方法能否被重复检验;② 技术方法是否公开并经过同行审议;③ 技术方法能否为职业团体普遍接受;④ 相关的技术原理已知的错误率或潜在的错误率是否可接受。

五、结语

大数据时代,更多活动发生在网络上,相关痕迹也留存在数据空间,利用算法分析数据得到的分析报告,超越了以往因果关系的视野,将高概率的相关关系用以案件事实认定,缓和了证据资源短缺的问题,这是其价值所在。但需要注意,事物均有两面性,分析报告亦是如此,将其作为证据使用可以缓和证据短缺,但这是有前提条件的,如果分析报告的审查判断不到位,精心建构起的证明体系可能被摧毁,案件事实的认定也会偏离证据裁判原则。

笔者正是认识到这一点,对分析报告的审查判断极为重视,对"相关性"与"可信性"的审查注意事项和审查方法进行了阐述。在相关性方面,数据和数据的相关判断是关键所在,具体判断时要结合相关程度作不同认定。在可信性方面,整体真实的观念重塑是一大亮点。至于技术方法的可信性审查,笔者虽然提出了具体方法,但具体如何使用还需量化,尤其是技术标准的确立更是当前和今后一段时间的重点任务。总的来说,大数据分析报告的前景是值得期待的,可以预见证据科学化的历史大趋势。

参考文献:

[1] 刘品新.论大数据证据[J].环球法律评论,2019(1).

[2] 杨继文,范彦英.大数据证据的事实认定原理[J].浙江社会科学,2021(10).

[3] 罗文华.大数据证据之实践与反思[J].中国刑事警察,2019(5).

[4] 郑飞,马国洋.大数据证据适用的三重困境及出路[J].重庆大学学报(社会科学版),2022(3).

[5] 王进喜.美国《联邦证据规则》(2011年重塑版)条解[M].北京:中国法制出版社,2012.

[6] 〔美〕罗纳德·艾伦,等.证据法:文本、问题和案例[M].第三版,张保生,王进喜,赵滢,译.北京:高等教育出版社,2006.

点评

本文研究大数据分析报告的审查判断问题,关注其中的重点和难点——数据与数据的相关性。文中指出:具体判断时,需结合"相关关系"与"因果关系"的远近处理,宏观维度上应以数据集为单位展开可信性审查,微观维度上可通过抽样取证进行验证;而技术方法的可信性审查,则需从"打破黑箱"和"解释技术方法"两方面进行。论文选题有现实意义,论述严谨,行文流畅,结果有说服力。

20 世纪 30 年代德国的青年阿利亚探析

任淑媛*

摘要：犹太人回到圣地耶路撒冷的行为称为阿利亚。德国犹太青年回到巴勒斯坦的行动，对德国犹太社区产生重大影响。纳粹统治时期，青年阿利亚通过再教育和职业培训，回到巴勒斯坦工作生活，缓解了这一群体的失业危机和精神压力。同时，它还广泛传播了犹太复国主义思想，为巴勒斯坦的犹太家园建设输送了大量人才。

关键词：青年阿利亚；犹太青年；移民行为

犹太人回到圣地的移民行为称为阿利亚[①]，从 1882 年开始到 1948 年以色列国家建立共有六次较大规模的阿利亚。其中第五次阿利亚中有突出意义的一部分 15~17 岁年轻德国移民。国外学界关于青年阿利亚问题的研究起步较早，主要把德国犹太青年作为德国犹太人中的一部分进行研究[②]，或者强调德国犹太青年团体在青年阿利亚中的重要性[③]，更多的研究则是集中在该行为对巴勒斯坦犹太人及以色列建国发展的意义上[④]，其中也有著作深入探讨了青年阿利亚

---

* 任淑媛，女，天津师范大学欧洲文明研究院 2019 级硕士研究生。

[①] 所谓阿利亚，指的是散居在世界各地或流亡海外的犹太人有目的、有计划、有组织地回到故土耶路撒冷居住、生活的行动。引自李薇：《阿利亚对以色列建国的影响》，《辽宁师范大学学报》（社会科学版），2002 年第 5 期，第 102—107 页。

[②] Henry Spierer, *The German Jewish immigration to Palestine, 1933—1938: trends, patterns, and characteristics*, University of Pennsylvania, 1976.此文第四部分对青年阿利亚运行的整体轮廓做了简要阐述。

[③] Chanoch Rinott, *Major Trends in Jewish Youth Movements in Germany*, The Leo Baeck Institute Year Book, Volume 19, Issue 1, January 1974, pp. 77-95.

[④] Yoav Gelber, *Origins of Youth Aliyah*, Studies in Zionism 9, no. 2(1988); Sandra Kadosh, *Ideology vs. Reality: Youth Aliyah and the Rescue of Jewish Children during the Holocaust Era, 1933—1945*, Columbia University, 1995.

在纳粹德国的发展过程①,这些研究对本研究助益很大。笔者主要侧重于探讨青年阿利亚在德国的不同发展阶段,从中呈现出青年阿利亚在德国犹太社区、巴勒斯坦犹太人办事处以及纳粹政府之间的发展,突出青年阿利亚在完成犹太复国主义组织赋予的任务中对德国犹太社区的巨大贡献。

一、德国青年阿利亚的历史背景

1929 年爆发于美国的全球经济危机对德国的打击尤为严重,德国的失业率增长到前所未有的程度。严重的失业危机首先冲击了刚刚完成学业的德国年轻人,纳粹政党利用这种情况在选举活动中大肆宣扬反犹主义理论,这使得处境本就不容乐观的德国犹太青年面临着更加严重的经济和精神压力。

德国青年面临的经济前景持续恶化,而犹太青年的前景则更加惨淡。由于其独特的经济和社会结构,德国的犹太社区人比其他公民更容易遭受大萧条的影响②。在 1929 年大萧条开始时,纺织业和商品消费行业都受到了很大的影响,导致犹太人失业率很高③。加之社会中存在的反犹偏见,犹太青年失业高于非犹太人,例如对法兰克福的一项研究表明,25 岁以下的犹太人的失业率为 36%,而非犹太人的失业率为 30%。④

希特勒以及纳粹党"25 点计划"中针对犹太人的措施,都要求从德国的经济中彻底清除犹太元素⑤。纳粹统治的残酷和恐怖,少数人认为年轻的犹太人应该离开德国,以保障他们谋生的前景。因此通过移居国外,甚至是巴勒斯坦来解决犹太青年的现实问题。德国犹太社区的领导人已经关注到了犹太青年的特殊情况,犹太复国主义组织坚持犹太教信仰,致力于促进犹太人回归巴勒斯坦,重建一个犹太国家,他们团结在 1918 年成立的"德国犹太复国主义联合会"周围,

---

① Brian Amkraut, *Between Home and Homeland: Youth Aliyah from Nazi Germany*, Tuscaloosa: The University of Alabama Press, 2006.这部著作选择参加青年阿利亚计划的年轻犹太人及其家庭的个案进行研究,内容翔实,观点突出。

② Morgenthaler, *Countering the pre-1933 Nazi Boycott Against the Jews*, Leo Baeck Institute Yearbook (hereafter LBI) 36 (1991), p. 139.

③ Avraham Barkai, *Population Decline and Economic Stagnation*, in German-Jewish History in Modern Times 4, ed. Michael Meyer (New York: Columbia, 1998), pp. 34 – 35, 39.

④ Jonathan Friedman, *The Lion and the Star: Gentile-Jewish Relations in Three Hessian Communities 1919—1945* (Lexington: University of Kentucky Press.1998), p. 38.

⑤ 关于该党的经济方面,见 Lucy Dawidowicz, *The War Against the Jews 1933—1945* (New York: Bantam, 1986), pp. 16 – 17.

通过自己的刊物《犹太评论》来传播犹太复国主义思想①。此外,在1933年之前德国已经形成了活跃的"准备"(hachshara)的职业培训班②和其他培训中心以及与巴勒斯坦政治运动能够频繁交流的网络③,这为青年阿利亚的宣传与运作提供了经验和支持。

总的来说,魏玛共和国日益衰落的经济状况为青年阿利亚的开始提供了诱因,犹太青年的困境引起了德国犹太社区领导人和德国犹太复国主义者的关注,也由此拉开了青年阿利亚的序幕。但魏玛共和国末期和纳粹上台之前的德国局势是复杂的,大多数德国犹太人、巴勒斯坦的托管政府和犹太社区的态度也尚不明确。青年阿利亚的生成环境困难重重。

二、青年阿利亚的发展阶段

1. 初步设想与宣传准备(1933.1—1935.8)

青年阿利亚最初只是德国的犹太复国主义者瑞卡·弗莱尔(Recha Freier)的个人提议,她是柏林教士的妻子,主要从事社会工作。1932年2月,一群失业的16岁男孩找到她,希望弗莱尔能就他们未来的生活提出建议。男孩们的这次拜访启发了弗莱尔,她萌生了将德国犹太青年送往巴勒斯坦的想法④。弗莱尔的基本设想是让这些青年在巴勒斯坦的集体农庄接受培训教育,并协助完成在巴勒斯坦重建犹太家园的任务。作为应对当时德国犹太青年失业问题的解决方案,弗莱尔的这个提议是一次重大创新,它为18岁以下的德国犹太青年开辟了新的移民巴勒斯坦的道路,同时也面临重重挑战。

弗莱尔的这个方案挑战了英国托管政府的移民政策和犹太复国主义组织传统的移民程序。首先,这些失业的德国犹太青年的年龄大都在18岁以下,根据英国托管政府对进入巴勒斯坦的犹太移民的管理规定,这个犹太群体基本没有机会获得进入巴勒斯坦的移民证书。再者,弗莱尔的提议与传统的移民程序不

---

① 罗衡林:《德意志犹太人的社会集团与纳粹统治》,《世界历史》2007年第2期,第89页。
② "Hachshara"是希伯来语的音译,这种职业培训班是为犹太人移居巴勒斯坦前做好职业和语言上的准备而设置的,分布在很多国家的中心城市。
③ Chaim Schatzker, *The Jewish Youth Movement in Germany in the Holocaust Period (I): Youth in Confrontation with a New Reality*, *The Leo Baeck Institute Year Book*, Volume 32, Issue 1, January 1987, p. 157.
④ Brian Amkraut, *Between Home and Homeland: Youth Aliyah from Nazi Germany*, Tuscaloosa: The University of Alabama Press, 2006, p. 23.

符,一般来说,希望移民到巴勒斯坦生活的犹太人要在移民前完成通常为2年的"准备"培训,才能获得移民证书。在德国,这种培训是由"柏林犹太人办事处"①负责的,通过德国的"拓荒者联盟"(即 Hechaluz)来组织完成,以适应巴勒斯坦特殊的经济环境和气候条件,为建设犹太家园做出贡献。因此,要想真正实现这个提议,在巴勒斯坦方面,弗莱尔必须要获得负责移民活动的英国托管政府和"巴勒斯坦犹太人办事处"对该提议的承认。在德国方面,弗莱尔要争取"德国犹太复国主义联合会"和德国犹太社区领导人对该提议的认可与支持。此外,德国犹太人对移民的态度是犹豫的,弗莱尔也要吸引他们对青年阿利亚的兴趣。

"德国犹太复国主义联合会"和"巴勒斯坦犹太人办事处"都不赞成弗莱尔的想法,他们认为巴勒斯坦的教育设施不足,无法承担对德国犹太青年的教育监管。此时,1932年7月在柏林进行访问的莱曼为弗莱尔提供了重要帮助,1932年11月,第一批青少年离开了柏林。此后,青年阿利亚获得了较多的关注,最先做出反应的是德国的犹太青年团体②,在希特勒上台的同一天,1933年1月30日,代表犹太青年团体利益的"犹太青年援助组织"在德国注册成为一家合法社团,弗莱尔被选为主席。其目标是对德国的失业犹太青年进行职业培训,并让他们在巴勒斯坦定居。虽然出于安全考虑,该组织在创办时并未贴上任何意识形态的标签③,但"犹太青年援助组织"实际上成为青年阿利亚的德国根据地。在希特勒被任命的几周内,各种意识形态的犹太青年团体的成员都在增加,犹太复国主义也在德国青年中越来越有吸引力,这为青年阿利亚提供了广泛的申请人来源。

1933年4月1日,纳粹政府发起了反犹抵制运动,4月7日颁布了《恢复专业公务员制度法》,之后的一些法令越来越多地限制从事自由职业的犹太人。纳粹当局频繁的反犹活动对德国犹太人产生了巨大冲击,德国的一些犹太社区

---

① 德国犹太人向巴勒斯坦的移居活动主要是由犹太复国主义最重要的机构"巴勒斯坦犹太人办事处"来组织的。"巴勒斯坦犹太人办事处"于1924年在柏林设立了"德国巴勒斯坦中央局"(即文中的"柏林犹太人办事处"),它被授权根据自己的判断来决定合适的申请者。为了适应1933年后变化了的局势,"德国巴勒斯坦中央局"先后在各行省设立了22个分支部门和大约400个代理机构。引自李工真:《德意志犹太人向巴勒斯坦的移居(1933—1941)》,《历史研究》,2004年第1期,第152页。

② 20世纪30年代的犹太青年团体具有严密的组织纪律,是德国犹太复国主义运动的主要支持者,在促进德国犹太人进行职业培训和在巴勒斯坦定居方面有重要作用。

③ Brian Amkraut, *Between Home and Homeland: Youth Aliyah from Nazi Germany*, Tuscaloosa: The University of Alabama Press, 2006, p. 33.

领导人,其中包括非犹太复国主义者,开始对青年阿利亚表示支持,并在5月底成立了一个由犹太复国主义者汉斯·卢宾斯基领导的"儿童和青年移民工作组"(以下简称"工作组"),它将全面负责在德国的活动,确保组织青年移民计划的实际需要。

随着纳粹政府反犹活动的进一步升级,青年阿利亚发挥着越来越重要的作用。1933年4月,纳粹政府通过了维持学校秩序的法令,每年有五千到六千名年轻的犹太学生在完成义务教育后被开除,并且人数在不断增加。德国犹太青年和儿童的严峻处境引起了犹太复国主义组织的关注,犹太青年援助组织与"巴勒斯坦犹太人办事处"在仲夏达成协议,成立"青少年和儿童部"。8月,在布拉格举行的第十八届犹太复国主义代表大会上,关于德国犹太青年的问题得到足够重视。在这次大会期间,成立了一个专门负责处理德国犹太青年在巴勒斯坦具体事宜的办公室,即"巴勒斯坦中央局",它对"巴勒斯坦犹太人办事处"的执行部负责,也被称为"德国部","巴勒斯坦犹太人办事处"基本确立了对青年阿利亚的指导和管理,青年阿利亚的影响也由此大大提高。

2. 有组织地艰难运作(1935.8—1938.3)

在得到"巴勒斯坦犹太人办事处"的官方认可之后,青年阿利亚开启了全面的有组织的运作。根据弗莱尔的方案,申请参加青年阿利亚的德国犹太人在正式进入巴勒斯坦之前要在德国安排的预备营中进行数周的学习,包括学习希伯来语和一些科学课程等,这个过程在教师和青年领袖的观察下进行。在营地里,年轻人每天一半时间工作,另一半时间学习。在这段时间里,候选人按照耶路撒冷办事处的要求进行彻底的体检。最终由教师和青年领袖参与评估,从中选择合适的候选人移民巴勒斯坦[①]。

在青年阿利亚发展的早期阶段,其主要任务有两个方面:一是促进德国犹太人,特别是德国犹太社区的领导人,对青年阿利亚的兴趣;二是为青年阿利亚筹集资金,这不仅用于安排德国犹太青年在德国的准备费用以及在巴勒斯坦的培训费用,还涉及如何将筹集到的德国货币转移到巴勒斯坦用于犹太青年的培训。尽管"中央局"拨出一部分资金帮助青年阿利亚在巴勒斯坦建设所需的基本设施,但并不对青年阿利亚运行所需要的资金负责,因此其筹集资金的能力决

---

① Henry U. Spierer, *The German Jewish Immigration to Palestine, 1933—1938: Trends, Patterns, and Characteristics*, University of Pennsylvania, 1976, p. 172.

定着青年阿利亚的成功与否。

在纳粹统治初期,青年阿利亚促进犹太人移民巴勒斯坦的目标与当局的官方立场相一致①。因此,青年阿利亚在登记和培训年轻的犹太人移民以及为实现其目标而筹集资金时相对不受德国政府的阻挠,这为青年阿利亚提供了相对宽松的政治环境。1933年末,索尔德来到柏林指导青年阿利亚的工作,主要肯定了犹太青年援助组织对于挑选合适的申请人移民巴勒斯坦的权利,儿童和青年移民工作组负责对外筹集资金,为青年阿利亚提供物质支持。此外,还通过了在巴勒斯坦的耶路撒冷设立与工作组相应的办事中心的决议。索尔德的访问不仅增强了青年阿利亚工作人员的信心,也鼓舞了渴望加入青年阿利亚的德国犹太年轻人。

与此同时,青年阿利亚开始与纳粹政府的帝国经济部谈判,希望利用《哈瓦拉协议》②向巴勒斯坦转移资金。另一方面,青年阿利亚的筹款活动也比较顺利,美国的犹太联合呼吁组织愿意从其对"巴勒斯坦犹太人办事处"的"中央局"的捐款中抽出资金援助青年阿利亚③。1933年11月,巴勒斯坦托管政府宣布向来自德国的15岁至17岁的年轻犹太人发放350份移民证书,并要求为每个移民提供611美元的预付担保,纳粹当局正式批准了青年阿利亚关于向巴勒斯坦转移资金的请求。1934年2月,青年阿利亚终于指导第一批有组织的青少年离开了柏林④。这是纳粹上台之后第一批得到德国和巴勒斯坦方面承认的有组织的犹太青年移民,青年阿利亚日后的发展就此奠定了坚实的组织基础。

随着第一批德国犹太青年抵达巴勒斯坦,《犹太评论》开始积极反馈第一批成员在巴勒斯坦的积极进展和生活经历,把巴勒斯坦描绘成德国犹太年轻人可以接受的目的地,越来越多的犹太青年对巴勒斯坦充满了向往,希望申请成为青年阿利亚的移民成员。1934年初,犹太青年援助组织创办了青年阿利亚犹太学

---

① 关于纳粹政府对犹太移民活动和犹太复国主义的态度可以参见 Francis R. Nicosia, "Jewish Farmers in Hitler's Germany: Zionist Occupational Retraining and Nazi 'Jewish Policy'", *Holocaust and Genocide Studies*, V19 N3, Winter 2005, pp. 365 – 389.

② 《哈瓦拉协议》也称作《转移协议》,是纳粹德国与犹太复国主义组织于1933年8月25日签订的协议,它是促成1933—1939年约6万名德国犹太人移民巴勒斯坦的一个重要因素,使逃离纳粹新政权迫害的犹太人能够将他们的部分资产转移到英国委任统治的巴勒斯坦。

③ Henry U. Spierer, *The German Jewish Immigration to Palestine, 1933—1938: Trends, Patterns, and Characteristics*, University of Pennsylvania, 1976, p. 161.

④ Brian Amkraut, *Between Home and Homeland: Youth Aliyah from Nazi Germany*, Tuscaloosa: The University of Alabama Press, 2006, p. 57.

校。根据"德意志犹太人全国代表机构"①对犹太学校的教育指南,学校的课程设置特别关注了巴勒斯坦犹太人生活的复兴以及希伯来语的培训,此外,学校也将大量资源用于手工行业和外语的教学。犹太青年援助组织还建立了寄宿所,以接纳来自地区以外、希望参加培训课程的德国犹太青年②。青年阿利亚学校的设立不仅解决了犹太学龄儿童的教育问题,也加强了犹太青年移民巴勒斯坦前的准备。

  青年阿利亚申请人的大量增加也不可避免地带来了财政问题。除了保证青年阿利亚组织的正常运行的费用之外,定居点和机构也需要资金,另外获得青年移民证书的德国犹太青年也要支付该计划的移民和教育方面的基本费用,特别是交通和两年的食宿和教学。德国犹太社区也逐渐认识到青年阿利亚组织的职业培训对德国犹太人的独特贡献,表示愿意支持青年阿利亚。"德国犹太人全国代表机构"与犹太社区的社会福利组织合作,同意从指定用于职业培训的资金中抽出一部分资助青年阿利亚。在国际的筹款活动也取得了一些进展,其中捐款最多的国家是美国和英国,尤其是哈达萨(美国妇女犹太复国主义组织)。1935年,该组织与青年阿利亚签署了一份协议,成为美国"青年阿利亚"的唯一代表机构③。青年阿利亚的募捐活动,为移民行动提供了良好的经济基础。在1935年9月初在卢塞恩举行的第十九届世界犹太复国主义代表大会上,尽管犹太复国主义内部对青年阿利亚还未达成完全一致的支持,但它作为援助德国犹太人的一个成功项目获得了认可。

  1935年9月15日,在纽伦堡的一次全国大会上,纳粹政府撤销了所有德国犹太人的公民身份,并剥夺了其所有政治权利,这标志着纳粹政府开始展开全面排犹运动。《纽伦堡法律》的颁布直接影响到了德国犹太人对移民的关注,此时的青年阿利亚得到了越来越多犹太普通人的关注。1936年3月,犹太青年援助组织向"德意志犹太人全国代表机构"的地区培训办公室分发了一份文件,与1935年9月相比,1936年2月份的申请者总数增长了65%④。此后,青年阿

---

  ① 1933年9月成立,由来自不同教会、宗教团体和政治组织的代表组成,在纳粹当局面前代表所有德国犹太人,相当于一个纳粹德国内的犹太人政权。

  ② Brian Amkraut, *Let our children go: Youth Aliyah in Germany, 1932—1939*, New York University, 2000, pp. 67 - 68.

  ③ Henry U. Spierer, *The German Jewish Immigration to Palestine, 1933—1938: Trends, Patterns, and Characteristics*, University of Pennsylvania, 1976, p. 193.

  ④ Brian Amkraut, *Let our children go: Youth Aliyah in Germany, 1932—1939*, New York University, 2000, p. 119.

利亚运作的每个阶段,从学校教育和培训到资金筹集,都经历了越来越大的压力。

为了解决众多的申请者的教育问题,青年阿利亚与"德意志犹太人全国代表机构"的学校部门密切合作,扩大提供移民前培训的犹太学校数量。此外,青年阿利亚专门为青少年建立了一些"先锋屋",他们在德国境内就开始接受身体和文化训练,从而增加他们通过竞争性移民选拔过程的机会。

与此同时,青年阿利亚的财政困难在德国犹太复国主义组织的支持下也得到了缓解。1936年初,犹太复国主义机构表示强烈支持青年阿利亚。1936年2月举行的"德国犹太复国主义联合会"会议决定将所有犹太复国主义者的注意力引向日益重要的青年阿利亚,并要求所有犹太复国主义者尽可能地支持"工作组"。1937年10月,青年阿利亚与传统的犹太人移民慈善机构之间在关于筹集活动的竞争中最终取得了优势地位①。毋庸置疑,青年阿利亚已经成为在德国为犹太复国主义事业筹集资金和宣传的一个重要因素。这一时期,为了给更多人提供更加直观的感受,支持青年阿利亚的犹太报刊上登载了越来越多的具体事例来证明青年阿利亚的积极影响,越来越多的人看到了青年阿利亚的成功。

自《纽伦堡法律》颁布以来,青年阿利亚在不断克服各种压力和挑战之后取得了令人满意的成果。1935年至1937年间的青年移民人数急剧增加②。然而,青年阿利亚的发展始终受制于纳粹德国特殊的政治环境。最大的挑战在于青年阿利亚的资金转移开始受到纳粹当局越来越多的限制。在1935年至1937年期间,通过《哈瓦拉协议》转移资金到巴勒斯坦的汇率不断地下降(见表1),而且转移的资金总额也在不断削减③,这意味着从德国向巴勒斯坦转移资金的困难越来越大。纳粹政府对该协议的政策严重影响了青年阿利亚的正常运作,这不单单缩减了其向巴勒斯坦输送资金的数额,更严重的是影响了青年阿利亚获得移民证书的速度。一方面,"工作组"完全照《哈瓦拉协议》转移资金;另一方面,托管政府只有在得到输送至巴勒斯坦的规定资金后才会向青年阿利亚发放移民证书,这势必会造成移民证书的延误,也就意味着青年阿利亚要投入更多的资金支

---

① Brian Amkraut, *Let our children go: Youth Aliyah in Germany, 1932—1939*, New York University, 2000, pp. 151 – 157.
② Henry U. Spierer, *The German Jewish Immigration to Palestine, 1933—1938: Trends, Patterns, and Characteristics*, University of Pennsylvania, 1976, p. 169.
③ 关于纳粹政府对《哈瓦拉协议》的政策变化参见 Edwin Black, *The Transfer Agreement*, Washington: Dialog press, 2009。

持德国活动的各种开支。另外,汇率的加速降低使得德国货币加速贬值,在德国支持青年阿利亚的犹太人也面临着巨大的经济损失,无论是支付培训费用的移民个人还是自愿捐款的犹太组织都不能再为青年阿利亚提供更多的经济支持。

表1 《哈瓦拉协议》平均汇率①

时　　间	汇　　率
1934/1935	80%~85%(德国马克)
1936	73%
1937	62.5%
1938年上半年	62.5%
1938年下半年	48.5%
1939年上半年	33.3%

1937年底,青年阿利亚开始面临来自纳粹当局越来越多的阻挠。11月13日,柏林警方对"工作组"的办公室进行了调查,没收了它的账本,并封锁了它的银行账户。此时,"工作组"停止了在德国的所有募捐活动,因为该办事处不希望将资金存入被政府封存的账户。大约在同一时间,青年阿利亚的重要领导人伊娃·米歇尔·斯特恩也被拘捕,随后被命令停止为青年阿利亚工作,青年阿利亚的各项活动都处在纳粹审查员的严密监视下,因而不得不使用密码语言躲避审查员的监控。例如,一些工作人员在记事本中使用了首字母和密码语言,以便在文件落入盖世太保手中时保护自己和其他人。在与耶路撒冷的通信中,青年阿利亚也使用了密码语言②。这些情况也反映了纳粹政府对犹太人移民的双重态度,青年阿利亚的活动显然是在政府的默认下进行的,却仍然不断地受到纳粹当局的干预和阻碍。

希特勒征服欧洲的步伐给生活在纳粹统治下的犹太人带来了更多灾难,青

---

① Central Bureau for the Settlement of German Jews in Palestine, *Report to the XXIst Zionist Congress and to the Council of the Jewish Agency for Palestine in Geneva* (Jerusalem, 1939), p. 46. 转引自BrianAmkraut, *Let our children go: Youth Aliyah in Germany, 1932—1939*, New York University, 2000, p. 146.

② Brian Amkraut, *Between Home and Homeland: Youth Aliyah from Nazi Germany*, Tuscaloosa: The University of Alabama Press, 2006, p. 8.

年阿利亚的作用及其在犹太社区内的支持基础都已扩大,其任务也已大大增加,已被公认为是德国境内犹太人教育和福利机构的一个重要组成部分。

3. 德奥合并后的救援(1938.3—1939.9)

1938年初,随着纳粹侵略欧洲的步伐不断加快,越来越多的犹太人生活在纳粹主义的种族迫害之下,犹太人对移民的需求也急剧增加。自1938年3月12日纳粹德国吞并奥地利以来直到二战爆发,青年阿利亚不仅面对着吸收德国以外的犹太青年的挑战,而且还面临着纳粹政府对犹太人加速迫害的紧张局势。纳粹当局发布了更多针对犹太社区的法令,犹太青年被列入当时的命令中,要求尽快离开德国。例如,希姆莱在2月就下令俄罗斯裔的年轻犹太人在8天内撤离德国,否则将被关押在集中营①。主要的反犹活动还有1938年4月间在法兰克福的抵制活动和6月间在柏林和其他城市的大屠杀。除了纳粹的犹太政策更加恐怖之外,德国犹太人还目睹了世界各国没有能力或不愿意为大量犹太难民提供庇护的凄惨情景。1938年3月31日,波兰政府首次宣布取消居住在国外的波兰人的公民身份的法律,这显然针对了居住在德国的波兰犹太人②。7月初由美国总统罗斯福迫于政治压力召开的旨在解决日益严重的难民危机的埃维昂会议基本宣告失败,甚至未能通过一份谴责纳粹德国迫害犹太人的决议,大多数国家仍然不愿意向德国犹太人敞开大门。青年阿利亚在这一时期逐渐从一个强调对犹太青年进行再培训教育的移民组织转变为一个以帮助更多的犹太青年乃至犹太儿童逃离纳粹魔掌为主要任务的救援组织。

青年阿利亚积极扩大其组织以解救更多在纳粹统治下的犹太青年。1938年3月德奥合并之后,奥地利犹太人遭遇公开暴行③。1939年5月奥地利有了公认的青年阿利亚管理机构,根据从柏林收到的指示开始运作④。自1938年夏末,欧洲的政治局势日趋紧张。在9月的慕尼黑协议之后,苏台德地区成为纳粹扩张政策的牺牲品,于是青年阿利亚将苏台德地区的年轻犹太人纳入移民计划。

---

① Karl Schleunes, *The Twisted Road to Auschwitz*, Chicago and Urbana: University of Illinois Press, 1990, pp. 227 - 228.

② Trude Maurer, *The Background for Kristallnacht: The Expulsion of Polish Jews.* in *November 1938: From Reichskristallnacht to Genocide*, edited by Walter H. Pehle (Oxford: Berg, 1991), pp. 52 - 53.

③ Pauley, *Hitler and Forgotten Nazis*, pp.16 - 31, 225; 关于德国和奥地利的反犹太主义,另见 Peter Pulzer, *The Rise of Political Anti-Semitism in Germany and Austria* (Cambridge: Harvard University Press, 1988); Weiss, in *Ideology of Death*.

④ Brian Amkraut, *Between Home and Homeland: Youth Aliyah from Nazi Germany*, Tuscaloosa: The University of Alabama Press, 2006, p. 96.

为了方便他们的行动,来自德国、奥地利和捷克斯洛伐克的青年阿利亚领导人建立了一个联合理事会,这个理事会由来自柏林、维也纳和布拉格的代表组成,负责向犹太青年难民分配由耶路撒冷发放的证书①,旨在促进不同的青年阿利亚中心之间的合作,扩大其作用。

1938年11月的"水晶之夜"是德国犹太人所面临的迫害的开始,家长和孩子们越来越多地指望青年阿利亚来逃避纳粹的屠杀,青年阿利亚自身也难逃厄运,11月的大屠杀使它几乎陷入了瘫痪,柏林"巴勒斯坦犹太人办事处"被盖世太保关闭,甚至在纳粹德国与其他国家的通信也被切断。迫于局势紧张,"德意志犹太人全国代表机构"在青年阿利亚重新运作之前为5至18岁的儿童组织了前往英国和荷兰的计划。由于纳粹当局只是关闭了"犹太青年援助组织"的办公室,并没有正式解散它,该组织的领导人迅速重整之后在柏林犹太人办事处办公室里运作,并参与了"德意志犹太人全国代表机构"的儿童计划。此后,青年阿利亚的组织工作基本依托犹太青年援助组织进行。与此同时,青年阿利亚的财政困难也变得更加严重。纳粹政府切断了青年阿利亚向巴勒斯坦转移资金的通路②。

随着德国犹太人的处境变得越来越严峻,青年阿利亚及时调整了移民到达巴勒斯坦之前的培训计划。犹太青年援助组织最终把对申请者的筛选过程缩短到8天,并扩大了"中级准备"营地,以便在训练中心容纳更多的人。在柏林以外的地区,青年阿利亚也与更多的犹太学校合作,组织了以移民巴勒斯坦为主题的学年教学。5月初,为了加快年轻犹太人离开德国的速度,犹太青年援助组织设立了一个新的"初级准备"训练营,其时间比传统的"中级准备"训练营短③。

1938年末,欧洲的战争日益逼近,立即转移到巴勒斯坦似乎不太可能,于是,青年阿利亚计划安排这些难民中的大多数人在英国找到庇护所。英国新的标准优先考虑年龄较小的儿童,大多数寄养父母规定女孩的年龄在7至10岁之间。此外,具体要求往往包括偏爱较白的肤色,女孩占大多数④。1939年初,青

---

① 由于希特勒继续扩大纳粹统治的疆域,这个理事会后来扩大了其活动范围。
② Nicosia, *Third Reich and Palestine*, pp. 144, 266,指出从1938年初到1939年,政府对《哈瓦拉协议》的热情逐渐减退,并列举了这些年转移到巴勒斯坦的犹太资本水平的下降。另见 Donald M. McKale, *From Weimar to Nazism: Abteilung III of the German Foreign Office and the Support of Antisemitism. 1931—1935, LBIY* 32(1987), p. 306.
③ Brian Amkraut, *Let our children go: Youth Aliyah in Germany, 1932—1939*, New York University Press, 2000, pp.195, 198.
④ Karen Gershon, *We Came as Children; a collective autobiography*. New York: Harcourt, Brace & World Press, 1966, p. 22.

年阿利亚开始扩大其计划,准备将 14 岁以下的儿童转移到巴勒斯坦。由于之前制定的两年培训方案不足以满足这个被称为"儿童阿利亚"的需求,青年阿利亚制订了一项新计划,希望巴勒斯坦的犹太家庭按照英国照顾难民儿童的寄养模式从德国收养幼童。1939 年 1 月,耶路撒冷的"民族委员会"启动了准备工作,超过 3 500 个家庭登记收养来自德国的犹太儿童①。1939 年 4 月,英国托管政府发放了 50 张儿童移民许可证,并在 6 月又发放了 500 张证书②。1939 年,青年阿利亚在丹麦、英国、法国、荷兰、意大利、瑞典、瑞士和南斯拉夫建立了培训中心③。1939 年 2 月,纳粹当局用一个由盖世太保直接任命、并受其严密监控的"德国犹太人全国联合会"取代了"德意志犹太人全国代表机构"④,包括青年阿利亚在内的地方社区以及所有犹太协会和机构都被纳入"德国犹太人全国联合会"的管辖范围。到 1939 年 8 月,由于在德奥的犹太难民处境愈加艰难,超过 3 000 名男孩和女孩在柏林的犹太青年援助组织登记⑤。巴勒斯坦的一些犹太领导人此时完全承认,青年阿利亚从纳粹控制的土地上疏散犹太青年难民是一项救援任务。在战争爆发前 24 小时,青年阿利亚还在竭力挽救犹太青年的生命,在没有从英国当局获得适当文件的情况下,一辆开往英国的青年阿利亚运输车越过了荷兰边境。在二战开始的同一天,一大批青年阿利亚申请人抵达丹麦接受培训⑥。最后一批青年阿利亚成员于 1940 年 5 月到达了巴勒斯坦。

青年阿利亚在自纳粹德国吞并奥地利至二战爆发期间的活动反映了其在面对纳粹的暴行时为保护其年轻一代所做的不懈努力,这些以救援为主的活动得到了犹太组织和一些欧洲政府的大力援助。在 1938 年 11 月至 1939 年 9 月期间,青年阿利亚在欧洲的工作扩大到包括来自波兰、罗马尼亚和捷克斯洛伐克的

---

① Brian Amkraut, *Let our children go: Youth Aliyah in Germany, 1932—1939*, New York University, 2000, p. 189.
② Jewish Agency, *Report to the XXIst Zionist Congress*, pp. 61 – 63. 转引自 Henry U. Spierer, *The German Jewish Immigration to Palestine, 1933—1938: Trends, Patterns, and Characteristics*, University of Pennsylvania, 1976, p. 196.
③ Judith Tydor-Baumel, *Ba-Derech la-Aretz ha-Bechirah: Aliyat ha-No'arve-ha-Yeladim ha-Plitim bi-Britaniah bi-Milchemet ha-Olam ha-Shniyah*, Masu'ah12(1984), p. 71. 转引自 Brian Amkraut, *Between Home and Homeland: Youth Aliyah from Nazi Germany*, Tuscaloosa: The University of Alabama Press, 2006, p. 115.
④ 罗衡林:《德意志犹太人的社会集团与纳粹统治》,《世界历史》2007 年第 2 期,第 94 页。
⑤ Children and Youth Aliyah, *Freedom and Work for Jewish Youth*, p. 15.
⑥ Leni Yahil, *Hatzalat ha-Yehudim be-Deniah — Demokratiah she-Amdah ba-Mivchan*, Jerusalem: Magnes Press, 1967, p. 16.

年轻犹太人。此外,青年阿利亚还帮助年轻的犹太人疏散到其他欧洲国家,使超过1万名犹太人逃离第三帝国①。

青年阿利亚自成立伊始就承担着双面角色,它一方面要为德国犹太年轻人积极争取资源,承担着帮助他们摆脱困境的责任,另一方面又要实现犹太复国主义组织赋予其促进青年移民以建设犹太家园的使命。在欧洲局势愈发紧张的情况下,青年阿利亚又主动承担起了挽救犹太青年和儿童的重任,是一项值得歌颂的人道主义成就。

三、青年阿利亚的历史影响

无论是在犹太复国主义运动史上还是在德国犹太社区的历史上,青年阿利亚都占据了独具特色的一章,在促进犹太青年移民巴勒斯坦的活动中,青年阿利亚无疑是传播犹太复国主义思想的有力工具,使犹太复国主义思想在越来越多的犹太青年乃至中年人中生根发芽,青年阿利亚的每一次成果都增强了人们对犹太复国主义运动的兴趣和对巴勒斯坦的向往。伴随着纳粹迫害的不断升级,青年阿利亚得到了德国犹太大众乃至世界犹太人的支持和认可。相应地,这些支持和认可又推动着德国犹太社区的领导人和德国犹太社会福利组织投入更多的资金和精力援助青年阿利亚,促进了青年阿利亚的成长壮大。在反犹活动日益严峻的纳粹德国,具备更成熟的组织能力和救援能力的青年阿利亚为挽救德国犹太青年和儿童的生命做出了重要贡献。因此,尽管青年阿利亚是犹太复国主义运动的一部分,但它对德国犹太社区的贡献远远超越了对犹太复国主义意识形态的承诺。

首先,青年阿利亚为德国的犹太失业青年和犹太儿童提供了身体和心灵的庇护所。在魏玛共和国时期,学生一般在14或15岁时就完成义务教育。此后,除非一个家庭有经济实力,孩子有愿望并且有能力才能继续接受正规教育,否则14岁的孩子就应该找到有报酬的工作补贴家庭经济。这对处于在大萧条时期的犹太青年来说,前景一片惨淡。青年阿利亚提供的解决方案正是为解决这个群体的困境而设计的,而在此前关于德国犹太青年的问题很少得到犹太复国

---

① Brian Amkraut, *Let our children go: Youth Aliyah in Germany*, 1932—1939, New York University, 2000, p. 202.

主义运动的关注。在纳粹上台之前和纳粹统治初期,青年阿利亚对德国犹太人来说是一个提供职业培训和再教育的福利组织。它设立的训练营是失业犹太青年接受再教育和职业培训的最佳场所,这个项目通过引导年轻的犹太人走上一条结合学术指导和职业培训的道路,"部分解决了德国犹太青年面临的最严重问题之一"①,弥补了犹太社区无法充分解决犹太青少年的社会和教育需求。同时它也是具有犹太复国主义信仰的犹太青年实现移民巴勒斯坦的最佳途径。青年阿利亚设立的训练营对于经济困难的犹太年轻人意义重大,与在德国接受类似的技术或农业培训或在私立教育机构继续学习的费用相比,犹太青年移民学生的费用相对较少,还可以得到免费的食物和住宿。此外,该组织强调对父母失业多年的家庭以及来自公共家庭和机构的儿童,包括私生子和孤儿的援助②。随着纳粹反犹活动的加剧,青年阿利亚成为寄托着无数犹太家庭希望的救援组织。当犹太学龄儿童遭遇德国公立学校严重的种族歧视时,青年阿利亚学校成为他们摆脱噩梦的天堂。特别是在1938年11月的"水晶之夜"以后,纳粹政府解散了犹太社区,取缔了犹太青年团体,青年阿利亚是唯一一个能够在纳粹摧残下继续对犹太青年和儿童进行救济和移民活动的社会组织,它不仅承担着组织和照顾德国犹太青年和儿童的责任,而且肩负着挽救他们生命安全的重大使命。

再者,青年阿利亚团结了相对分化的各个德国犹太团体。早在1924年,德国就成立了犹太青年委员会,该委员会是当局正式承认的所有犹太青年运动和组织的一个松散的组织,其目的是鼓励犹太青年运动在犹太社区内开展社会工作,并代表德国犹太青年的共同利益③。它内部的青年团体派别众多,有在社会工作中专注于具体的体育运动或者教育文化的组织,也有在意识形态上支持犹太复国主义、社会主义等观点的组织,因此,各种犹太青年团体很难统一战线。在青年阿利亚于1932年11月成功地把第一批成员送往通过巴勒斯坦时,德国的犹太青年团体大都把目光一同转向了移民巴勒斯坦的各种活动。随着犹太青

---

① Schatzker, *No'ar Yehudi be-Germanyah*, pp. 279, 297.转引自 Brian Amkraut, *Let our children go: Youth Aliyah in Germany, 1932—1939*, New York University, 2000, p. 81.
② Brian Amkraut, *Let our children go: Youth Aliyah in Germany, 1932—1939*, New York University, 2000, p. 91.
③ Chaim Schatzker, *The Jewish Youth Movement in Germany in the Holocaust Period (I): Youth in Confrontation with a New Reality*, The Leo Baeck Institute Year Book, Volume 32, Issue 1, January 1987, p. 158.

年援助组织的成立,越来越多的犹太青年团体逐渐团结在青年阿利亚周围。1934年5月,青年阿利亚的负责人索尔德写道:"所有具有各种政治和宗教观点的犹太青年组织都联合起来,组成了一个联合会。"①此外,青年阿利亚通过一次又一次的筹款宣传活动将一个面临共同命运的分裂社区团结起来。这些宣传活动不仅面向有关的人群和犹太复国主义者,而且号召整个德国的犹太人,使他们在对青年阿利亚的同情理解和实际援助中走到了一起②。青年阿利亚在不断地奔走呼喊和有效行动中逐渐得到了犹太社区和犹太复国主义运动的支持,又在他们之间的协调工作中逐步成长壮大,各个犹太团体在共同促进青年阿利亚发展的努力中暂时回避了政治和宗教冲突。

第三,青年阿利亚吸引了国际社会对德国犹太人处境的关注。青年阿利亚通过筹款活动向全世界的犹太人社区介绍生活在希特勒统治下的犹太人的悲惨生活,并获得了支持,其程度可能是其他慈善机构所无法比拟的,青年阿利亚也从一个地方行为走向了世界舞台。一位美国犹太复国主义历史学家写道:"犹太复国主义者发起的最著名的救济项目是青年阿利亚。"③

第四,青年阿利亚推动了犹太复国主义运动的发展。在魏玛共和国时期乃至纳粹上台之初,德国犹太复国主义运动在德国犹太人中影响甚微。作为犹太复国主义组织的一部分,青年阿利亚不仅吸引了越来越多的犹太年轻人加入犹太复国主义运动,也促使德国的犹太社区和国际社会越来越同情和支持犹太复国主义运动。相对于传统的犹太复国主义移民项目,青年阿利亚开创性的移民方案独具优势,它对犹太青年群体的关注触发了整个德国犹太社区对犹太复国主义运动的理解和认同,它用富有吸引力的宣传方式引导着犹太人把未来的希望转向巴勒斯坦的土地。到1939年夏天,德国的犹太青年已经被犹太复国主义的精神所感染,甚至英国限制犹太人移民到巴勒斯坦的白皮书也没有对年轻犹太人日益增长的追求阿利亚的决心产生什么影响④。

---

① Szold, *Youth Immigration from Germany to Palestine*, typewritten report, May 1934, CZA library. 转引自 Brian Amkraut, *Between Home and Homeland: Youth Aliyah from Nazi Germany*, Tuscaloosa:The University of Alabama Press, 2006, p. 70.
② Stern, *Jugend-Alijah*, *JR*(November 3, 1933), p. 751.转引自 Brian Amkraut, *Between Home and Homeland: Youth Aliyah from Nazi Germany*, Tuscaloosa:The University of Alabama Press, 2006, p. 51.
③ Naomi W. Cohen, *American Jews and the Zionist Idea*, New York, 1975, p. 45.
④ "Informationsrundschreiben an alle Mitarbeiter der Jüdischen Jugendhilfe, e.V.," 26 July 1939, CZA S75/687.转引自 Brian Amkraut, *Between Home and Homeland: Youth Aliyah from Nazi Germany*, Tuscaloosa:The University of Alabama Press, 2006, p. 270.

综上所述，青年阿利亚既是犹太复国主义运动对来自德国境内外的挑战的回应，也反映出德国犹太社区为确保其年轻一代拥有更好的未来而做出的努力。尽管青年阿利亚最初遇到了来自德国和巴勒斯坦方面的质疑，但到1933年中期，使青年阿利亚得以运作的组织机制已经基本完备。尽管在某些层面上冲突依然存在，但在接下来的几年里，青年阿利亚有效地弥合了许多具有不同意识形态的犹太人之间的矛盾。

即使青年阿利亚为挽救德国和欧洲的犹太青年和儿童贡献重大，被歌颂为一项重要的人道主义成就，但还是不可避免地遭遇到一些批评和指责。其中，青年阿利亚与纳粹政府的关系以及其对申请人的选择方面是最受抨击和非议的部分。首先，在青年阿利亚的早期阶段，当德国犹太人的日常行动受到纳粹政权的限制和监视时，它却仍有很大的行动自由，能持续在德国和国外筹集资金。但这并不意味着其与纳粹政府之间存在亲密关系，这从后期纳粹政府对青年阿利亚的政治审查和突然的办公室查封等事件中可以看出。纳粹政府对待青年阿利亚的态度与其制定的犹太政策是一致的，无论是给予青年阿利亚继续组织活动的自由还是加以限制和制造障碍都取决于纳粹当局对犹太人政策的不断调整，青年阿利亚对纳粹政府来说只是其驱逐犹太人的工具。而青年阿利亚只能在与纳粹政府的周旋谈判中尽可能争取空间，从而服务于促进德国犹太人移民巴勒斯坦的基本目标。人们对二者关系的看法恰恰说明了纳粹统治下犹太复国主义运动面临的政治挑战和道德困境。再者，除了纳粹政府种族主义的反犹政策带来的挑战之外，英国托管政府的移民政策也同样让青年阿利亚承担了巨大压力。无论是在1938年11月"水晶之夜"之前还是之后，托管政府发放的移民证书始终是有实际限制的，有限的移民证书和无数的申请者的巨大数量差距是青年阿利亚从始至终都要面临的选择难题。巴勒斯坦相对恶劣的自然环境和社会条件并不适合每一个青年阿利亚申请者，通过训练营和青年阿利亚学校的筛选，往往能选择出比较合适的人选，虽然短短数周的培训不可避免地存在一些失误，但青年阿利亚开创性的移民方案大大缩短了移民周期，尤其是相比于常规的长达2年的"准备"培训，青年阿利亚在危机时期显示了更高效的救援能力。

最后，与其他大多数犹太复国主义组织相比，青年阿利亚很幸运地在二战开始时仍在运作，从整个欧洲解救犹太青年难民，并帮助组织犹太青年团体和难民营继续教育培训。事实上，在1945年至1948年5月间，青年阿利亚助力了巴勒斯坦移民总数的四分之一人口构成①。

参考文献：

[1] 李薇.阿利亚对以色列建国的影响[J].辽宁师范大学学报（社会科学版），2002（5）：102-107.

[2] （英）卢卡斯.以色列现代史[M].杜先菊，译.北京：商务印书馆，1997.

[3] （以）哈伊姆·格瓦蒂.以色列移民与开发百年史[M].何大明，译.北京：中国社会科学出版社，1996.

[4] 王昊.阿利亚行为与犹太锡安主义探析[D].山东大学，2019.

[5] （英）拉克.犹太复国主义史[M].徐方，阎瑞松，译.上海：三联书店，1992.

[6] 潘光.犹太研究在中国：三十年回顾 1978—2008[M].上海：上海社会科学院出版社，2008.

 点评

本文研究二十世纪三四十年代德国犹太复国主义者组织推动的移民项目"青年阿利亚"，全面叙述了它的生成、演变过程，分析了它的影响和贡献，指出它弥合了德国各个犹太集团的冲突，广泛传播了犹太复国主义思想，为巴勒斯坦的犹太家园建设输送了人才，影响深远。全文论证充分，内容翔实，观点鲜明，结论合理，是一篇较规范的学术论文。

---

① Brian Amkraut, *Between Home and Homeland: Youth Aliyah from Nazi Germany*, Tuscaloosa：The University of Alabama Press, 2006, p. 162.

互联网使用对性别意识的影响效应及作用机制：
基于 CGSS2015 数据的分析

袁 喆[*]

摘要：性别意识包括先天生理层面的性别意识和社会性别意识。当前学界对互联网使用能否促进性别意识平等化存在明显争议并且缺乏影响机制探讨。研究以 CGSS2015 数据为样本，结果发现：互联网使用能够促进性别意识更为平等化。互联网使用对性别意识的影响效果存在性别、教育和户籍异质性，女性较男性、低学历群体较高学历群体、农村较城市影响效果更强。

关键词：性别意识；互联网；生育意愿

一、引言

2020 年末国家统计局发布了《中国妇女发展纲要（2021—2030）》，数据显示：全国女性就业人员占全社会就业人员的比重为 43.2%，城镇单位女性从业人员比 2010 年增长了 37.5%，高等教育女生占比超过一半。尽管当前中国在解决性别平等问题上取得了显著的成绩，尤其在女性就业与工作方面，但实现男女平等仍有漫长道路要走。

性别不平等根源于社会性别角色的定型，与生理性别（sex）不同，社会性别（gender）是指男女两性之间存在的社会性差异和社会性关系，社会性别观念导致了社会性别角色定型（周美珍，2004）。社会角色定型往往是潜移默化的，社会性别观念则通过社会结构（如文化观念、资源分配、经济制度）和社会行动（如个体社会化）进行传递和巩固。可以认为，日常生活中的性别并不是一种

---

[*] 袁喆，男，哈尔滨工程大学人文社会科学学院 2020 级硕士研究生。

被明确意识到的观点或理论,而是深嵌于结构与行动中的不自觉的理念或意识形态(孙晓东、赖凯声,2016)。

性别意识可划分为"传统主义(traditional)"和"平等主义(egalitarian)"两种类型,两者的分野主要体现为传统"男性供给角色/女性家庭角色(male provider/female homemaker)"性别分工以及父权制度给男性供给者更多特权和优势地位,前者倾向于"男主外女主内"的家庭分工模式,后者主张男性与女性平等地参与工作和承担家务。Arnold和Liu(1986)认为,传统的中国家庭由父权结构所主宰,家长制的家庭结构和男孩偏好(son preference)的价值观逐渐制度化,形成男性传宗接代的传统。家庭和婚姻的封建传统形成了男性霸权(male supremacy),这使得社会一直遵循着传统性别分工模式。

现代化理论学者认为,在一个社会向现代化发展时,人们的价值观念和生活方式必然要随之发生变化,以适应并促进整个社会的现代化(李路路,1987)。现代性浪潮和工业化进程使得社会观念与文化经历了"无声的革命",这种革命也体现在性别意识上。Baker和Inglehart(2000)的研究发现,经济发展带动着从绝对规范的价值观向日益理性、宽容、信任和参与的价值观的转变,性别角色观念会更为平等化。中国当前正经历着前所未有的中国式现代化转型与工业化发展,这场转型是否会导致中国传统的性别意识更趋向平等主义?作为现代化和工业化的重要成果的信息沟通技术(ICTs),对性别观念与态度的影响更为强烈。例如:拥有笔记本电脑的小孩比没有笔记本电脑的小孩更容易接受现代价值观,性别态度则更为平等化,作为信息沟通技术的主要方式之一,使用互联网能否增进用户的平等主义性别意识?

伴随着中国互联网普及率的逐年提高,网民数量的日益激增,生活在互联网社会的个体的社会态度不可避免地受到互联网信息和内容的影响,比如政治信任(苏振华、黄外斌,2015)、环保态度与素养(彭代彦、李亚诚、李昌齐,2019)等。更重要的是,互联网自身的交互性、公共性和开放性属性改变了传统男权社会金字塔式的性别权力结构,使得性别权力结构扁平化,女性与男性得以实现平等交流与沟通(潘萍,2018),同时女性摆脱了过去的边缘地位和失语状态,拥有更多机会对社会议题发表意见与看法,尤其是性别议题方面。这些因素都有可能使得性别意识发生变化。

笔者试图探究互联网使用与性别意识的关系,提出如下研究问题:(1)互联网使用是否会影响性别意识? 互联网使用越频繁,性别意识会越平等化吗？（2）若是，互联网使用对性别意识的影响机制有哪些？（3）互联网使用对性别意识的影响效果是否存在异质性？

二、文献综述及研究假设

（一）互联网与性别意识

性别意识是指"个体在传统观念下，在与性别有关的婚姻和家庭角色中如何认同自我（Greenstein，1996）"，它与传统"经济支柱/家庭主妇"性别分工模式紧密关联。传统的性别意识测量多局限于家庭性别分工层面，现有的测量方法则更具有综合性，包括男性特权接受度、家庭效用、养家糊口的首要角色等六个维度（Davis & Greenstein，2009）。

当前学者关于互联网对性别意识影响的探讨存在分歧与矛盾。部分学者认为，互联网加重了人们的性别偏见与歧视，使得性别意识更为传统主义。Lambrecht 和 Tucker（2018）对 Facebook 等互联网平台的广告算法研究发现，广告推送中女性接触到科学、技术、工程和数学（STEM）领域职业广告的机会远小于男性。同时，互联网网站的内容也会加重人们的性别刻板印象，比如 Bing 网站的搜索内容中女性更倾向于表现出感性化、温柔化的暖化（warm）特质而男性则表现出理性化、主体化（agentic）特质。

大部分学者认为，互联网的到来使得人们的性别意识更趋向于平等主义，减少了性别不平等观念。就宏观上而言，互联网的普及促进性别态度的平等化，更少的人们认为男性比女性更有资格和能力去工作。从微观上来说，互联网使用能够显著地降低用户的性别歧视和性别刻板印象，使得性别态度更为平等化。以上研究成果颇丰，但对互联网使用促进或阻碍性别意识平等化这一问题还有待开掘，笔者则尝试回答问题，提出如下假设：

H_1：互联网使用能促进性别意识平等化。

（二）生育意愿与性别意识

与世界范围内女性参与劳动力市场程度的提升相伴随的是个体（尤其是女性）生育意愿的降低。研究表明，女性劳动参与率与生育意愿存在负向关系，失业还会促使女性延迟生育，进而降低总体生育率（Fuster，2010）。这一效应部分可以解释为母职惩罚的作用，生育对母亲的收入表现为一种惩罚效应，这种效应的强度随时间变化而不断增大（申超，2020）。另一方面，性别角色态度的变化也会相应地导致生育意愿的降低,比如:Bruno等人(2015)研究发现当国家的性别观念从传统化转型为平等化时,性别平等态度扩散会对生育意愿产生消极效应,男性和女性分享性别平等价值观越多,这种转变对生育意愿的影响越明显。同时男性的性别平等态度越低,生育意愿越高(Snow, Winter & Harlow, 2013)。更重要的是,互联网的使用也会对生育意愿产生影响,女性越频繁地使用互联网,她们的生育意愿越低。

综合以上研究,笔者选择将生育意愿作为互联网使用和性别意识的中介变量,探讨生育意愿在互联网使用和性别意识两者关系中是否存在中介效应。本文的研究假设如下:

H_2:生育意愿在互联网使用对性别意识影响中起中介作用。

(三)影响性别意识的个体因素

学界还探究了包括性别、教育层次、工作状况、婚姻状况在内的人口学变量与性别意识之间的关联,我们可以从先赋性因素和自致性因素两个维度来理解。

在先赋性因素当中,当前学者主要关注性别、年龄、户口和家庭背景对性别意识的影响。Taylor等人(1999)研究认为,男性的性别意识较女性更为传统化,性别意识的变化速度也慢于女性。实证研究也证明人们的性别意识会随着年龄的增长而更加传统化(Perales, Lersch & Baxter, 2018)。此外,农村地区传统的男尊女卑的文化观念受现代化和工业化的直接冲击较弱,农村户籍居民的性别平等意识较城镇户籍居民弱,同时家庭社会经济地位越高,性别不平等越小(吴愈晓,2012)。

与此同时,参加工作、获得教育等自致性因素也会影响性别意识形态。女性性别观念的现代化更多获益于社会现代化进程所带来的女性受教育程度的提高,以及女性进入职场并且获得公共领域的社会职责,女性获得政治身份等因素(刘爱玉、佟新,2014)。

三、研究设计与分析

(一)数据来源

研究所使用的数据源自2015年中国综合社会调查(CGSS)的数据,调查覆盖全国28个省/自治区/直辖市的478个村居,所使用的抽样方法为多阶分层抽样,样本总计为10 968份。由于本研究旨在探究互联网使用对性别意识的影响,考虑到互联网普及率在各年龄段存在差异,60 岁以上的网民仅占总体网民的2.4%[①],同时年龄段过宽可能会影响各变量间的相关关系,我们将样本年龄限定为 20 岁至 65 岁,共有 8 541 个样本进入分析模型,该年龄段占总年龄段的比重为 77.8%。

（二）变量操作化

1. 因变量

研究的因变量为性别意识。CGSS 问卷的"社会态度"部分有五个问题与性别意识相关:(1)"男人以事业为重,女人以家庭为重";(2)"男性能力天生比女性强";(3)"干得好不如嫁得好";(4)"在经济不景气时,应该先解雇女性员工";(5)"夫妻应该均等分摊家务"。被访者则对以上说法分别进行 5 级李克特量表的认同程度评分。本研究则将受访者认同程度的五类答案分布赋值为 1~5 分(1 = 完全不同意,5 = 完全同意),数值越高,说明受访者性别意识的传统主义程度越高(其中"夫妻应该均等分摊家务"采取反向计分)。笔者将以上五个性别意识问题得分进行得分加总以构建性别意识的综合分数,该综合分数的 α 信度系数为 0.599 9,达到统计学上的可接受程度。在稳健性检验部分,本研究还会采用因子分析方法再次检验本文研究结果是否遭受得分加总方法的影响。

2. 自变量

互联网使用为本研究的自变量,笔者使用 CGSS 问卷中的 A28 问题"过去一年,您对以下媒体的使用情况"中第 5 个项目"互联网(包括手机上网)"来测量受访者的互联网使用情况,1 为"从不",2 为"很少",3 为"有时",4 为"经常"和 5 为"非常频繁"。此外,笔者还用 CGSS 问卷的 A30 问题"过去一年中,您是否经常在空闲时间从事以下活动"中第 12 个项目"上网"来对基准模型进行稳健性检验(0 = 从不,1 = 一年数次或更少,2 = 一月数次,3 = 一周数次,4 = 每天)。

3. 中介变量

研究的中介变量为生育意愿。生育意愿的测量来源于问卷 A371 问题"如果没有政策限制的话,您希望有几个孩子。"由于希望拥有 1 个孩子和拥有 2 个孩子的人占了总样本的 85.37%,故将生育意愿划分为"不要孩子(赋值为 0)""1

---

① 该数据源于中国互联网络信息中心于 2015 年 2 月 3 日所发布的第 35 次《中国互联网络发展状况统计报告》。考虑到 CGSS2015 数据于 2015 年 6 月所收集,故笔者使用 CGSS2015 之前的互联网相关数据。

个孩子(赋值为1)""2个孩子(赋值为2)"和"3个及以上孩子(赋值为3)"四类。此外,考虑到"无所谓"回答表现出较低的生意意愿,笔者将这一回答归入"不要孩子"当中。

4. 控制变量

依据过往研究,笔者将可能影响性别意识的人口学变量都作为控制变量纳入考虑当中。其中,性别(男性=1;女性=1)、户口(农业户口=1;城市户口=0)和政治身份(党员=1;非党员=0)被定义为虚拟变量,年龄与年龄的平方项则为连续变量。此外,研究将教育层次划分为四个层次,分别为小学及以下(赋值为1)、初中(赋值为2)、高中及技校(赋值为3)和大专及以上(赋值为4)。工作状况被定义为当前无工作(赋值为0)和当前有工作(赋值为1)。婚姻状况则定义为未婚(赋值为1)、已婚(赋值为2)和已婚单身(赋值为3)。最后,考虑到家庭收入的偏态分布特征,我们将家庭年收入取自然对数纳入模型当中(均值为10.616,标准差为1.062)。

四、实证结果

(一)描述性统计

研究首先对相关变量进行描述性统计,统计结果如表1所示。

表1 变量的描述性统计

变量	平均值	标准差	最小值	最大值
性别意识	13.728	3.41	5	25
互联网使用	2.703	1.67	1	5
户口	.563	.496	0	1
教育层次	2.313	1.088	1	4
政治身份	.094	.292	0	1
性别	.472	.499	0	1
工作状况	.675	.468	0	1

续表

变量	平均值	标准差	最小值	最大值
婚姻状况	1.939	.421	1	3
年龄平方	2 136.184	1 105.468	400	4 225
年龄	44.451	12.662	20	65
家庭年收入（对数）	10.65	1.06	5.298	16.109

根据表 1 可以发现，研究所使用的 8 541 个样本的性别意识得分均值为 13.728 分，标准差为 3.41，性别意识略偏向于平等化。同时，样本中互联网使用频率的均值为 2.703，说明样本的互联网使用频率略偏低。此外，样本的平均年龄为 44.451 岁，党员群体占总样本比例为 9.4%，男性群体占总群体比例为 47.2%，农村户口占总群体比例为 56.3%，当前有工作的群体占总群体的 67.5%。此外，样本中婚姻状况的均值为 1.939，其中已婚比例为 81.92%，未婚比例为 12.11%，已婚群体在样本中占主导地位。教育层次的均值为 2.313，标准差为 1.088，说明样本的教育层次介于初中和高中及技校之间。最后，家庭年收入取对数后均值为 10.65，标准差为 1.06，中位数为 10.82，说明样本的家庭年收入大致为 50 000 元。

（二）基准回归模型

表 2 中模型 1 主要是分析互联网使用对性别意识的影响，同时控制户口、教育层次等人口学变量。回归结果显示，研究的核心变量互联网使用频率对性别意识产生显著的负向影响（β=-0.234，$p<0.01$），互联网使用频率越高，个体的性别意识越趋向于平等化，假设 H_1 得到验证。笔者将在机制分析部分进一步解释该结果的中介机制。

表 2　互联网使用对性别意识影响的 OLS 回归模型

变量	模型 1	模型 2	模型 3	模型 4
互联网使用频率	-0.234*** (-6.78)	-0.088*** (-6.04)		-0.065** (-2.00)
户口（参照：城市）	0.421*** (4.55)	0.151*** (3.88)	0.405*** (4.38)	0.458*** (5.35)

续表

变量	模型1	模型2	模型3	模型4
教育层次	-0.584*** (-11.29)	-0.187*** (-8.60)	-0.562*** (-10.92)	-0.448*** (-9.23)
政治身份	-0.326** (-2.40)	-0.133** (-2.31)	-0.310** (-2.27)	0.425*** (3.90)
性别（参照：女性）	0.755*** (9.72)	0.440*** (13.42)	0.762*** (9.80)	0.671*** (9.34)
工作状况	-0.229*** (-2.61)	-0.059 (-1.60)	-0.225** (-2.57)	-0.082 (-0.97)
婚姻状况	0.059 (0.55)	0.006 (0.13)	0.076 (0.71)	-0.233** (-2.33)
年龄平方	-0.001* (-1.91)	-0.000** (-2.00)	-0.001* (-1.93)	-0.001*** (-4.50)
年龄	0.056** (2.31)	0.024** (2.40)	0.054** (2.25)	0.129*** (5.55)
家庭年收入（对数）	0.029 (0.69)	0.011 (0.69)	0.037 (0.90)	-0.021 (-1.22)
互联网使用频率2			-0.253*** (-8.25)	
常数项	13.524*** (20.79)	-0.318 (-1.16)	13.280*** (20.56)	11.630*** (21.34)
N	7 419	7 419	7 406	9 077
R-squared	0.120	0.096	0.123	0.083

注：1. 括号里的数字为标准误。
2. $^{*}\,p<0.1$，$^{**}\,p<0.05$，$^{***}\,p<0.01$。

在控制变量当中，基准回归模型表明，户口、教育层次、政治身份、性别、工作状况、年龄和年龄平方都对性别意识具有显著的影响。具体而言，男性群体（$\beta=0.755$，$p<0.01$）与农村户口（$\beta=0.421$，$p<0.01$）被访者性别意识更为

传统化。相反,党员相比于非党员的性别意识更为平等化($\beta=-0.326$,$p<0.05$),当前拥有工作者比当前无工作者性别意识更平等化($\beta=-0.229$,$p<0.01$)。最后,教育层次越高,性别意识越平等化($\beta=-0.584$,$p<0.01$),年龄对因变量存在显著的正向影响($\beta=0.056$,$p<0.05$),然而年龄平方项对因变量的影响则为负向($\beta=-0.001$,$p<0.1$)。婚姻状况、家庭年收入对性别意识的影响不显著。

(三)稳健性检验

为检验以上结果的稳健性,研究采取变量设计与模型建构方式,重新探究以上变量对因变量的影响。

首先,研究采用因子分析法来构建性别意识的综合指数,从而替代原有的得分加总法所计算的综合指数(参照模型2)。研究对性别意识的五个问题的KMO检验值和Bartlett球型检验值分别为0.71和5 313.285,$p<0.01$,通过因子旋转获得2个特征值大于1的因子,分别命名为性别竞争认知与性别平等认知①,累积解释总方差的61.69%。研究将因子综合为新的"性别意识"变量,模型2结果显示,互联网使用依旧对性别意识存在显著影响($\beta=-0.088$,$p<0.01$),与模型1结果具有一致性。

其次,研究选择问卷A30问题"过去一年中,您是否经常在空闲时间从事以下活动"中"上网"部分的回答来替代原有的自变量问题,建立"互联网使用频率2"变量。模型3的结果显示,互联网使用对性别意识仍存在显著的负向影响,互联网使用越频繁,性别意识越偏向平等化($\beta=-0.253$,$p<0.01$),与正文结果相一致。

最后,研究运用CGSS2013数据检验研究发现的稳健性。回归模型结果(模型4)与CGSS2015的发现具有较好的一致性,结果显示互联网使用能显著地促进性别意识的平等化($\beta=-0.065$,$p<0.05$),同时户口、教育层次、婚姻状况等变量对因变量影响显著,工作状况和家庭年收入则不显著。基于以上检验的结果,我们认为本研究的发现具有较强的稳健性。

(四)机制分析

虽然理论和实证分析证明,互联网使用能显著影响促进性别意识平等化,但

---

① 因子载荷图的结果显示,"性别竞争认知"包含性别意识问题的前四个问题,"性别平等认知"则为性别意识问题的最后一个问题。

变量之间的影响路径我们仍无从得知,故本研究选取"生育意愿"作为中介变量,参考温忠麟等人(2004)所提出的中介效应检验程序,采用逐步回归法来分析互联网使用是否通过影响生育意愿来影响性别意识,同时控制性别、教育层次、户口等人口学变量,并通过 Sobel 检验和 Bootstrap 偏差校正检验来验证中介效应的显著性。表3、表4和表5分别体现了互联网使用透过生育意愿对性别意识的影响以及 Sobel 检验和 Bootstrap 检验参数汇总情况。

表3 互联网使用对性别意识的影响的逐步回归分析

变量	生育意愿		
	模型1	模型5	模型6
互联网使用频率	-0.234^{***} (-6.78)	-0.019^{***} (-2.79)	-0.227^{***} (-6.57)
户口	0.421^{***} (4.55)	0.226^{***} (12.45)	0.381^{***} (4.06)
教育层次	-0.584^{***} (-11.29)	-0.022^{**} (-2.14)	-0.577^{***} (-11.10)
政治身份	-0.326^{**} (-2.40)	0.027 (1.00)	-0.311^{**} (-2.28)
性别	0.755^{***} (9.72)	-0.028^{*} (-1.86)	0.753^{***} (9.65)
工作状况	-0.229^{***} (-2.61)	0.059^{***} (3.44)	-0.230^{***} (-2.61)
婚姻状况	0.059 (0.55)	0.043^{**} (2.02)	0.041 (0.38)
年龄平方	-0.001^{*} (-1.91)	0.000^{***} (3.69)	-0.001^{**} (-2.22)
年龄	0.056^{**} (2.31)	-0.014^{***} (-2.89)	0.064^{***} (2.60)
家庭年收入(对数)	0.029 (0.69)	0.020^{**} (2.43)	0.017 (0.40)

续表

变量	生育意愿		
	模型 1	模型 5	模型 6
生育意愿			0.235*** (3.94)
常数项	13.524*** (20.79)	1.698*** (13.22)	13.082*** (19.70)
R-squared	0.120	0.055	0.122

注：1. 括号里的数字为标准误。
2. * $p<0.1$，** $p<0.05$，*** $p<0.01$。

从表 3 可以发现，互联网使用对生育意愿具有负向显著影响（$\beta=-0.019$，$p<0.01$；见模型 5），生育意愿对互联网使用与性别意识的中介效应却为正向显著（$\beta=0.235$，$p<0.01$；见模型 6），互联网使用对性别意识的标准化系数从 -0.234 降至 -0.227，我们可以初步认定：互联网使用能降低生育意愿，进而促进性别意识平等化，假设 H_2 得以验证。

表 4　基于 Sobel 检验的中介效应检验结果

中介变量	直接效应	间接效应	总效应	Sobel 检验
生育意愿	-0.227*** (-6.57)	-0.004*** (-2.27)	-0.232*** (-6.69)	Z 值：-2.274 P 值：0.023

注：* $p<0.1$，** $p<0.05$，*** $p<0.01$。

为进一步检验先前回归分析结果的中介效应，研究采取 Sobel 检验进行验证，验证结果如表 4 所示：在生育意愿的中介效应中，Sobel 检验 Z 值则为 -2.274，$p<0.05$，故存在以生育意愿为中介变量的中介效应。

由于 Sobel 检验需要假设服从正态分布，否则该检验会使得该检验方法犯第一类错误的概率变大。故本研究还采用了 Bootstrap 检验法，抽样次数设置为 500 次，设置 95% 的置信区间。检验结果如表 5 所示：互联网使用通过生育意愿来影响性别意识的中介效应为 -0.0044，其 95% 的置信区间为 [-0.010，-0.002]，存在中介效应。

表 5　基于 Bootstrap 检验的中介效应检验结果

变　量	间接效应	Bootstrap 标准误	Bootstrap 下限	Bootstrap 上限
生育意愿	−0.004 4**	0.002	−0.010	−0.002

注：1. 括号里的数字为标准误。
   2. * $p<0.1$，** $p<0.05$，*** $p<0.01$。

（五）异质性检验

现有研究在探讨影响性别意识的个体因素时还主要关注性别和教育层次，认为男性性别意识较女性偏向传统化，大学教育使得个体的性别意识更为平等化。同时，户籍类型也会影响性别意识，农村地区受传统重男轻女、传宗接代文化影响较深，性别意识较城市更为传统化。那么，互联网使用对性别意识的影响效果和程度是否受以上人口学因素所影响呢？笔者选取不同性别、教育层次和户籍类型的个体进行分组回归，验证互联网使用对性别意识的影响效果是否存在异质性。

表 6 中列（1）与列（2）主要分析男性和女性的性别意识受互联网使用的影响。从回归结果可以发现，男性和女性存在着显著的异质性，女性群体（β = −0.373，$p<0.001$）受互联网使用的影响远高于男性群体（β = −0.095，$p<0.1$），前者的影响效果明显高于后者。性别差异也能从模型拟合优度中反映出来。女性分组回归的模型拟合优度为 0.197，远高于男性分组回归的拟合优度 0.050。这或许因为互联网增强了女性群体的话语权力，使得她们对公共议题，尤其是性别议题发表言论的机会大大增加。

表 6 中列（3）至列（6）主要分析不同教育层次个体的性别意识受互联网使用的影响。回归结果显示，互联网使用对性别意识的影响在教育层次中存在显著异质性，随着教育层次的提高，互联网使用对性别意识的影响效果逐渐减弱。其中，小学及以下受互联网使用的影响程度最大（β = −0.435，$p<0.01$），高中及技校受互联网使用的影响程度最小（β = −0.120，$p<0.1$）。这可能因为教育层次越高，个体（尤其是女性）的性别态度与观念更为开放包容，更倾向于性别平等，因而互联网使用对个体的性别意识的影响反而没有教育层次低的个体大，后者更易受互联网中性别平等相关内容的影响。

最后，表 6 中列（7）和列（8）分析了互联网使用对不同户籍类型的个体性别意识的影响程度。根据表格结果来看,不同户籍类型的个体存在显著的异质性,互联网使用对农村户籍个体的性别意识影响程度远高于城市户籍的个体,前者的回归系数($\beta=-0.303$)高于后者($\beta=-0.170$)。农村地区较城市地区依旧保留了更多的男尊女卑、男孩偏好等传统性别观念,这解释了为什么农村户籍个体的性别意识受互联网使用的影响较城镇居民更大,互联网使用使得农村户籍居民有机会接触到更多性别平等的信息,从而性别意识转变更大。

表6　教育层次、性别和户籍的异质性分析

变量	(1)女性	(2)男性	(3)小学及以下	(4)初中	(5)高中及技校	(6)大学及以上	(7)城市户籍	(8)农村户籍
互联网使用频率	-0.373*** (-7.70)	-0.095* (-1.96)	-0.435*** (-5.20)	-0.230*** (-4.29)	-0.120* (-1.72)	-0.172* (-1.67)	-0.170*** (-3.31)	-0.303*** (-6.28)
户口	0.279** (2.16)	0.590*** (4.51)	0.200 (1.12)	0.676*** (4.27)	0.189 (0.97)	0.515** (2.12)		
教育层次	-0.743*** (-10.04)	-0.335*** (-4.67)					-0.588*** (-7.60)	-0.593*** (-8.19)
政治身份	-0.355 (-1.52)	-0.318* (-1.91)	-0.854 (-1.56)	-0.543* (-1.81)	-0.293 (-1.02)	-0.384* (-1.85)	-0.410** (-2.44)	-0.263 (-0.99)
工作状况	-0.323*** (-2.92)	0.011 (0.08)	-0.444*** (-3.17)	0.138 (0.86)	-0.221 (-1.03)	-0.422 (-1.64)	-0.223 (-1.50)	-0.275** (-2.41)
婚姻状况	0.500*** (3.31)	-0.368** (-2.43)	0.172 (0.87)	-0.188 (-0.88)	0.043 (0.18)	0.276 (1.15)	0.065 (0.41)	0.111 (0.73)
年龄	0.034 (1.01)	0.072** (2.07)	0.041 (0.73)	-0.013 (-0.30)	-0.006 (-0.10)	0.087 (1.28)	0.073* (1.86)	0.025 (0.79)
年龄平方	-0.000 (-0.88)	-0.001 (-1.55)	-0.001 (-0.89)	0.000 (0.67)	0.000 (0.40)	-0.001 (-1.03)	-0.001 (-1.53)	-0.000 (-0.62)
家庭年收入	-0.033 (-0.56)	0.104* (1.79)	0.014 (0.22)	0.006 (0.08)	-0.078 (-0.74)	0.153 (1.44)	0.085 (1.16)	0.006 (0.11)

续表

变量	性别		教育层次				户籍类型	
	(1)女性	(2)男性	(3)小学及以下	(4)初中	(5)高中及技校	(6)大学及以上	(7)城市户籍	(8)农村户籍
性别			0.149(1.09)	0.257*(1.80)	1.176***(6.31)	2.122***(12.02)	1.043***(8.55)	0.565***(5.59)
常数项	14.720***(15.99)	12.465***(13.68)	14.568***(9.74)	14.012***(10.74)	13.529***(8.51)	8.022***(5.28)	12.149***(11.48)	15.104***(18.42)
N	3 893	3 526	2 190	2 369	1 453	1 407	3 205	4 214
R-squared	0.197	0.050	0.022	0.031	0.045	0.113	0.092	0.090

注：1. 括号里的数字为标准误。
2. $*\ p<0.1$，$**\ p<0.05$，$***\ p<0.01$。

五、结论与展望

（一）研究结论及讨论

研究利用2015年中国综合社会调查数据（CGSS）实证研究互联网使用对性别意识的影响并进行稳健性检验，利用中介效应分析了互联网使用对性别意识的影响机制，最后对不同性别、教育层次和户籍类型个体间进行异质性检验。

研究发现包括以下几个方面：

第一，互联网使用与性别意识存在显著关联，互联网使用能显著地促进性别意识平等化，这一研究结果在进行稳健性检验后依旧成立，假设H_1得以支持。这一发现为支持互联网使用增进平等主义性别意识的学者提供了研究补充，我们或许能从"解放技术（liberation technology）"的角度来理解这一积极效应，手机、电脑、互联网在内的信息沟通技术（ICTs）能够扩大政治、社会和经济上的自由。这是因为互联网等信息沟通技术能够给个体赋能，独立表达意见和动员群体，强化公民社会。互联网这类技术使得个体尤其是女性能够在网络公共空间对性别问题充分地发表自己的意见，从而呼吁公众关注性别平等问题，促进性别意识平等化。这意味着我们应扩大互联网的普及范围,鼓励更多的个体在网络中就性别平等议题发表意见与看法,改变公众的传统性别意识形态。

第二,生育意愿在互联网使用对性别意识影响中存在中介效应,互联网使用降低了人们的生育意愿,进而促进性别意识平等化,假设 H_2 得以验证。这一发现与现有的研究成果相符合,这可以解释为个体使用互联网频率越高,越可能从社交媒体中获知职场就业领域的性别歧视,特别是用人单位对女性(尤其是孕妇)歧视与排挤。同时,越来越多女性从互联网平台了解到生育对女性的生理和心理层面的负面影响,如:产后抑郁、产后肥胖、妊娠纹等。这些都可能降低女性的生育意愿,使得社会对性别平等的呼声越来越高,性别意识更偏向于平等化。这从侧面说明要解决当前中国的低生育率问题,我们需要更加关注妇女权益和性别平等,为女性生育和抚养子女提供良好的社会环境,消除职场领域中用人单位对女性的歧视与偏见。

第三,互联网使用对性别意识的影响效果存在着性别、教育和户籍异质性,女性较男性、农村较城市、低学历群体较高学历群体的性别意识受互联网使用影响效果更强。这一发现契合过往的研究结果,这主要因为性别意识与个体背景特征存在一定关联。女性相比男性由于生理和社会角色差异更易感知到男性性别红利和社会性别歧视。互联网使用越频繁,女性接触性别歧视的例子则越多,因而越期望实现男女平等与消除性别偏见。同时,教育层次的提升使得个体能够习得和获知现代化价值观念,认同与支持平等化性别观念。农村居民因互联网使用使得他们性别观念的转变较城市居民更为明显。未来男女平等国策的施行应更加关注女性群体、低学历群体和农村居民,向他们宣传和传播性别平等知识,改变传统的性别意识形态。

(二)研究局限与展望

本研究在获得富有意义的结论同时存在着局限与不足。具体而言,一是本研究对互联网使用和性别意识关系的探讨多为相关关系的探求,缺乏因果关系的讨论。因此,互联网使用与性别意识的平等化的因果关系还有待检验;二是本研究所选取的中介变量虽然存在显著的中介效应,但间接效应占总效应的比重较低,有必要寻找解释力度更大的中介变量;三是笔者所使用的数据为 2015 年的中国综合社会调查数据,该数据收集时间距离现在过长,使用该数据所得出的研究结论是否适合当今社会还有待考证。

未来研究将基于新近且多期截面数据对相关问题展开进一步探求。一方面,随着中国综合社会调查持续推进,所使用数据将更丰富且新颖,这有助于我们从长时间段来探究互联网使用对性别意识的因果关系,获得更富有意义且贴近现实的研究发现。另一方面,未来研究将通过倾向得分匹配法、工具变量法等研究模型来探究互联网使用与性别意识的因果关系,同时本研究还将寻求更具解释力度的中介变量,探究核心变量之间的中介机制。

参考文献:

[1] 李路路."社会现代化"理论论纲[J].社会学研究,1987(3):105-113.

[2] 刘爱玉,佟新.性别观念现状及其影响因素——基于第三期全国妇女地位调查[J].中国社会科学,2014(2):116-129.

[3] 潘萍.论互联网与性别平等[J].浙江学刊,2006(6):205-209.

[4] 彭代彦,李亚诚,李昌齐.互联网使用对环保态度和环保素养的影响研究[J].财经科学,2019(8):97-109.

[5] 申超.扩大的不平等:母职惩罚的演变(1989—2015)[J].社会,2020(6):186-218.

[6] 苏振华,黄外斌.互联网使用对政治信任与价值观的影响:基于CGSS数据的实证研究[J].经济社会体制比较,2015(5):113-126.

[7] 孙晓冬,赖凯声.有儿子的母亲更传统吗?——儿子和女儿对父母性别意识形态的影响[J].社会学研究,2016(2):194-216.

[8] 温忠麟,张雷,侯杰泰,刘红云.中介效应检验程序及其应用[J].心理学报,2004(5):614-620.

[9] 吴愈晓.中国城乡居民教育获得的性别差异研究[J].社会,2012(4):112-137.

[10] 周美珍.如何将社会性别意识纳入社会发展和决策主流[J].社会,2004(7):46-48.

[11] ARNOLD F, ZHAOXIANG L. Sex Preference, Fertility, and Family Planning in China [J]. Population and Development Review, 1986, 12(2):221-246.

[12] BAKER W E, INGLEHART R. Modernization, cultural change, and the persistence of traditional values[J]. American Sociological Review, 2000, 65(1):19-51.

[13] BRUNO A, ANDERSEN E G, LÉA P. How do changes in gender role attitudes towards female employment influence fertility? a macro-level analysis[J]. European Sociological Review, 2015, 31(3):370-382.

[14] DAVIS SHANNON N, GREENSTEIN THEODORE N. Gender Ideology:Components, Predictors, and Consequences. Annual Review of Sociology, 2009, 35(1):87-105.

[15] FUSTER LUISA et al. Why are fertility rates and female employment ratios positively

correlated across o. e. c. d. countries? [J]. International Economic Review, 2006, 47 (4): 1187 – 1222.

[16] GREENSTEIN THEODORE N. Husbands' participation in domestic labor: interactive effects of wives' and husbands' gender ideologies. Journal of Marriage and Family, 1996, 58(3): 585 – 595.

[17] LAMBRECHT A, TUCKER C. Algorithmic bias? an empirical study into apparent gender-based discrimination in the display of stem career ads [J]. Management Science, 2019, 65(7): 2966 – 2981.

[18] PERALES F, LERSCH P M, BAXTER J. Birth cohort, ageing and gender ideology: lessons from british panel data [J]. Social Science Research, 2019(79): 85 – 100.

[19] SNOW R C, WINTER R A, HARLOW S D. Gender attitudes and fertility aspirations among young men in five high fertility east african countries [J]. Studies in Family Planning, 2013, 44(1): 1 – 24.

[20] TAYLOR P L, TUCKER M B, MITCHELL-KERNAN C. Ethnic variations in perceptions of men's provider role [J]. Psychology of Women Quarterly, 1999, 23(4): 741 – 761.

点评

本文以中国综合社会调查（CGSS）2015 年数据为样本，研究互联网使用对性别意识的影响。结果发现：互联网使用能促进性别意识更平等化，生育意愿则有中介效应，同时还考虑了其他因素的效应。本项研究为实现男女平等基本国策提供了侧面的实证证据。全文论述严谨，方法科学，写作规范，是一篇较好的学术论文。

技术与文化：废品价值的演变与垃圾分类政策下的代际响应

丁志文*

摘要：自垃圾分类实施以来,在实际执行的过程中遇到了大量的阻碍。现有的研究往往从制度角度理解阻碍的成因,然而在现实生活中解释存在不适用的地方。基于此,经由技术—文化的角度分析不同代群在垃圾分类活动中的行为,旨在解释为何在垃圾分类的过程中,执行情况存在不同群体的差异。研究发现,由于垃圾处理政策在制度设计层面的不断调整以及社会情境的不断变化和这两者间的相互作用,导致了代际间对于废品价值观念的差异,由此最终形成了不同的行为。更为根本的是,对待废品态度的变化背后体现出了由国家所追求的技术现代性与由社会所追求的文化现代性两者之间的张力。

关键词：垃圾分类；环境治理；技术；文化；代际

一、问题的提出

2019年7月1日,《上海市生活垃圾管理条例》正式开始施行,其旨在解决上海市多年面临的"垃圾围城"窘境。据相关资料显示,上海每天产生的生活垃圾量近2.7万吨;从2015—2018年产生的生活垃圾量依次为789.9万吨、879.9万吨、899.5万吨、984.3万吨,呈现逐年递增的趋势,可见垃圾①(garbage)问题已

---

* 丁志文,男,上海大学社会学院2021级硕士研究生。
① 在英语中"waste"指失去价值之物,这与本文所关注的生活垃圾中的可回收物意思最为接近,由于在中文语境中废品和垃圾并没有显著的区别,因此本文在后文中所出现的"废品"均为"waste"所对应的中文含义;而"垃圾分类"中所指涉的"垃圾"则指向"garbage"或"rubbish",为更广义上的被人所废弃之物,即垃圾中包含废品的关系。

经成为了上海城市发展中的一个重要难题①。当前垃圾分类政策的执行,已经对上述的趋势有所缓解,根据 2020 年 1 月在上海市两会中公布的《政府工作报告》,上海市的垃圾分类状况已经有了比较突出的改善。居民区分类达标率从 15% 提高到 90%,全市平均每天分出的可回收物增长 431.8%、湿垃圾增长 88.8%、干垃圾减少 17.5%、有害垃圾增长 504.1%,垃圾填埋比例从 41.4% 下降到 20%②。

然而在上述成就的背后,垃圾分类(garbage sorting)在社会现实中的执行却遭遇到了重重的难题。不少的社区工作者在调研中都反映:在具体的执行时,中老年人垃圾分类的执行力度要比年轻人更高;在笔者自身的观察中也印证了这一观点,大部分社区中投放垃圾的都是社区中的"银发族",鲜有年轻人前往垃圾投放点投放垃圾;此外,多次被相关部门点名的"大学"等机构都是年轻人聚集的场所。从理论角度出发,年轻人在环保知识的储备,以及对于政策的理解上应当全面高于年长者,从而成为政策推行时的主要力量。但是,目前的实际操作却呈现了上述的一幅图景,看似落后的年长者反而成了上海市在垃圾处理过程中的主要力量,而年轻人的垃圾分类行动却显著落后于他们的长辈,那么究竟是什么原因,造成了上述的现象呢?

二、文献回顾

目前已经有诸多学者对于垃圾分类问题作出了讨论,其主要从制度和观念层面出发,制度又可分为从宏观角度和微观角度理解垃圾分类政策。笔者基于这些已有研究,提出对于现有研究补充的分析框架。

(一)宏观制度的分析

对于目前垃圾分类政策宏观制度的分析主要可以从两个方面来理解。一方面从政府间结构的角度出发:在我国环境政策层面的问题往往是由政府制定的,如环境事务、宏观政策制定和微观指标都是由中央政府决定(夏光,2011)。该现象在垃圾分类的过程中也得到了体现,通过自上而下的压力,促使各级政府完成垃圾分类的各项任务指标,以使垃圾分类这一在其他国家需要很长时间才

---

① 摘自新浪上海 2019 年 7 月 1 日:《沪平均每天产生近 2.7 万吨生活垃圾明确不分类不收运》。
② 摘自澎湃新闻 2020 年 1 月 17 日:《上海垃圾分类有效吗? 统计出来了!》。

能得以彻底完成的任务能够在短时间内就达成目标（周雪光，2012）。

另一方面，从具体的政策设计出发，许多学者都提出了目前垃圾分类政策中的不足之处。从垃圾分类问题产生的根源角度出发，应当通过发展绿色经济来解决废品问题（林进龙，2020）。从经济效益的角度出发，部分学者通过在北京、上海、广州三个城市的调研发现目前的垃圾分类政策缺乏强有力的激励机制，导致了居民缺乏主动参与垃圾分类的动力（谭秋亚、蒋雪梅、陈思陆、王倩，2020）。张静等通过在青岛市的垃圾分类调研，发现造成其无法有效执行的原因在于技术设施的缺乏以及管理系统的不匹配，其难以有效地管控居民进行垃圾分类（张静、庄颖、王圣智、孙英杰、吴雅静、姜海鹏，2020）。从社会协作的角度出发，目前的公共福利扶持力度不足是垃圾分类无法得到有效贯彻的关键，如果能够解决该问题，那么就会有更多的居民主动投入垃圾分类中（高明、吴雨瑶，2020）。除了社会内部协作之外，还需其他力量加入，如建立市场、社会、社区三者协调的机制，旨在通过三者之间的优势互补以进一步促进垃圾分类政策的完善（杜瑾，2020）。

（二）微观制度的分析

微观制度角度主要从政策在基层中的执行出发探讨垃圾分类政策中存在的问题。

从社区人口的组成来看，社区中的人口异质性、物业与政府的关系以及社区人口中对于垃圾分类政策的接受度，对于垃圾分类政策在社区中的实践起到了至关重要的作用（丁京，2020）。有的学者则着重强调社区治理在垃圾分类中的重要性，如通过不同社区间的优势互补协作联动，促进垃圾分类在社区场域中的发展（宫成秀，2020）。除了社区的硬制度之外，政策在社区中的宣传对于垃圾分类的发展也起到了助推，如果社区能够做到有力的宣传，那么就会使更多的居民参与到垃圾分类中（陆锦玲、王晨阳，2020；贾哲敏、傅柳莺，2020）。

以上从制度角度出发的研究，都比较充分地解释了目前垃圾分类政策在制度执行上存在的问题，在目前的垃圾分类政策的执行过程中一部分群体对于垃圾分类的执行充满了热情，而另一部分群体却不太关注该问题。在这样的意义上，理解制度背后观念层面的问题，我们才能从整体的层面上认识垃圾分类政策执行的复杂情况。

（三）从制度到观念

国外学者最早意识到了垃圾分类中居民观念对其执行效果的影响，其指出了个人价值观点与人们的环保行为之间存在着密切的联系(Groot、Steg,2010)。意大利学者通过对意大利城市居民的问卷调查验证了价值观念、文化结构在垃圾分类的行动中扮演着重要角色(Crociata、Agovino,2015)。

近年来,大量的国内学者也开始关注到了居民的意识对于垃圾分类执行的重要性。陈绍军等发现在垃圾分类执行的过程中,大部分的居民普遍存在着意愿和行为分离的现象,即很多人表面上非常拥护政策,但是从不行动,其将原因归结为不同的情境因素造成的影响(陈绍军、李如春、马永斌,2015)。居民对于垃圾处理部门的信任度,感知的拾荒行为后果,感知他人的负面行为等变量也会对居民垃圾分类执行的实践产生影响(樊博、朱宇轩、冯冰娜,2020)。

以上研究意识到了文化观念会影响人们的行为,但是如何进一步揭示这样的观念是经历了一个怎样的形成过程,文化观念的形成机制恰是十分重要的一部分。笔者将从一个纵向的角度,尝试理解不同群体中的人们对于"废品"观念的形成过程与差异,从而揭示出本研究一开始提出的问题,并为进一步的政策制定提供参考。

三、理论基础与分析框架

（一）神圣性的建构与演变

关于物的神圣性建构,最早可以追溯到涂尔干的社会理论之中。财产的神圣性是为了人们合法的占有而被竖立起来的,只有实现了事物的神圣性(sacredness),才能对他人形成禁忌以保证自身对于财产占有的权力(涂尔干,2015:133)。以上理论为我们揭示出了一个基本的原理,即作为物,其必然受到文化影响的不断建构,而这样的建构必然是为了我们现实的社会生活而服务的。这就如在很多传统文化中的礼物交换一样,其交换的本质上并不是物品本身,而是物品背后所代表的一系列复杂的社会关系(舒瑜,2014)。

从以上的理论出发,可以发现事物的价值并不是恒定的,其会受到各个时代中不同主体和不同外部力量的建构,从而在博弈中产生。在这样的意义上,废品成了具有"活力"之物(张劼颖,2021)。考察垃圾分类中不同群体政策执行的状况时,对于"废品"本身的考察是必不可少的。

（二）社会转型与代际问题

自改革开放以来,我国社会发生了巨大的变化。在计划经济时期,我国的社会形态典型特征就是国家、市场、社会的三位一体,典型产物"单位制"就生动地体现了这一特点。社会转型就意味着缺乏效率的模式转向更加具有效率的现代经济组织模式(郑杭生,2009)。其具体的表现形式为原有的分配机制逐渐削弱,以新的市场准则为基础的利益结构逐渐进入社会发展的轨道之中(林默彪,2004)。这一转变过程对我国社会造成了巨大的冲击,首先表现在经济方面,随着农村家庭联产承包责任制以及城市改革的推进,我国的经济得到了快速的发展(郑杭生,2009)。

在社会转型理论的基础上,代群研究成了一个重要的研究方向。该理论最早由曼海姆提出,其指出由于成长背景与出生时间的差异,从而导致了各个代群在价值观、偏好、态度、行为等方面产生了与其他群体的差异。"代"(generation)或"代群"(generation cohort)就是在邻近的时间点附近生活,享有类似的价值观念、行为趋向的人群的总称(曼海姆,2002)。大量的学者往往通过关键时间节点以区分不同代群之间的边界,描绘出不同群体的特征,从而反映时代对这类人群价值观的影响。

在垃圾分类的研究中运用代群分析的手段提出问题,垃圾分类的执行过程中也显示了不同年龄阶段的人群对垃圾分类的态度和行为的显著差异,因此以代群为单位对群体的意识形成过程进行考察是十分必要的。

(三)分析框架

文献回顾已经描述了目前在垃圾分类问题研究中的主要成果,并为分析框架的搭建提供了坚实的理论基础。以下将结合具体的研究背景,给出文章的主要分析框架并进行简要的解释。

首先,从制度史的角度出发,以梳理自1949年以来关于垃圾分类的主要相关政策。其主要作为一个社会背景的变量,起到了影响人们观念的作用[①]。

在20世纪50~60年代的代群,他们成长的社会文化环境使他们自小就被培养出了节俭的习惯。当时以重工业经济为重心的发展模式使与人民生活息息相关的消费行业薄弱,居民节俭的生活习惯投射到废品回收中就会出现将很多废品收集起来进行再利用,或者卖给资源回收的商贩以获取一些经济利益以贴补家用的现象。长期以往,这样的行为逐渐从贴补家用转化为"惯习"(Habitus),使

---

① 在这里,笔者是以一种社会背景,起到了影响文化的作用。其具体的执行效果和机制在这里不作讨论。

他们即使脱离了原本的社会情境,也依然习惯于参与到垃圾分类的活动之中,从而解释了为何老年人更多地能将垃圾分类有效地完成。

在改革开放后,随着人民物质生活水平的提升,消费市场逐渐扩大,物质资源丰富而伴随着而来的就是消费文化。在这一阶段的代群,从出生起就是在一个消费主义盛行的时代下生活的。节俭的行为似乎已经距离他们越来越远,这一群体产生"废品就是废品"的观念,是没有任何使用价值的,对于这一群体难以通过短时间轰炸式的宣传就达成垃圾分类的效果。而对于2010后的新生代代群来说,他们由于受到垃圾分类政策引导,即使缺乏相应的社会环境,他们也可能具有较高的参与度。但这也只是目前的一个猜测,具体的情况还需在未来政策的实际执行中进行考察①。

表1是研究所提出的从价值—文化角度对于垃圾分类问题根源的探索。其本质上是从制度以及社会背景出发指出"废品"作为资源在我国的定位并不是一蹴而就的,而是经过了长时间的演变,从而理解垃圾分类在不同时期政策上的差异。而国家意义上的价值构建以及社会情境的影响又会对生活在当时情景下的人们的意识造成影响,并塑造出不同的针对废品的行为,造成了在目前的垃圾分类政策执行的过程中产生不同群体间的差异,并影响目前政策执行的实际效果。

表1 不同外部环境下对于三个代群垃圾分类行为的影响

外部情况 代 群	政策引导	社会情境	参与度
改革开放前的代群	×	√	高
改革开放后的代群	×	×	低
新时代的代群(>2010年)	√	×	高(可能)

(四)资料来源及研究方法

研究方法采用了文献分析法以及访谈法。文献分析法主要通过回顾自1949年以来至今七十多年的报道中关于垃圾问题的相关报道,以分析我国从政府层面的角度对于废品价值的构建的变化,并且参考了各个时期的一些文艺、

---

① 选取2010年作为节点是由于2019年上海正式开始垃圾分类政策的执行,垃圾分类正式进入了新纪元。

文学作品等以作为辅助的资料。

笔者访谈的对象主要来源地为上海市各区的社区,年龄从 20~70 岁均有分布,其中大部分为上海市本地户籍居民,部分从事废品相关行业的被访者则为非上海本地户籍居民,其流出地主要是上海周边的安徽、江苏等地。在针对上海市本地户籍居民的访谈中,访谈对象由 60% 的女性和 40% 的男性组成,职业包括学生、教师、居委工作人员、退休人员等,从总体来看,这一群体的受教育程度相对较高,可支配收入也较为充足,基本能够反映上海市普通居民对废品问题的看法。

四、社会对废品价值的建构

(一) 计划经济时代对废品价值的建构

1. 爱国卫生运动与垃圾清理

爱国卫生运动的主要目标在于在一个较短的时期内将城市中的各种垃圾清除,从而恢复城市中卫生整洁的秩序,并且有效防止传染病的传染(吴继金,2021)。根据数据,当时中国的传染病防控形势极为严峻。1950 年中,我国各类疾病的发病人数总约为一亿四千万人,其中死亡率千分之三十以上,其中半数以上是死于可以预防的传染病上①,例如鼠疫、麻疹、天花等等,是可以通过改善卫生环境有效缓解的。新中国初期发动的一系列爱国卫生运动,其本质并不直接针对生活中的垃圾问题,而是由垃圾问题所带来的一系列连锁反应,如"疫病"。由于传染病问题直接涉及人民群众的生命安全以及社会稳定,因此始终受到政府极高的关注。

在当时,发动群众清除垃圾的最好方式就是通过一系列的政治话语建构从而揭示出垃圾对于社会的危害性以及政府清除垃圾的正当性,以使人们自觉地配合政府清除垃圾。

【本报讯】本市清洁运动正积极进行中。这一运动自本月八日开始,迄二十二日,全市已有九个区成立清洁运动委员会区分会和街巷清运小组。警备北平的人民解放军第四十一军与警备司令部等单位,并拨出大批卡车供给运输垃圾之用。市政府于二十二日下午召开的区长会议上,叶剑英同

---

① 摘自《中华人民共和国政务院第四十九次会议上的报告》。

志曾即席讲话,说明清洁运动是为着全市市民的健康和卫生……人民政府要积极领导这个运动,发动群众、教育群众,建设和巩固人民的政权。①

通过将某项事件政治化,激发人们的情感,从而进行社会动员是各国处理疑难社会问题时的重要措施(乔同舟,2016),将原本的垃圾清除运动上升到政治层面,以激发人民参与到其中,并认可政府的治理能力。

此外,不仅要将垃圾问题上升为一个政治问题,同时也需要将其与人们的切身利益相结合才能更好地鼓动人们参与其中。

【北京讯】本市防疫委员会现已决定自十日起同时展开全市的"清洁运动"和"捕鼠灭蚤运动",正与各区分会加紧进行各项必要的准备工作。为密切与各区分会的联系,便于领导起见,并由市防疫委员会派出十二个联络员,于昨(七)日分别出发到城厢十二个区。至于郊区的进行步骤,将由各该区分会根据具体情况,相机处理。②

从中可以看到,垃圾问题与"捕鼠灭蚤运动"的防疫问题相结合,为了防疫疾病,垃圾与"四害"是同样危险之物,是传染病的源泉。

综上,我们可以发现,一方面,百废待兴的新中国需要通过与旧中国截然不同的行动来彰显全新的面貌和有效的治理能力;另一方面,当时的中国也切实面临着各种危险的传染病威胁,最大程度地动员民众清理垃圾,从而消除传染病暴发的潜在根源。在这一阶段,国家对于废品的认知是从"物"本身的价值和功能出发以理解的,其对废品的潜在价值由于当时的技术条件的不成熟以及迫在眉睫的问题而忽略了。

2. 物资匮乏时代的废品价值建构

当时的人民对于废品似乎有着特别的感情。在相关的访谈与调研中发现许多在20世纪50至60年代出生的人在行为习惯上都十分节俭,只要物品能够使用,即使其已经有些破旧,却依然将其留存。此外,这个时代的人往往都有着积存的习惯,喜欢将各类物品放置在家中储存而忽略其继续使用的价值。由此可

---

① 摘自《人民日报》,《平市卫生运动开展,平警部队拨出大批卡车运垃圾》,作者:琪。1949年3月24日,第1版。
② 摘自《人民日报》,《京市决自本月十日开始,清除垃圾捕鼠灭蚤》,1949年11月8日,第4版。

见,对于这一代人来说,废品具有特殊的意义。

由于经济发展的不平衡发展,与民生密切相关的轻工业发展缓慢。人民的日常供需品均需凭票供应,由国家统一计划完成,造成了与人民生活密切相关的物品的匮乏,尤其是广大农村。调研中的一位60年代生长于山东地区的农村的被访者的描述为:"一年到头都吃不上肉菜,只有过年的时候有,平时就吃一些高粱面;衣服也是连着穿好几年,打满了补丁接着穿。"(访谈记录20181006)不少当时生活在上海的被访谈者都表示一件衣服至少也需要穿四到五年,家里的长辈也会把金属用品、纸板等还存有利用价值的物品存储起来卖"废品"以增加家庭的收入。民众从节约角度尽最大可能地利用身边的可用之物,也因此在人们的心中激起了废品所具有的潜在价值。

国家层面树立各种典型案例以构建这种节约的社会观念。

> 晏桃香家里的布票总是用不完,主要是她会节约用布。前年七丈五布票,她只用了两丈一。去年发了四丈五布票,只用了一丈九,两年来共节约布票八丈多。穿衣方面,也很节约。老话说得好,"衣服笑破不笑补",晏桃香采取"补旧如新"的办法,把旧衣服补过后再继续穿。她有一件旧袄子,大女儿穿了两年,二女儿穿了两年,现在轮给小儿德明穿;大女儿有条破絮裤,改给三女儿穿了。这样以小就大,以大改小共做了四件棉衣,全家人就能暖暖和和过冬了。①

这类节俭的"典型"在激发整个社会艰苦朴素、节俭度日的情感,从而强化这类观念的建构,不少社区里负责垃圾分类政策执行的中老年管理者都强调"节俭好啊,是为国家做奉献,虽然我不是共产党员,但是也要做到以身作则。(访谈记录20190805)"

在以上的社会条件下,人们被一再强化内心中"节俭"的观念正确,并形成了一种时刻的自我监督,以判定自身的行为是否符合社会上所普遍认可的标准,并不断修正,由此自觉地顺从社会的要求,将废品视作一种不可轻易丢弃的重要事物,从而提高了废品在当时人们心中的价值。

---

① 摘自《人民日报》,《勤劳节俭的模范——晏桃香》,作者:杨炳昌、黄华、向洪甲。1958年1月23日,第4版。

以上论述了新中国初期的一段时间内废品价值的建构过程。在国家层面上,由于垃圾带来的疫病威胁以及国家治理的需要,通过爱国卫生运动,激发整个社会清除垃圾的热情,而在经济生活层面上,由于社会整体上的物资匮乏以及典型形象树立所强化的政治观念,使人们认为只有节俭度日才是唯一正确且合适的生活方式。在此条件下,人们自然会将个别废品视为具有价值的东西并将其利用。但是在改革开放之后,由于经济、科技等变化,国家对于废品价值做出一系列再建构,以下将会对此着重分析。

(二) 社会主义市场经济时代对废品价值的再建构

1. 现代性的演进与垃圾围城

改革开放使我国经济社会快速发展,国外先进的废品处理技术也开始对我国产生影响。

> 日本科学技术厅资源调查会发表的一项调查报告指出,如果把日本全国每年产生的家庭垃圾都用于发电,就相当于一个八十九万千瓦的电厂的发电量,可满足一千万人的家庭用电需要。因此,日本有必要进一步发展并推广垃圾发电事业。
>
> 这项调查报告说,目前日本有二十五个垃圾处理场在利用垃圾发电,发电能力总共为七万千瓦。一九七五年,日本全年产生的家庭垃圾为三千四百万吨,而用于发电的约五百万吨。
>
> 调查报告还提出了按城市规模利用垃圾能源的计划。①

上述的报道,在从新中国初期到改革开放前的三十年内几乎完全不存在,20世纪80年代以后,类似的报道则以极高的密度出现在《人民日报》中。除了引用的垃圾发电外,还有介绍国外垃圾烧砖、金属垃圾分离等先进处理案例的文章。类似报道的大量出现意味着政府逐渐开始更加科学地关注垃圾在其他国家的落实情况和实施效果,从而为我国之后采取类似的措施提供可以借鉴的经验。

与此同时,现实的压力也给政府进一步处理废品提出了全新的要求。随着改革开放的加快以及人民生活水平的提高,我国的消费水平迅速上升,由此带来

---

① 摘自《人民日报》,《日本利用垃圾供热和发电》,1980年2月7日,第7版。

了垃圾泛滥乃至垃圾围城的问题。

  北京市环境保护局的同志说：如果再不尽快采取有力措施，首都的垃圾将有堆上长安街的危险。
  北京市每年有130万吨垃圾。市区每天有3 600吨左右，最高时达7 200吨。一年的垃圾堆在一起相当于一座半景山。过去，这些垃圾的出路有两条，一是填坑，二是送近郊积肥场沤肥。随着市政建设的发展，近郊基本上无坑可填；由于垃圾中无机物太多，严重破坏土质，很多郊区社队不再使用城市垃圾上地，两条路都堵死了。几年前，全市就开始面临垃圾消纳的危机。许多地方的垃圾，不知道运到什么地方消纳为好。为了不使垃圾堆在街头，一些负责垃圾清理的单位只得采取"穷凑合"的方法，今天在这里卸一车，明天又在那里卸一车，白天不知道夜里垃圾往哪儿卸，今天不知道明天的垃圾往哪儿拉，清洁工人感到很难办。①

  由此可见，大城市中垃圾问题已经成了一个严峻的问题，甚至威胁到了城市的正常运转。以极高速度增长的垃圾量也迫使政府采取措施，学习西方更加先进的垃圾处理经验，以应对愈加复杂的垃圾问题。
  在这一时期，我国首先推出了一系列法律如《固体废物污染防治法》等，开始从立法层面上解决垃圾围城的问题，并上升到国家战略的高度。除此之外，还大力推动垃圾处理相关产业的发展，比如垃圾发电厂、供热厂以及垃圾砖制造厂等等，以促进垃圾处理产业链条的完善。这样的转变也体现出了我国对废品价值的理解逐渐朝向一种技术现代性的发展。在新中国初期，由于技术的落后，即使有认识到废品价值重要性的观点，也无法付诸行动，这从我们早期垃圾分类的主要目的是为了挑选出可用于农业堆肥的废品就可以认识到。但随着改革开放后，我国建设现代化国家的步伐不断加快，也逐渐有能力挖掘各类废品中存在的价值，加之垃圾围城的外部条件，政府开始关注这一重要的问题，进而提升了废品的价值。需要特别说明的是，在这一阶段我国对于废品价值的现代性的理解还仍然处于技术主义视角之下，也就是更加关注废品本身可利用的价值，还尚未反映到社会文化层面之上，这将是在下一部分所重点关注的。此外，废品处理的

---

① 摘自《人民日报》，《北京大量垃圾究竟如何消纳》，作者：周经、孙林。1981年1月21日，第2版。

精细程度仍然停留在比较粗糙的阶段,这与2019年来在各大城市所推进的垃圾分类政策也存在着较大的不同。

2. 物质的丰裕与消费文化的渐兴——废品价值的转向

在这一时期,在社会层面上对于废品的认知出现了降低。随着改革开放的大力推进,废品作为物的价值的重要性已经没有之前那么高了。工业的结构也开始逐渐转向多种工业类型并存的局面,尤其是与民生密切的相关的轻工业得到了迅速发展:

> 我们要建立起适合我国情况和特点的经济结构,这种经济结构应该能够发挥我们的有利条件,克服不利条件,能够较快地改善人民生活,增加国家和企业的积累,能够使国民经济各部门协调发展,整个国民经济有最高的发展速度和最好的经济效果。当前在工业内部优先发展轻工业,就是建立这种合理的经济结构所必要的。①

轻工业的蓬勃发展带来的必然是社会中商品数量的提升,人们的消费空间在此时已经被初步打开了。

上述社会条件的转变,逐渐改变了人们对废品价值的看法,也不会像过去一样"新三年,旧三年,缝缝补补又三年"使用衣服,人们丢弃废品的速度急剧增加,物的丰裕作为一种重要的社会条件,在一定程度上已经开始影响人们对于废品价值的认知。

3. 思想冲击与消费文化②的萌芽

随着改革开放程度的不断加深,其触角也开始深入社会生活中的其他领域。如此巨大的社会进步,也必然会造成对社会的冲击(郑杭生,2008)。在改革开放30年时间,产生了一系列与消费文化相关的新事物。各种新的消费市场如雨后春笋般崛起(如大排档、地摊经济等),新的文化娱乐活动如爱情电影、流行音乐逐渐映入年轻人的眼帘。随着纺织品供应限制的结束,各类具有新潮款式的

---

① 摘自《人民日报》,《把发展轻工业放在优先地位》,作者:周叔莲、吴敬琏。1979年8月31日第3版。

② 笔者在这里区分消费文化(consumer culture)与消费主义(consumerism),在中文语境中,后者普遍带有一定的贬义色彩。消费文化可以被认为是一种与消费生活、消费方式相关的文化(亶海鹏,2018);而消费主义在很大程度上被认为是一种浪费的、堕落的行为。笔者认为在20世纪改革开放后的一段时间,中国社会还尚未进入到消费主义的阶段。

衣服进入了市场,满足了年轻人爱美的需求。收录音机、VCD、MP3等全新电子设备的出现则进一步加速了上述流行文化的传播过程。

消费文化的传播首先出现于中国东部沿海地区的大城市年轻人群体,随后才逐渐传播入乡村地区。同样的,由此造成的对于废品观念的改变也是一个渐进的过程。实际上,改革开放初期的农村地区许多人都将城市丢弃的大量废品视作一项发家致富的产业:

> 据载:山东省济南市郊区有个有名的困难户。1983年7月,经村里联系,让他负责清理黄台电厂及周围工厂的垃圾。三年时间,他从垃圾中拣出废钢铁200余吨,纯收入12 000元,最近盖起了一座面积为160平方米的二层楼,被称为"垃圾里拣出来的楼房",它的主人则被称为"垃圾万元户"。他在这条"致富之路"上乐此不疲。今年头两个月,又拣出废钢铁33吨,比去年同期增加20%。①

笔者在2019年时进行关于在上海市活动的废品回收者的调查中也发现了类似的现象。大部分在上海从事废品回收行业的拾荒者都是来沪至少十余年乃至二十年的外来务工人员,他们大都家住长三角地区的农村中,由于在农村中经济困难而选择进入城市谋生。但是由于技能的原因,大部分的人最后难以找到一个适当的行业工作,因此进入了废品回收的行业(访谈记录20190714)。其中的很多人都坚持了下来,并长期从事废品回收行业,有的人甚至依赖废品回收建成了自己的大型废品回收站。可见最早一批进入城市的外来务工者大多还将废品视为具有价值的物品。这一情况的转变,直到第二代更加年轻的外来务工者进入城市接触消费文化,才逐渐对农村地区产生影响。

概而言之,这一时期的废品价值观念在两个层面上都发生了较大的变化。在国家层面上随着改革开放的推进,国外先进的废品处理理念和方法,以及废品处理对于经济发展的重要性,都得到重视。社会经济飞速发展,人民的生活水平迅速提高,逐渐脱离了物资匮乏的生活状况,有能力追求更高质量的生活,消费文化趁势影响人们,所以此时废品的价值有所下降。但是这一下降的产生不是在短期内迅速产生的,而是一个逐渐演变的过程,首先是在城市中出现,之后随

---

① 摘自《人民日报》,《"垃圾万元户"的喜与忧》,作者:李禹兴。1987年6月22日第1版。

着年轻一代农民工的进城才逐渐开始影响农村地区。废品价值的构建方式出现了全新的手段,在社会层面上随着科学技术水平的提升,物质资源的极大丰富,消费文化逐渐向消费主义的方向演进,使废品价值在社会的认知上进一步降低。

五、国家与社会话语下的文化现代性

(一) 技术进步与文化再挖掘——国家层面废品价值的提升

1. 新技术下废品价值的提升

技术的进步首先在于对垃圾更加细致的处理层面上。在我国垃圾处理史的很长一段时间中,我们都无法对垃圾进行细致的处理。在早期我们主要通过大规模掩埋垃圾使其自行分解于土壤之中,但是随着现代化的快速发展,垃圾的生产量已经远远超出了已有的填埋能力,造成了垃圾围城现象。利用火力对垃圾进行处理,通过大规模的焚烧,从而有效地解决垃圾问题,但是这造成了严重的环境污染(张劼颖,2019)。以上的两种方式,虽然在短期内能够有效应对垃圾问题,但都出现了相应的弊端,更加糟糕的是这两种处理方式对于垃圾的处理都比较粗暴,都是将各种类型的垃圾堆积在一起然后集中填埋或者焚烧,这造成了极大的资源浪费。根据近些年来针对垃圾价值所作出的估计,如果所有的垃圾能够得到合理的处置,那么能够产生的收益可达7 550.7亿元人民币①。因此,采取一种更为科学和细致的垃圾处理模式对于政府来说是十分重要的。

在垃圾分类的运作过程中,我国的垃圾处理手段呈现出了明显的技术化趋向,这种技术化主要体现在两个方面。一方面是对于垃圾的分类管理技术的精细化,主要由四个环节组成:首先是垃圾的投放,在投放过程中要求居民将垃圾按类分为干垃圾、湿垃圾、可回收物和有害垃圾。之后会由专业的回收车(针对不同垃圾有不同的回收车)分别转运到各个处理机构进行加工,并按照垃圾的特性进行再利用。另一方面则涉及废品利用可能性的拓展,更加关注于利用技术手段再次发掘废品的价值,例如对垃圾进行发酵以作为农业生产中的肥料或者将塑料制品加工后形成新的塑料制品,从而更大限度地利用垃圾的价值。

---

① 摘自《中国再生资源回收行业发展报告2018》。

由以上叙述可见,废品在处理技术的帮助下逐渐由"被隔离的无用之物"转变为了具有价值,并且受到重视的"宝物"。其核心在于随着废品处理技术的不断升级,国家对废品的开发能力不断提高,使废品的价值在国家层面达到了极高的水平。

2. 传统文化的再发掘与废品价值的提升

国家在技术现代化的道路上对垃圾治理取得了良好的成绩,但是仍存在垃圾管理的问题。正如有的学者指出,在任何一种社会治理的过程中不能只依赖于机制阐释和制度创新,而要关注中国本土中的文化道德,从而为正式制度提供文化依据,才能真正解决治理中的问题(王处辉、朱炎龙,2021)。在垃圾分类的实地操作中可以经常发现,即使许多社区安装了完备的分类收集设施,并运用各类全新的技术手段对居民实施全流程监控,有时仍然会出现随意投放的情况。

在现行的垃圾分类中,如何引起人们对于垃圾分类的关注,还需要对垃圾分类这一行为所具有的价值进行再建构,从而激发起人们的环保意识,从而促进垃圾分类。

一是通过对中国传统中所流行的节俭文化观进行提倡:

> 提倡节俭并非抵制消费,而是强调树立科学理性的消费观念,践行绿色文明的生活方式,更好实现资源的优化配置。节能家电、共享单车、二手物品售卖平台……近年来,以资源节约为特点的创新,顺应了大众消费趋势,为相关行业拓展了市场空间,催生了许多新业态。新形势下,用好勤俭节约这个"传家宝",有助于激发新的经济价值,创造更大的社会效益。①

为了落实垃圾分类,政府也必须重新发掘这一重要的"传家宝",在调研中也发现许多政府人员在谈到居民们在家里储存废品的行为时,都将其称之为"中国人勤俭节约的好习惯,是值得发扬的",这使得人们相信垃圾分类本质上是自身勤俭节约的体现,从而激发人们主动参与垃圾分类的热情。

二是除了对传统精神的再挖掘,政府还尝试利用一套现代性的全新话语对于践行垃圾分类的行为进行再定义,从而激发人们自觉参与垃圾分类的热情:

> 去年11月,习近平总书记在上海考察时,来到了虹口区市民驿站嘉兴

---

① 摘自《人民日报》,《用好节俭传家宝》,作者:荣翌。2020年11月2日,第4版。

路街道第一分站。市民驿站里,来自居委会、企业的几位年轻人正在交流社区推广垃圾分类的做法。习近平总书记强调,垃圾分类工作就是新时尚!垃圾综合处理需要全民参与,上海要把这项工作抓紧抓实办好。①

将垃圾分类视为一种"新时尚"。所谓"时尚",其意指人们对于社会中某一事物的崇尚,是社会中常见的大众行为流行的现象。而现代社会中的时尚则大都由技术的进步,社会阶层的变迁所影响的(周晓虹,1995)。将垃圾分类塑造成一种"新时尚",进而将其与个人的现代性勾连在一起,许多被访者都会强调进行垃圾分类就是素质高,素质高,所以垃圾分类才能做的这么好!由此可以得出,国家不仅在技术方面追求废品处理的现代性,其在文化方面也在追求一种独特的现代性。一方面国家努力挖掘传统文化,尝试将自古以来的"节俭"观念与垃圾分类中所体现的资源回收观念相结合,进而促进人们参与垃圾分类的热情;另一方面,国家则提倡以"时尚"构建一套关于垃圾分类的现代性的话语,使人们做文明的城市人,激发主动参与垃圾分类的自觉性。问题是自上而下的文化建构在面临基层的实际情景时,往往会出现难以下沉的情况,导致其无法有效地影响人们的观念。

(二)文化现代性的追求——废品价值的无用化

1. 消费文化向消费主义的转变

进入21世纪,我们正处于一种由消费文化向消费主义的转变过程中,虽然整个社会呈现出了消费繁荣的情况,但是更多的是一种转移消费,即年轻人拿着父母所积存下来的积蓄来满足自己的消费欲望,而不是通过自身的工作来赚取供给自身消费的金钱。这与笔者在对当代年轻人的访谈中所体现的内容相符合,不少的受访者都认为自身大部分的消费几乎不具有实用目的,更多的是因为追求购买商品时的满足感和愉悦感(访谈记录20210205)。例如有被访者会花费很长的时间使用淘宝 App,在不断的刷新和搜寻的过程中,参与者似乎进入了一场有关商品的"寻宝游戏",这能够使他们忘却时间,忘却生活中的痛苦而带来无穷的愉悦感。同时,大部分的被访者也认为自身更加倾向于个人主义,在生活中更加关注于自生的感受,而忽视其他因素。

---

① 摘自《中国环境报》,《上海引领生活垃圾分类"新时尚"》,记者:蔡新华、徐璐。2019年6月21日。

此外,消费主义也能将各种事物符号化,进而解构"物"所具有的使用价值,例如一个杯子所具有的使用价值可能只有十元,但是将其符号化为某一种文化产品时可能具有其原价十倍的价格。而这种符号的构建随着大众传媒技术传播到整个社会,进而形成一种"独特"的文化价值观。在访谈中发现,许多人购买产品并不是出于自身的意愿和目前的使用所购买的,而是通过一系列平台的分享而认识到产品所具备的特性(访谈记录20210221)。例如:某一种服装穿搭形式,如果被大平台上的著名博主所使用,那么其原本所具备的价值就会迅速提升,并被视为一种真正流行的事物。因此,当代年轻人更加看重物品背后所代表的某一文化所具有的价值,而忽视其本身的实用性。

由此,在消费主义的条件下,废品所具备的价值被进一步降低了。一旦某一事物丧失了其背后的文化价值,就会立刻被当作废品丢弃,由此很难让人们意识到进行回收所具有的意义。此外,人们采取最简单、直接的方式处理废品,也与废品价值与个人生活水平、时间成本有关。

2. 消费主义与文化现代性

除了消费主义本身外,人们对于文化现代性的不断追求也驱使着废品价值在社会层面的降低。贝尔认为所谓的现代性是一个三位一体的系统(贝尔,2018),在经济技术领域方面,其强调一种理性原则,即人们始终尝试用最小的利益来获取最大的收益;在政治领域其强调一种政治平等,所有的民众都必须有资格参与到政治的决策过程中;在文化领域则表现为人们的自我满足和自我实现,而忽略其他利益。

在追求文化现代性的过程中,出于对快速变化的事物的热衷,人们更期望尽快地使用掉自身拥有的物品而购买新的物品,使他们内心对于废品的价值感几乎丧失。在关于废品价值演变的最后一个阶段中,在国家层面,随着国家对技术现代性追求的不断加深,废品价值得以被充分的认识,从而在这一时期极大地提高了国家对废品价值的认知。同时国家也期望能够在文化方面重新挖掘废品所具有的价值,从而能够影响社会对于垃圾分类政策的响应。但是在社会追求文化现代性的过程中,消费主义和文化现代性所带来的碎片化、个体化以及符号化重构了人们对于物的认知。在这样的社会条件下,废品旧物都是缺乏价值的,是无用之物,这最终导致了在社会层面上废品价值的降低。

(三)技术与文化——两种现代性的追求

改革开放以来,社会主义现代化的进程全面启动,推动了我国社会的发展和文化进步。现代性是多元和复杂的,不仅不同的文明之间达成现代性的手段截然不同(方朝晖,2009),在一个社会中的不同社会主体之间,其对于现代性也具有不同的想象。在废品价值演变的考察中,我们可以轻易发现在技术与文化之间存在着两种对于现代性的追求。

就技术现代性的角度而言,在新中国成立初期,由于我国对废品技术的掌握还比较落后,无法有效地发掘废品中所蕴涵的价值,使废品的价值无法得到足够的重视。随着改革开放的进程加快,国外先进的废品处理技术逐渐进入视野,我国开始认识到利用更加先进的技术挖掘废品潜在的价值,并且解决废品围城问题,由此也使废品的价值逐渐受到了重视。随着技术能力的进一步提高以及环保问题在国家政策层面上的重视,废品得以被更加全面的认识。

就文化现代性而言,新中国初期一方面出于生活水平的困窘,人们没有条件浪费旧物,另一方面对于社会意识形态的忠诚,是不可被打破的,由此导致了在社会层面上废品的高价值。进入改革开放之后,社会经济条件发生了较为深刻的变化。随着经济领域的改革逐渐深入到社会思想领域,消费文化的观念逐渐开始影响人们的思想,使人们不再认为对于旧物的保存是高尚的,取而代之的是对于新物的追求,导致了废品价值在这一阶段的下滑。同时,整个社会财富的高速积累也促进了这一情况的产生。随着近年来消费文化逐渐向消费主义的转变。在消费主义的时代下,商品的符号化和人的个体化成了当今的一个重要主题。符号价值使事物一旦丧失了符号价值就会被丢弃,大大加速了物的迭代,使废品的价值降低。而个体化又使人们逐渐抛弃原本所固有的一套理念,而通过自身的努力追寻一种新的观念,在人们追寻新观念抛弃旧观念的过程中,文化现代性本身就是一种具有反叛性质的现代性过程。总之,在社会追求文化现代性的过程之中,人们逐渐放弃了其原本对废品所具有的高价值认定,并随着其发展,把废品视为一种无用之物。

以上的论述可以总结出一种针对废品理念的张力,这种张力就是在追求技术现代性与文化现代性而产生的一种张力,其变化过程导致了其对于废品认知产生的不同变化,并且相互影响,最终塑造了在不同时期内废品所具有的价值,从而造成了废品价值的演变。这种演变,最终反映到了不同代际中的人对于废品所具有的态度,使垃圾分类的执行在不同代际的人群中出现了不同的状况。

六、结论与讨论

垃圾分类政策作为近年来国家在环境治理中投入巨大精力的项目,是我国建设"生态友好型"社会中的一个缩影。尤其是随着环保压力的不断增大以及经济发展方式的转型,国家对环境治理尤其重视(周黎安,2014)。

笔者主要关注了现行垃圾分类政策中存在的问题,选择从文化的角度来认识废品价值在不同时期的演变,从而理解代群间在垃圾分类的具体实践中所表现出来的差异。经过大量的报刊资料梳理以及访谈等工作,研究发现国家不同发展阶段和社会意识形态下,人们对废品所形成的态度有差异,这种差异又进一步影响到了这一时段的代群。

近年来,随着技术治理现代化水平的不断提高,依靠技术手段来解决治理垃圾的问题虽然取得了很大成效,然而在实际生活的体验中可以发现,在许多场合中没有外部监督情况下,人们就难以坚持执行垃圾分类。所以在长期的治理过程中应当意识到文化价值观的引领,重新挖掘中华优秀传统文化,就是要重新塑造人们的精神家园。使人们在行动时不仅是因为外部制度环境的要求,更是出于自身内心的需要从而真心配合解决现有的各种社会环境问题。

总之,在日常的社会治理过程中我们不仅要关注直接针对问题的技术治理,还必须加强对于社会整体的道德文化建设。文化建设不到位,缺乏精神文明的技术治理会使政策的执行浪费大量的资源。如果能够从精神文明建设上解决,将会更加持续、有效。

最后,笔者认为任何一种治理技术必然需要其对应的精神根基,才能使一项政策长久有效地执行下去。如何在技术建设中达成技术与精神建设的同步,将是我们要长期思考的一个重要问题。

参考文献:

[1] 陈绍军,李如春,马永斌.意愿与行为的悖离:城市居民生活垃圾分类机制研究[J].中国人口(资源与环境),2015,25(9):168-176.

[2] 丁京.城市社区垃圾分类的现实困境及其突破路径——以合肥市F社区为例[J].西安石油大学学报(社会科学版),2020,29(3):36-44.

[3] 杜瑾.上海城市居民生活垃圾分类的协同治理机制研究[D].上海师范大学,2020.

[4] (法)涂尔干.职业伦理与公民道德[M].渠敬东,译.北京:商务印书馆,2017.

[5] 樊博,朱宇轩,冯冰娜.城市居民垃圾源头分类行为的探索性分析——从态度到行为的研究[J].行政论坛,2018,25(6):123-129.

[6] 方朝晖.多元现代性研究及其意义[J].马克思主义与现实,2009(5):124-131.

[7] 高明,吴雨瑶.政府购买公共服务模式在城市生活垃圾分类中的应用探究[J].江南大学学报(人文社会科学版),2020,19(3):40-46.

[8] 宫成秀.上海社区生活垃圾分类处理中的"两社联动"模式研究——以徐汇区M社区为例[D].上海师范大学,2020.

[9] 扈海鹂.消费文化:文化现代性与消费主义[M].北京:中国社会科学出版社,2018.

[10] 贾哲敏,傅柳莺.政务新媒体政策传播的现状、特征及发展趋势——以"上海垃圾分类政策"为例[J].北京航空航天大学学报(社会科学版),2020,33(3):72-78.

[11] 卡尔·曼海姆.卡尔·曼海姆精粹[M].徐彬,译.南京:南京大学出版社,2002.

[12] 林进龙,赵锐福.中国垃圾革命的理论意蕴与实践路径[J].中国环境管理干部学院学报,2020,30(3):64-67.

[13] 林默彪.社会转型与转型社会的基本特征[J].社会主义研究,2004(6):134-135.

[14] 陆锦玲,王晨阳.生活垃圾分类中的社区动员与居民参与——以A市垃圾分类小区为例[J].农村经济与科技,2020,31(10):10-11.

[15] (美)贝尔.后工业社会的来临:对社会预测的一项探索[M].高锋,译.南昌:江西人民出版社,2018.

[16] 乔同舟.被政治化的情感:政治传播中的情感话语[J].理论与现代化,2016(6):84-89.

[17] 舒瑜.卡里斯玛的流动与物的神圣化过程——以云南新华村制作的六字真言手镯为例[J].云南民族大学学报(哲学社会科学版),2014(3):28-35.

[18] 谭秋亚,蒋雪梅,陈思陆,王倩.我国城市生活垃圾分类经济效益研究——以北京、上海、广州为例[J].山西农经,2020(12):67-68.

[19] 王处辉,朱焱龙.中国社会治理的道德基础构建[J].社会学评论,2020(6):19-33.

[20] 吴继金.新中国成立初期的爱国卫生运动[J].档案记忆,2021(1):24-27.

[21] 夏光.环境政策创新:环境政策的经济分析[M].北京:中国环境科学出版社,2011.

[22] 张劼颖.垃圾作为活力之物——物质性视角下的废弃物研究[J].社会学研究,2021,36(2):204-224,230.

[23] 张静,庄颖,王圣智,孙英杰,吴雅静,姜海鹏.生活垃圾分类存在的问题与对策——以青岛市调查为例[J].青岛理工大学学报,2020,41(3):104-109.

[24] 郑杭生.改革开放三十年:社会发展理论和社会转型理论[J].中国社会科学,2009

(2): 10-19, 204.

[25] 周晓虹.时尚现象的社会学研究[J].社会学研究,1995(3): 35-46.

[26] 周雪光.运动型治理机制: 中国国家治理的制度逻辑再思考[J].开放时代,2012(9): 105-125.

[27] CROCIATA A, AGOVINO M, SACCO P L. Recycling waste: Does culture matter?[J]. Behavioral and Experimental Economics, 2015(55): 40-47.

[28] GROOT J I. M D, STEG L. Relationships between value orientations, self-determined motivational types and pro-environmental behavioural intentions[J]. Environmental Psychology, 2010, 30(4): 368-378.

 点评

本文全面研究垃圾分类的推行问题,选题有实用性。文中经由技术-文化的角度分析不同代群的行为,解释执行垃圾分类情况的群体差异,进而指出,对待废品态度的变化背后,体现了国家所追求的技术现代性与社会所追求的文化现代性两者之间的张力。进而提出解决这一问题的有效途径:加强对于社会整体的道德文化建设。论文观点鲜明,论据充分,论证有力,做到了宏观、微观密切结合,所得结果有可信性。

农地产权制度变迁下农地金融发展及趋势研究[①]

李汉瑾[*]

摘要：农地金融作为农村金融体系的重要部分，在破解农村融资难、盘活土地资源、实现规模化经营等方面有不可替代作用。我国农地金融演进历程实质是农地由资源逐步资产化再逐渐资本化的过程，其间农地价值不断被挖掘，农地配置效率不断提升。农地金融的发展是政府主导和民间探索相结合的演进历程，从属于国家金融体制改革，并向着市场化方向发展。其演进逻辑遵循"否定之否定"规律，由内生到外生再回归到新内生发展。未来应以试点经验带动全局发展，在原有金融机构基础上设立"农地金融事业部"，为建立的独立正规农地金融机构做准备。同时应注重社会保障体系与专业农地价值评估机构的建构与培育。

关键词：土地产权；农地金融；内生发展；乡村振兴

一、引言

金融发展与经济增长密切相关（武志，2010）。当前，我国正处于两个百年目标历史交汇的关键节点，解决好"三农"问题，推进乡村振兴战略与实现农业农村现代化都离不开金融的支持。农村金融对中国农村经济发展存在显著正向影响，已经成为中国农村经济发展的核心推动力（丁志国等，2016）。然而，因农业具有天然的弱质性且农民缺少有效抵押物等原因，金融机构放贷意愿低，农村

[①] 原题《中国共产党领导下农地金融发展研究》，载《财政科学》2022年第3期，收入本书时略有修改。

[*] 李汉瑾，男，山东理工大学经济学院2020级硕士研究生。

金融供需失衡（祝国平、郭连强，2018）。同时乡村振兴在资金投入上面临着三个突出矛盾：银行资金富余但金融工具不足、政府积极推动但财政资金有限、工商资本充足但投资渠道单一（蒋远胜、徐光顺，2019）。既有的农村金融体系无法完全满足农业农村发展的资金需求，农村经济发展备受制约，"三农"问题无法破局。

为解决这一困境，有必要依靠农村的土地优势，通过土地制度改革完善，实现农地与金融融合发展来促进资金有效供给。农地金融是农地经营者以其拥有的土地产权作为担保发生的资金融通行为的总称（高圣平，2014），是农村土地制度与农村金融制度二者创新结合的产物（周小全，2012）。农地金融一切表现形式的核心和基础是农地抵押，故笔者研究围绕农地经营权抵押贷款研究农地金融①。农地金融已经成为我国农村金融服务体系的重要组成部分，在支持农地流转，增加农民收入，实现农地规模经营方面越来越发挥着不可替代的作用（阮小莉、杨恩，2011）。并成了破解农民贷款融资难、农村金融发展滞后的新窗口，应重视农地金融在整个农村金融体系中的作用，以农地金融盘活土地资源，满足农民融资需求，实现农户与金融机构双方共赢，进而推进农业农村现代化，推进全面乡村振兴。

目前我国农地金融制度还未正式确立，农地金融发展相对滞后，一定程度上制约了农村生产力的发展（梁静雅等，2012）。自农地"三权分置"改革后，农地"经营权"被允许用来抵押贷款，实现了农地与金融融合发展的重大突破。2018年《中华人民共和国土地承包法》及2020年《中华人民共和国民法典》物权的实施为农地金融发展扫除了法律障碍。笔者研究立足新时代背景，通过对中国共产党成立百年来农地金融发展历程的系统梳理，探寻发展规律及演进逻辑，为乡村振兴战略下农地金融将来的发展方向和策略提出合理建议。

二、1921—1952年：农民土地所有制的确立与非正规农地金融的发展

中国共产党成立后，对中国面临的贫困问题进行了艰难探索，首先将农民从旧的生产关系中解放出来，成功实现了"耕地农有""耕者有其田"的目标。农民

---

① 本研究中农地金融仅以土地承包经营权作为论述对象，不涉及农地所有权问题，也不涉及宅基地建设使用权与集体建设用地使用权。农地指承包耕地，农地金融则是农村土地金融的简称。

分到土地后,生产积极性大幅提高,显著促进了农业生产力增长。但长期落后的生产方式加之连年战乱,严重降低了农民抵御外部风险能力。此时,中共中央成立了一些金融机构,但此阶段的金融机构主要职责是统一国家财政,优先保证中共军事力量的粮食供应,稳固根据地政权,对农民从事农业生产的支持有限,农民生产资料不足且落后的局面尚未改变。而且当遇到天灾人祸等不可抗力因素时,一些农民为了生存不得不将土地田产拿去典当或者抵押,以获得粮食等维系生活,进一步破坏了农业生产力。

土地抵押与土地典当是当时农民融通资金的两种重要方式。土地抵押是指借贷双方签订契约,抵押人取得款物后,如果能够按约清偿本息,抵押契约自动废除,若抵押人无法按期清偿本息,抵押的土地自动归抵押权人处置。土地典当则是出典人与承典人之间签订当票,出典人取得款物后至清偿债务前,承典人对其抵押的土地田产,拥有暂时经营权,可以进行耕种、出租或转典。土地典当只有在期满后才能赎回,其间的土地收益作为利息,出典人只需归还出典价。除土地抵押与典当外,少数地区还出现农民因无力经营出租土地,地主富农等为了扩大生产承租土地的土地租赁现象。

上述三种以土地为抵押物的资金借贷行为是这一时期农地金融的主要形态。它的产生源于土地私有制,并且是农民自发形成的与民间金融机构产生的借贷行为,并不是中国共产党支持正规融资方式,具有自发性、狭隘性、非正式性特点。因当时的社会环境及政治形势所迫,中共中央对土地流转行为做出了一定限制。究其原因有两点:一是封建土地制度已经存续了两千年之久,中国共产党通过领导革命斗争带领农民走出泥沼,农民拥有了自己土地,党中央担心封建势力会卷土重来。二是认为土地流转会对恢复农业生产,保障革命事业的粮食供应造成阻碍,若发生高利贷剥削等纠纷,不利于革命的推进,更不利于社会稳定。

以历史的眼光看,农民土地所有制的确立解决了农民最迫切的土地要求,在提高农民生产积极性的同时,也为农地的自由流转创造了条件。这一时期农村土地的自由流转产生了两方面的影响。其一,在战乱频仍,金融缺位的环境下,农地的自由流转一定程度上满足了部分农民的资金需求,同时也为农民投身革命战争解决了后顾之忧。农民通过土地产权的交易表达了对多元融资途径的渴求,这一时期的农地金融发展以非正规金融为主,虽然规模较小,但为恢复农业生产,改善农民生计提供了更多可能。其二,农民土地所有制下的土地流转,特别是土地的买卖,容易造成土地的重新集中,进而产生新兴地主阶级,蚕食革命成果。而且依托于土地抵押和土地典当的农地融资行为并不符合社会主义经济体制的要求,为此中共中央开始探索农地集体所有制下以集体地权进行抵押融资的农地金融。

三、1953—1977年：农地经济属性消失,农地金融发展出现真空期

农民土地所有制的确立以及农地的自由流转使农民获得了生产资料,激发了农民的生产积极性,但是存续千年之久的小农经济有着其明显弊端,自给自足、分散经营、自身脆弱等特点注定无法为社会主义工业化建设提供充足的原始资本积累。同时,中共中央认为农村土地的自由流转如果不加以规制会致使农村资本主义壮大,土地集中在富农手中,并进一步导致贫富两极分化。于是党中央决定走农业合作化道路,探索农村土地集体所有制。

1953年,中共中央颁布《关于农业生产互助合作的决议》,互助组与初级合作社开始兴起。在初级合作社时期,农民仍享有土地上的权利,但主要是通过土地入股分红的方式实现,入股与退股自由,退股时即可带走入社的土地,合作社实行统一生产、统一经营,并进行按劳和按股份分配(侯银萍,2013)。此时土地仍归农民所有,但土地所有权与经营权发生分离,经营权归合作社所有。1955年,在毛泽东同志《关于农业合作化问题》的指示下,初级合作社开始向高级农业生产合作社转变。高级社将农民土地无偿划给集体所有,地面附着的生产资料也归集体所有,农村土地所有制性质由农民土地所有制向集体土地所有制转变(公茂刚、辛青华,2019)。1958年,人民公社运动的开展进一步明确了农村土地所有权归集体所有,同时农民集体对土地拥有经营权,农民个人无自主经营权,更没有对土地自由处置、让渡的权利。集体所有、集体经营、按工分平均分配的经济制度起初发挥了集体经济集中有限的生产力扩大农业、满足人民基本食物需求的优势。但随着生产力的发展,平均主义的分配制度严重制约了农民生产的积极性,阻碍了农业发展。

农地集体所有制确立后,农地流转被严格禁止,农民借贷时也不允许使用土地抵押,农地金融发展停滞不前。与此同时,在社会主义计划经济体制下,农村金融机构仅作为国家财政资金分配和向工业化建设"输血"的政策工具而存在,其针对农业生产的贷款额度和贷款业务很少,未能发挥为农业生产融资的应有

作用(邱学成等,2011)。1951 至 1965 年间,中国农业银行经历了三次设立与三次撤销。农业银行"三立三撤"表明国家意志在农村金融机构发展中具有决定性作用,农村金融机构的发展服务于当下国家制定的重大政治经济决策,对金融机构的长远发展缺乏战略规划。为农业与农村的发展融通资金本应是农村金融机构的使命,但反复设立并撤销扰乱了正常的金融秩序,无法提供中长期贷款,且受到高度集中的经济管理体制的制约,对农业发展的支持作用有限。

1949 年初期,落后的生产方式及恶劣的生产环境严重阻碍了经济发展。为了恢复生产,实现规模化经营,进而为工业化建设提供资本支持,党中央开展了一系列合作化运动。从互助组到初级合作社再到高级合作社,以及后来的人民公社,一定程度上克服了个体劳作的缺陷,提高了农业产量,支持了我国工业化建设。我国的农村土地产权制度也随着合作化运动的开展完成了农民土地所有制向农地集体所有制的转变,由于农村土地的所有权、经营权发生了转移,农地的经济属性丧失,不再具备资产和资本属性,实施农地金融的前提不复存在。同时,金融机构的资金融通功能缺失,中国农业银行短期内"三立三撤"具有强烈的国家意志,缺少实施中长期农业贷款的条件。尽管中国人民银行与农村信用社的业务开展也围绕投资农业生产展开,但 1953 年至 1977 年间,我国农业贷款总额占金融机构贷款总额比重长期不足 10%,贷款额度较少(见图 1)。同时,非正规金融也受到了严格的限制,农地金融几乎空白。

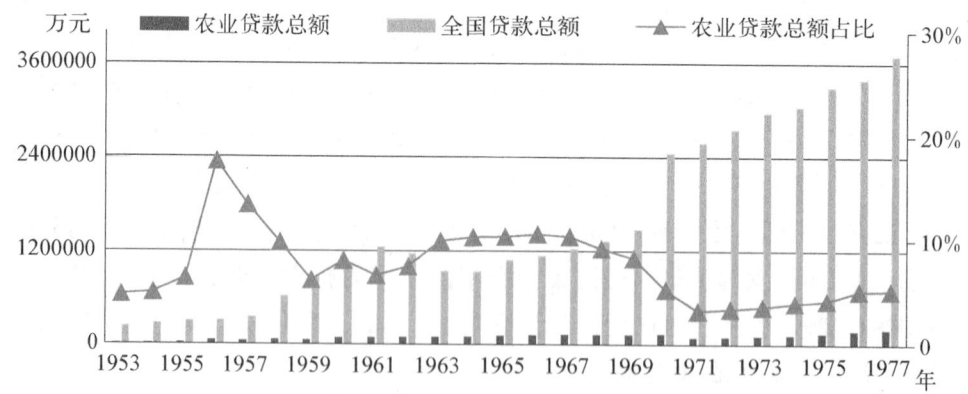

图 1　1953—1977 年部分省市农业贷款明细①

———————————
①　数据来源:《新中国六十年统计资料汇编》。注:因 1949 年初期部分统计数据缺失,本表统计省市划分依据为国家统计局经济区域划分,分别选取东部地区:上海市、福建省;中部地区:江西省、山西省;西部地区:广西省、甘肃省;东北地区:辽宁省。

四、1978—2012年：农地流转限制松动，农地金融模式多样化

农地集体所有制平均分配的特点以及农地产权的缺失严重挫伤了农民的积极主动性，原有的农地产权制度与生产力和生产关系严重脱节，制约了农村经济发展。1978年，党的十一届三中全会上提出将工作重心转移到经济建设上来，农村经济体制也发生了巨大变革，以土地所有权与承包经营权"两权分离"为基础的家庭联产承包责任制确立。土地产权的分离为农地金融发展创造了先决条件。与此同时，为向农村经济发展提供资金支持，作为农村经济体制改革的重要内容，我国农村金融体制也进行了改革，健全了正规金融机构职能，放宽了对非正规金融机构的管制。土地产权制度创新与农村金融体制重构为农地金融的发展提供了制度保障与现实基础，这一时期我国农地金融有了突破性发展并呈现出以下特征：

第一，土地流转从限制到开放，为农地金融发展创造了条件。家庭联产承包责任制确立初期，土地流转作为农地金融发展的先决条件依旧不被法律所允许，农地金融无从发展。1987年，中共中央《把农村改革引向深入的通知》中规定"在稳定家庭联产承包责任制的基础上，对转营他业的农民可以将承包地交还集体或转包他人"，该政策首次确定了农地经营权可以流转。1988年《中华人民共和国宪法修正案》指出："土地的使用权可以依照法律的规定转让。"同年，中共中央颁布的《土地管理法》中明确指出国有土地和集体所有土地的使用权可以依法转让。1993年，《中华人民共和国农业法》中规定："承包方在经发包方允许的情况下可以将农业承包合同转让给第三者。"由此可见，农地的经济属性开始回归，已逐步被允许自由流转。1998年，中共中央《关于农业和农村工作若干重大问题的决定》中提出："继续赋予农民30年有保障的土地使用权，农户的承包地使用权可以自愿、有偿流转。"2002年《农村土地承包法》中对承包经营权的取得做了明确规定。2007年实施的《物权法》将土地承包经营权确定为用益物权，"土地承包经营权人依照农村土地承包法的规定，有权将土地承包经营权采取转包、互换、转让等方式流转"。这表明我国农地承包经营制度迈入法律保障阶段。2008年，中共中央《关于推进农村改革发展若干重大问题的决定》中对承包地的所有权性质、用途再一次予以明确，并对流转方式和流转主体进行了规范。土地流转制度的确立为农地金融发展创造了制度基础，农地使用权的自由

流转为农户将农地使用权进行抵押贷款融资增加了合法性保障,提高了农户生产积极性,促进了农地流转与农业规模经济效益的提升。

第二,农地金融发展模式逐渐多样化,由政府主导实施到各地自发试点。1988年我国大陆首家农地金融改革试点机构——湄潭县土地金融公司在国务院的批准下成立,湄潭县土地金融公司作为非营利性的合作金融机构,提供其他金融机构无法办理的基于土地使用权抵押的中长期贷款,帮助农户进行非耕地资源开发和中低产田改造融资。1995年,江苏南渡镇联盟村出现"土地银行"。村委会与村民达成协议以村为单位建立"土地银行",当外部主体征用农民土地时,由村委会负责与征用主体签订合同,用地主体不需一次性付清,将除青苗费补贴以外的资金供用地主体有偿使用,但必须按年付息,村民小组审核后按出地额发放。土地银行是将农地使用权作为抵押物在资本市场上进行资金融通的机构,具有官方背景,较好地提高了土地流转效率。2005年,重庆江津地区的农民以自己的农地经营权和地上附着物入股,成立了重庆仁伟果业有限责任公司,仁伟公司用其股权向银行抵押贷款,用于集中组织生产,水果统一采摘后核算盈亏,并按股权分配利润。这种将农地经营权折资入股整合后向银行贷款的模式克服了分散经营的弊端,促进了农业的规模化发展,实现了公司与农户双赢。2006年,宁夏平罗县开展了以农地信用合作社为主要模式的农地金融活动。由于转业、外出务工或者劳动能力丧失而无法耕作土地的农民可以将土地存入农地信用合作社,合作社经统一整合后,流转给满足条件的农户或农业企业耕种经营。农地信用合作社实现了农地经营承包权的流转,盘活了农地资源。农地金融多种模式的出现解决了农业生产经营主体融资难与农地资源闲置浪费等问题,实现了农民收入与农业经济双增长。

第三,农业银行等正规金融机构改革,非正规金融准入,农地金融发展更具活力。1979年中国农业银行恢复设立,拉开了农村金融机构改革序幕。在后续几年中,中国农村信用社改革、中国农业发展银行设立、中国邮政储蓄银行的成立标志着我国建立和完善以合作性金融为基础,商业性和政策性金融分工协作的农村金融改革目标逐步完成(孙同、潘忠,2019)。上述金融机构改革明确了各机构的职能与分工,提高了各经营主体贷款融资的效率。与此同时,国家对非正规金融的管制开始松动。中共中央《关于1984年农村工作的通知》中提出:"允许农民和集体的资金自由地或有组织地流动,不受地域限制。"(李茜、谷洪波,2010)。1985年,中央一号文件中指出"适当发展民间信用"。1994—2003

年,我国进一步加强了对民间融资行为的规范,民间融资成为农村重要的资金融通渠道。2005—2012年,连续八年的中央一号文件中均对农村金融发展作出了重要指示,主要为:建立多种所有制的农村金融组织,支持对金融机构的准入监管进行试点,探索发展小额信贷组织,鼓励发展各类新型金融组织。非正规金融作为农村金融市场的必要补充,增加了农户贷款融资的可获得率,促进了农村经济发展。农村金融市场的多元化发展使农业经营主体获取融资的渠道有了更多选择,推动了农地金融向竞争有序的市场化方向发展。

1949年初期实行的计划经济体制限制了农村金融机构应有的作用功能,农业生产缺乏有效资金支持,农村经济发展面临资金约束,农民生活也得不到保障。农民贷款需求缺口持续扩大致其无法通过融资扩大生产及改善生活(见图2)。为解决这一问题,党中央在市场化经济体制改革的目标下,探索实施了家庭联产承包责任制、土地流转制度,并同时进行了农村金融体系市场化改革。这一阶段农地金融的发展与之前相比有着明显的突破。首先,从土地产权制度方面来看,土地所有权、承包经营权分离与农地流转的合规化奠定了农地金融的实施基础,农地在依法进入市场并参与流转后实现了其经济价值,其本质就是将农地经营权作为可抵押的金融资产进行资金融通。其次,从金融机构改革方面看,以正规金融机构为主导、以农村信用合作社为核心,其他农村金融机构为补

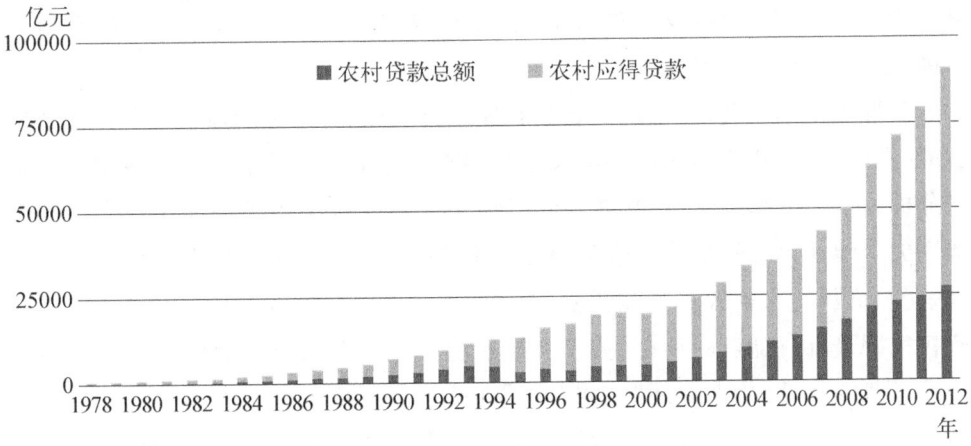

图2 1978—2012年农村贷款需求①

---

① 注:农村应得贷款是农村经济占国民经济的比值乘以金融机构贷款总额计算所得。数据来源:根据《中国统计年鉴2013》与《中国金融年鉴2013》编制。

充的农村金融体系为农地金融的发展提供了有力支撑(彭艺,2010),农村金融机构改革增加了农民的贷款可获得性。最后,"多予不取"的国家财政支农政策对农地金融的发展提供了充分保障,国家财政资金持续向"三农"倾斜。这一时期农地金融的突破式发展是由农地产权制度改革、农村金融机构改革、财政支农政策支持等因素耦合作用的结果,土地银行、土地入股、土地证券化、农地信用合作社等多种农地金融模式的出现创新了农地金融发展方式,其中一些成功范式至今运行良好,为我国农地金融的发展提供了许多有益探索。

五、2013年至今:农地社会保障功能与经济功能分离,农地金融发展障碍消失

长期来看,以土地所有权与土地承包经营权分离为特点的家庭联产承包责任制有着其固有的弊端。以家庭为单位进行生产会使土地碎片化,注定无法产生规模经济效益,而且由于农民务农收入低,纷纷转业或进城务工导致大量土地被闲置,造成了土地资源浪费。为改变这一状况,我国对土地产权的流转形式加强了了探索。土地承包经营权的可流转为经营主体进行资金融通提供了抵押物,但需要指出的是,这一时期的土地产权的流转,转让的只是土地的经营权,承包权仍在原承包人手中。不完整土地产权的流转容易发生经济纠纷,银行等金融机构为避免不良贷款发生也对承包人经营权的"转让""抵押"行为持有审慎态度,农地金融发展受到阻碍。

为推进土地流转,促使现代农业规模经营,以及进一步增强土地产权的融资功能,党中央于2013年开始探索农地"三权分置"改革,将原来的土地承包经营权分拆为承包权和经营权,并在当年的中央一号文件中提出用5年左右时间基本完成土地承包经营权确权登记颁证工作(韩长赋,2019)。2014年,中共中央《关于全面深化农村改革加快推进农业现代化的若干意见》中提出赋予承包经营权抵押、担保权能,同年在《关于引导农村土地经营权有序流转发展农业适度规模经营的意见》中对农地"三权分置"工作进行了部署。2016年,中办、国办发布了《关于完善农村土地所有权承包权经营权分置办法的意见》,对农地"三权分置"实施作出了全面、科学、系统的安排。这标志着我国农地"三权分置"改革正式全面展开。2018年,新修正的《中华人民共和国农村土地承包法》以法律法规的形式明确了土地所有权、承包权、经营权三者之间的权属关系,我国农地

"三权分置"改革进入法制化阶段(林一民等,2020)。2020 年,《民法典(物权编)》第 377~379 条中对土地承包权及经营权的界定做了进一步阐述,农地"三权分置"改革进一步深化。农地"三权分置"改革的不断深化极大地提高了我国农地流转率,截至 2019 年末,我国家庭耕地土地流转面积达到 55 498.04 万亩,相较于 2005 年的 5 467.38 万亩增长了 1 015%(见图 3)。从试点探索到政策提出,再到写入法律,承包农户、新型经营主体间的承包与经营权利关系逐渐厘清,有效地避免和化解了土地流转中产生的纠纷,增强了供需双方的资金融通意愿,促进了农地金融发展。

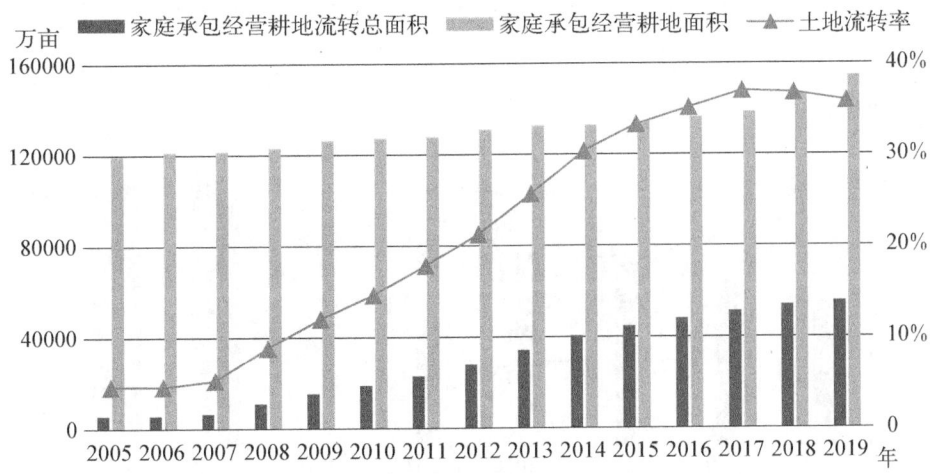

图 3　2005—2019 年全国家庭承包耕地流转情况①

农地"三权分置"改革持续深化期间,我国农村金融体系也经历了新一轮调整优化。2013 年,中央一号文件提出农村金融的职能目标为支农,同时探索各金融机构支农新模式。2014 年,中国邮政储蓄银行拓展农村金融业务,其他各类金融机构也进行了业务改进。2015 年,为提供精准化服务,中国农业银行扩大了三农金融事业部改革试点范围。2016 年,中国邮政储蓄银行三农金融事业部成立。2017 年,为提供专精化三农金融服务,国家开始推动完善农村金融立法。2018 年以来,乡村振兴战略的事实对我国农村金融机构提出了更高要求,为此,加大了农业银行与邮政储蓄银行对乡村振兴的支持力度,进一步明晰了国

---

① 数据来源:《全国农村经济情况统计资料》《2019 年中国农村政策与改革统计年鉴》,其中 2018 年家庭承包经营耕地面积因未公布,采用插补法补全。

家开发银行和农业发展银行的职责定位。同时加强了农村普惠金融建设,并要求2019年实现普惠性涉农贷款增速整体上高于其他各项贷款平均增速,支持发放中长期贷款。2020年与2021年中央一号文件中均对支持农村小额贷款业务做出了指示,不断下沉村镇银行服务范围,推进普惠金融试点。我国农村金融体系优化改革促使农村金融机构职能更加清晰,农村金融产品更加丰富多样,农村金融市场更加多元开放,农村金融体系更加健全完备。这一时期我国农村贷款余额不断增长,从2013年的17.30万亿元,增长到了2020年的32.27万亿元,同比增长11.89%,较2013年增长86.53%(见图4)。虽然我国农村贷款余额不断增长,但其增速整体呈先下降后上升的趋势,表明政策效果愈发稳定。

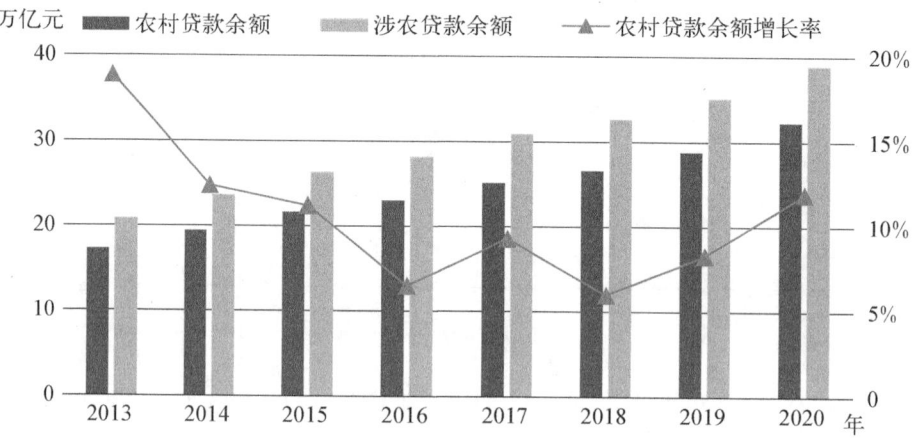

图4 2013—2020年全国涉农贷款余额与农村贷款余额及其同比增长①

农地流转法律障碍的消除与农村金融机构的持续优化为我国农地金融发展提供了良好的外部环境,各地持续深化探索多种模式的农地金融发展。2019年,海南农垦在上交所发行全国首单以国有土地租金收益权为基础的资产支持证券产品,以其每年对海胶集团承包的258.29万亩土地收取的租金为基础资产发行证券,募集资金主要用于耕地开垦,畜牧禽类产业建设②,土地证券化突破了农地流转空间限制,提高了农地流转效率。2020年,甘肃省临泽县大鸭、张湾等村建立村土地托管服务中心,集中土地、招标流转。2021年,临泽县昭武村"土地银行"成立,农民将闲置土地存入土地银行,每年获得相应利息,统一流转

---

① 数据来源:《中国农村金融服务报告》,中国政府网。
② 参见新华社,https://baijiahao.baidu.com/s?id=1649442840119463049&wfr=spider&for=pc。

给种植意愿强烈的经营主体;同年浙江省金华市桃溪镇章岸村成立桃溪镇农业发展有限公司,村民将零散、闲置的农地集中存入到镇农业发展有限公司,再通过引资、招标后放批土地,集中经营,盈利后按存地份额分红。截至2021年6月,全县10余个村集体已流转土地2 000余亩,招商引资平台已招商15个专业农业经营主体,投入开发资金达1 800万元,同比去年同期增长26.8%[①]。土地信托与土地银行的持续发展实现了农户、村组织、承包经营主体三方共赢,已成为促进农村经济发展的重要力量。

党的十八大以来,我国农业农村迈入新发展阶段的同时也出现了一些亟须解决的问题。农村劳动力外流,农户兼业化、村庄空心化、人口老龄化趋势明显,一方面加重了土地闲置、抛荒现象(丰华,2020),另一方面种粮农户及新型经营主体扩大生产存在资金缺口,农民利益诉求多元。而农地"三权分置"将"承包权"与"经营权"分离,且《中华人民共和国民法典》物权篇规定:"通过招标、拍卖、公开协商等方式承包农村土地,经依法登记取得权属证书的,可以依法采取出租、入股、抵押或者其他方式流转土地经营权。"这样,农地金融允许以农地经营权做抵押物进行资金融通,农地社会保障功能与经济功能相独立,农户在进行抵押贷款时不再有"失地"风险,这为农地金融进一步发展扫清了法律障碍,也为农民解除了后顾之忧。同时,我国农村金融体系改革深化后职责权属更加精确,初步形成了商业性、政策性、合作性金融机构并存的正规金融体系,三类性质金融机构互为补充,共同支持农农地金融的发展。从制度基础到外部环境再到现实需求,农地抵押贷款试点的成功探索标志着我国农地金融已经具备正式实施的基础,并得到迅速全面推广。

六、结论及对策建议

(一) 结论

从农地金融四个发展阶段中可以看出,其演进脉络与社会经济、法律基础、制度改革有着明显关联并存在以下逻辑特征及发展趋势:

第一,农地金融的演进历程实质上是农地资源逐步资产化,再由资产化逐步转变为资本化,以此来创造土地经济价值并增强其流动性的过程。最初,农地只

[①] 参见武义报,http://jrwy.zjol.com.cn/html/2021-06/07/content_9101_13481291.htm。

是作为农户生存、生活的一种资源(物质资料)而存在,农地自然属性占据主导。随着经济发展,农户对农地开发改良使其产生新的使用价值,或者可将土地进行流转交易进而产生预期收益,此时农地被赋予了经济属性,由资源属性转化为兼具了资产属性。农地"三权分置"改革下,农地经营权作为一种用益物权进入市场,农户可以将农地出租、入股、抵押来进行资金融通,农户通过农地流转实现了财产增加,完成了农地由资源和资产向农地资本化的转变。农地的资本化使农地经营权这种用益物权充当金融产品参与到农地金融市场之中,拓宽了融资渠道,为农地金融发展奠定了基础。

第二,从农地金融发展规律来看,我国农地金融发展整体遵循否定之否定规律,经历了由内生发展—外源发展—新内生发展三个阶段的循环式发展路径。从农户以土地自发地向民间金融组织进行资金融通到计划经济体制下整个金融体系被外源型制度安排所限制,再到各地自发探索农地抵押贷款并逐渐发展到"三权分置"下的新内生发展阶段。新内生发展阶段不同于以往的是,它是一种内生为主、外源为辅型农地金融发展模式。其发展并不是完全依靠自我,而是农户通过利用手中的土地资源优势,在"三权分置"制度、金融支持政策的辅助下,明确农地经营权抵押贷款可行性,吸引社会各方面资源在满足市场价值规律下自愿将资金投入到农业和农村经济发展中,以达到资金融通的目的,进而提高农业与农村内生发展动力与能力。外源制度安排的助力能够保障其运行效率,极大地减少了内生型农地金融发展的时间成本。目前我国农地金融发展正处于新内生发展的初始阶段,并向着更加成熟的新内生型农地金融模式演进。

第三,农地金融的发展是自上而下的强制性制度变迁和自下而上的诱致性制度变迁相结合的结果。农地产权制度变迁及农村金融体系的完善为农地金融发展提供了必备条件。从农地产权制度方面来看,农地私有制到农地集体所有制的改革是国家意志主导下,政府直接推进的自上而下的强制性制度变迁;而从集体所有集体经营的体制到家庭联产承包责任制,再到目前的"三权分置"改革,则是国家在人民创造和分批试点的基础上,通过制定相关政策法规推广确立的强制性与诱致性相结合的制度变迁。从农村金融体系来看,农业银行的"三立三撤",农业发展银行的建立及其业务安排,农村信用社改革调整,邮政储蓄银行三农金融事业部改革等,均以政府主导的强制性变迁为主;而土地银行、土地信用合作社、融资租赁等基于土地流转和经营权抵押的民间融资形式则是源于农民的创造并得到了政府的推广,属于自下而上的制度变迁。以国家意志主导的强制性制度变迁直接从农地金融系统外部形成干预,虽然极大地缩短了演进进程,但过度的干预导致资源配置不合理,忽视了金融机构与农户双方的供需意愿,存在一定的金融抑制现象,难以催生农地金融的内生发展;源于农民创造的诱致性制度变迁,虽然具有一定适应性和合理性,但也需要国家政策是法律上的规范和引导。因此两者的结合是符合历史发展规律的正确发展方式。

第四,农地金融发展从属于国家宏观经济体制与战略发展规划,向着市场化方向迈进,整体上由金融抑制逐渐走向金融深化。市场化是政府逐渐放松对金融市场的管控与限制,在尊重市场规律的前提下建立一个以需求为导向、以公平为原则、以效率最大化为目的的农地金融市场,同时这也是金融深化的过程。改革开放前高度集中的计划经济,导致非正规金融一直被打压、遏制,始终处于"非法"状态,加之政府主导的正规金融机构职能错配,农地金融抑制严重,发展艰难。改革开放后,社会主义市场经济体制目标的确立为农村金融改革提供了市场化方向,除对正规金融机构进行精准改革外,各方面政策逐步放开并加大对非正规金融机构的扶持,如农村合作基金会、民间商业信用公司等。农地金融作为农村金融的一部分,受益于农村正规与非正规金融的良性竞争发展,为农户贷款融资提供了更多的主体选择与产品选择,活跃了农村金融市场,促进了农村信贷市场利率的市场改革,向着多元均衡的高质量方向发展。

(二)对策建议

农地金融作为农村金融体系的一部分,在优化土地资源配置、实现生产经营规模化、促进农业农村发展方面有重要作用。而目前我国农地金融还处于探索与创新中,并未形成完整的体系。鉴于此并结合农地金融演进历程来看,实现农地金融进一步发展必须突破传统模式,由点及面,以新思路探索农地金融的顶层设计、多元创新与协同共进路径。

第一,从制度设计出发,注重内外融合,加强政府支持。目前我国农地金融发展正处于第三阶段初期,应继续走内生为主外源为辅发展之路,依托外源型发展优势,加强顶层设计,完善相关制度安排,持续优化农地产权制度改革,进一步改革完善农村金融体系,为农地与金融融合发展提供良好的基础。在内生主导外源辅助的农地金融发展到初具规模后,政府应逐渐"放手"将主导权逐步完全交还给市场,通过制度改革创新实现农村内部自给自足式的新内生型农地金融发展,为最终实现内生型乡村振兴之路做铺垫。

第二,以点带面,加强"经营权"抵押贷款全面推广,同时探索农地金融机构建设试点。从目前国情来看,首先应继续加强"经营权"抵押贷款全面推广,因地制宜,将试点过程中的成功经验与存在问题进行总结,根据试点经验规律不断完善修改政策法律,最终得出"普适标准"再进行全国推广。同时,依托现有的农村金融机构在其基础上设立"农地金融事业部",精准于农地金融业务。综合考虑成本及现实条件,应选取网点广布、贴近农村、从事农业信贷业务经验丰富的农村信用合作社为依托,也遵循上述原则进行试点探索,时机成熟业务全面推广后再考虑独立成"农地银行"。

第三,完善农村社会保障体系与农业保险体系,支持农地专业评估机构发展。土地对农民而言是最后的生活保障,要想充分发挥土地的财产功能,让农民没有后顾之忧,就必须完善农村社会保障体系,建立健全最低生活保障制度、养老保障制度等。同时,农业具有天然的弱质性,一方面"靠天吃饭",另一方面"谷贱伤农",均会产生亏损导致无法归还贷款,金融机构因此会发生坏账。只有构建一个合理的风险补偿机制,才能最大限度地化解农民失去经营权与金融机构坏账风险。农地只有在进行评估计量化后才能得出作为抵押物的价值,为此应建立"权威"的农地价值评估机构,效仿会计事务所模式,实行"土地资产评估师"签字与"农地价值评估机构"签字双重保障,并由两者对其真实性负法律责任。逐步树立专业机构威信,做到农户与机构均认可,激发双方主体参与农地金融的积极性,实现农地金融良性发展。

参考文献:

[1] 丁志国,张洋,覃朝晖.中国农村金融发展的路径选择与政策效果[J].农业经济问题,2016,37(1):68-75.

[2] 丰华.以农地金融盘活农村土地资产[J].学术交流,2020(10):105-113.

[3] 高圣平.农地金融化的法律困境及出路[J].中国社会科学,2014(8):147-166.

[4] 公茂刚,辛青华.新中国农地产权制度变迁研究[J].经济问题,2019(6):11-20.

[5] 韩长赋.中国农村土地制度改革[J].农业经济问题,2019(1):4-16.

[6] 侯银萍.中国土地用益物权制度的经济学研究[D].吉林大学,2013.

[7] 蒋远胜,徐光顺.乡村振兴战略下的中国农村金融改革——制度变迁、现实需求与未来方向[J].西南民族大学学报(人文社科版),2019,40(8):47-56.

[8] 李茜,谷洪波.中国农村非正规金融组织的绩效分析与政策规范[J].经济与管理,2010(1):68-71.

［9］梁静雅,王修华,杨刚.农村金融增量改革实施效果研究[J].农业经济问题,2012(3):22-28.

［10］林一民,林巧文,关旭.我国农地经营权抵押的现实困境与制度创新[J].改革,2020(1):123-132.

［11］彭艺.我国农村金融体系的历史演进与发展[J].农业经济,2010(5):53-54.

［12］邱成学.农村财政与金融[M].南京:东南大学出版社,2011.

［13］阮小莉,杨恩.农村土地的金融制度创新及其角色担当[J].改革,2011(2):69-76.

［14］孙同全,潘忠.新中国农村金融研究70年[J].中国农村观察,2019(6):2-18.

［15］武志.金融发展与经济增长:来自中国的经验分析[J].金融研究,2010(5):58-68.

［16］周小全.统筹城乡发展中的农地金融问题探析[J].金融理论与实践,2012(5):40-43.

［17］祝国平,郭连强.农村金融改革的关键问题、深层原因与战略重点[J].江汉论坛,2018(6):46-54.

 点评

  本文研讨农村金融体系的重要部分——农地金融的发展规律与趋势,着重分析了我国农地金融的演进历程,即农地从资源逐步变成资产化再转到资本化。文中对国内农地金融未来发展提出了对策建议,有一定的参考价值。论文选题有重要意义和实用性,调研较为充分,内容翔实,阐述清晰,结论客观,写作比较规范。

"水土适应"的对位编码：
论《剑桥》的奴隶制历史书写[①]

池慧仪[*]

摘要：卡里尔·菲利普斯的《剑桥》从编纂学和发生学的层面书写了奴隶制历史。研究从殖民病学和丧失与流散切入小说对"水土适应"的再现与重构，并指出菲利普斯以对位编码剖析英国废奴辩论的病学基础。《剑桥》将奴隶制历史作为结构性创伤，暴露叙事的政治局限。

关键词：卡里尔·菲利普斯；剑桥；奴隶制历史；忧郁

英国加勒比裔作家卡里尔·菲利普斯（Caryl Phillips，1958— ）的代表作《剑桥》（*Cambridge*, 1993）重返英国废奴时期，讲述了英国种植园主之女艾米莉·卡特赖特（Emily Cartwright）在加勒比某小岛的见闻与黑人剑桥（Cambridge）的为奴经历。小说的奴隶制书写颇受争议，比如小说看似众声喧哗，实则暴露"新殖民主义"的政治无意识（何卫华，2009）；戈雅（Goyal）则批评作者以跨种族共情消解了历史的复杂性。学者所论允当，却未留意"水土适应"[②]的隐秘母题。"无论黑人还是白人……适应了水土便安全开启热带生活……全然投身生产美洲蔗糖的日常商业"（*Cambridge*, 1993：24）。可以说，关乎"如何在热带地区生存与移居"的水土适应是殖民生产的准入门槛，它指身体适应特定环境，尤其是"酷热地带（Torrid Zone）"[③]所经历的疾病状态。菲利

[①] 原题《"水土适应"的双重内涵：论〈剑桥〉中的奴隶制历史》，载湖南科技大学学报（社会科学版）2022年第4期，收入本书时略有修改。

[*] 池慧仪，女，南京大学外国语学院2021级博士研究生。

[②] "Seasoning"另一种相近的表述为"acclimatization"，后者特指人为地将动植物等有机体引入不同于原生地的环境使其存活并繁殖。"Seasoning"是殖民病学的重要部分，特别关注殖民进程中人体对环境的有机适应。

[③] 酷热地带位于北回归线与南回归线之间。

普斯以加勒比裔身份逆写"水土适应"母题,该话语迫使黑人走上"丧失的航道",写流离失所带来的创伤。

《剑桥》通过水土适应的对位编码,即殖民病学和丧失性的流散,一方面再现水土适应之腐败理论(Putrid theory)、神经理论(Nervous theory)的病学范式与英国废奴辩论、奴隶反殖民实践,从而逆写殖民话语。另一方面以僵尸意象复现奴隶从人到"非人"的丧失,表达跨大西洋忧郁史观。《剑桥》暴露"新奴隶叙事"的当代政治视野,却将奴隶制历史作为结构性创伤,强化了帝国中心的政治局限。

一、自利之辩:腐败理论的变形与挪用

水土适应的母题与英国废奴运动息息相关,小说背景设定在1807年废除奴隶贸易至1833年废除奴隶制的历史时期,其中女主人公艾米莉的政治动向是澄清语境的关键。她原出于人权平等反对奴隶制,后基于种植园见闻转而维护该制度:"仅仅出于感性谈论对这些人的买卖,却未透彻思考普遍的经济事实,这完全是愚蠢行径"(*Cambridge*, 1993: 42)。这里作者暗中抛出了事关"自利经济"和"同情感性"的废奴辩题。废奴运动兴起的一大驱力便是自利趋向和同情美德之间的博弈(Davis, 1999: 46),主张平衡二者以发展高效率又符合道德的国家经济。不过艾米莉对废奴主义和奴隶主义的暧昧态度更暗示读者大胆思考:二者或许并非水火不容而是同气连枝。值得注意,小说对"水土适应"的再现便印证了这种"同气连枝"。

"水土适应"原本描述殖民者适应北美自然环境的过程,经由17、18世纪盛行的腐败理论发展为殖民病学,意味着促成殖民主体改进自身和环境良性的疾病考验。腐败理论可追溯到希波克拉底(Hippocrates)强调气候变化主导体液平衡的"体液说",认为湿热的气候扰乱体液平衡令人体松懈,加速动植物的腐败并产生有害的瘴气和沼泽。《剑桥》以医学话语重现了腐败理论,并通过种植园场景回溯"自利经济"辩题。小说揭示腐败理论为殖民话语的病学基础,并以奴隶的本土挪用进行抵制。热带的高温天气令所有人都体弱且松懈,麦克唐纳医生(Dr. McDonald)将艾米莉初到小岛的身体不适解释为高温引起的水土不服。腐败理论认为欧洲人首先要到山地躲避高温,并绕开滋生腐败和瘴气的沼泽、树林。小说里的种植园大宅便建在山上,而且保持通风、遮阳和清洁,有利于殖民

者远离腐败环境。大宅宽敞的走廊里配备着躺椅、棋盘以及望远镜,便于人们避暑、监工和娱乐(Cambridge,1993:20)。同时需要遵循生活习惯与饮食等方面的健康规约,比如避免阳光直射,早晨九点过后不进行身体锻炼,也不能"饮用椰子水、麦芽酒或苹果酒"(Cambridge,1993:23),过了"第一个雨季"(Cambridge,1993:23)就可以逐步适应当地气候。

除了个体的健康规约,小岛上的种植园系统还依赖以制糖业为轴心的自利经济运行,这说明腐败理论是"自利经济"辩题的基本依据,并且暗示其种族、气候变量分别为奴隶主义者和废奴主义者迥异调用。艾米莉转而为奴隶制背书,以生理适应性论证自利经济必要性的同时,强化种族而非气候的影响。她认为现行分工立足于人种不同的生理特性,黑人更适合热带的劳作环境,黑人适应高温,黑色皮肤能迅速排出多余热量和身体堆积的腐败物质(Seth,2018:276),需要克服凉快而非炎热的气候。奴隶主义者则以此论证黑人的劳作优势,赋予种植园分工生物学的前提。

小说中,自利经济不仅设定种族化适应目标,还要求家长式管理。家长式管理首先承认奴隶也需要适应热带气候,旨在保障他们平安度过水土适应期,一旦"明了在主子的统治下他们过得有多自在"(Cambridge,1993:24),便会为了"改善自身的处境"而付出"恒常、稳定、并且从不间断的努力"(斯密,2012:390)。小说中种植园为奴隶设置专用的小屋进行水土适应,提供医疗服务与空余土地种植作物。这些举措有其历史原型,比如格兰杰(James Grainger)首次规范了黑人的水土适应流程,种植园主应当提供充足的食物和保暖衣物,避免让新来的奴隶进行繁重的劳动,并预留至少一年的水土适应期;1798年英属背风群岛(Leeward islands)更是通过《改善法案》(Slavery Amelioration Act)以优化加勒比殖民地奴隶的生存环境,规定他们享有经济权益和充足的衣物、食品、医疗供给。

尽管腐败理论是"自利经济"论战的病学依据,它也为奴隶挪用,以扰乱种植园经济。"大多数人(奴隶)乐于刺激并保持旧的溃疡,制造新的伤口或使用自制的秘方,想尽办法偷懒"(Cambridge,1993:22)。甚至以叙事虚构疾病,治病用的蓖麻油也被奴隶拿去烹饪。"热带医生大部分时间都浪费在黑人想象出来的怪异病上面"(Cambridge,1993:22),可见,"水土适应"既展现自利经济的病学话语,也成为黑人的生存策略。黑人对殖民医学的价值内化有意利用文化差异,并威胁规范化知识。他们将"水土适应"变形为主动患病的能力,利用殖民医学话语对抗种植园体系,谋取实在的物质利益和闲暇时间。

二、感性之辩:神经理论的焦虑内核

除了腐败理论,神经理论也同样构成英国废奴运动的有机基质。这一运动不仅加速种植园自利经济走向衰微,也例证资产阶级"道德意识的重大转变"(Davis 42)。在英国新教的世俗化进程中,一种相信人内在的善,尤其是同情能力的仁善伦理(Ethic of benevolence)逐渐成型和流传(Davis 46),并以18世纪感伤文学中的"善感之人"(Man of Feeling)为人格化典范。在这种思潮下,废奴主义赋予同情进步目的论,以解放主人与奴隶的人性并修正帝国道德。关于"同情感性"的辩论体现着腐败理论向神经理论的范式更迭,反照大英帝国深刻的内生性危机。而《剑桥》再现神经理论与感性辩论之间的盘根交错与黑人的感性反叙事以反思白人资产阶级道德与殖民危机。

神经理论于18世纪90年代取代腐败理论,成为"水土适应"的主流范式。它关注炎热气候对大脑的病理影响:湿热气候产生的腐败物质造成神经衰弱,加速血液流动导致发热。如果说腐败理论中"水土适应"意味着良性调整,那么,神经理论则以其为病变甚至种族退化过程,围绕"感性"(Sensibility)概念形成种族化病学话语,并介入"同情感性"的废奴辩题。

《剑桥》重访感性辩题,揭示神经理论与废奴辩论的关联,并从感性区隔和节制感性两方面凸显辩论双方对热带殖民地政治、道德失序的焦虑。依据神经理论,奴隶主义者区分感性的种族差异,暴露对身体与道德双重退化的恐惧。而双方的"同情感性"辩论都提出要节制感性,试图建设体现18世纪末的保守政治转向。小说反思废奴运动的政治道德,并以奴隶的感性叙事标记反殖民权力。

感性是"基于大脑和神经的有机感知力",暗示着"敏锐的道德与美学感知","精确的情感与肢体感受"以及"对微妙情感的易感性"(Sant, 1993:1)。个体的神经结构越精细或松弛,感性愈是发达。艾米莉观察到黑人们具有"最为奇异强度"的情感表达,肢体和心智上的感知力使他们对苦役和病痛具有惊人的耐受力,适合在种植园劳作。但是麦克唐纳医师认为黑人极其畏惧疼痛,却又忍受感染导致的截肢疼痛。截然相反的反应体现了神经理论的伪科学叙述。

奴隶主因为易感且脆弱，需要维护健康。一方面他们节制情感，否则会神经衰弱乃至丧命。在加勒比殖民地居留，白人"脆弱的神经"备受考验，因此"应当克制并掌控自己的情绪"（Cambridge，1993：56）。另一方面保持敏锐的道德感知，防止种族退化，滋生懒惰和享乐的陋习。小说重现了这样的堕落情节，面对诱惑，许多英国人感到"无助"（Cambridge，1993：42），布朗先生的朋友便被女奴传染了"雅司病"（yaws）而身心痛苦。

此外，小说还通过艾米莉的节制同情引出"同情感性"的废奴讨论，并勾勒双方对感性一致的节制要求是如何从生理规约上升为政治道德。同情出自利他天性，它意味着"对任何激情的感同身受"（斯密，1993：5）。艾米莉一开始认为黑人有着更为"欢欣"的灵魂（Cambridge，1993：25），期望自己基于实地见闻的演说册子能召唤广大听众和观者对他们受奴役的不平等现状予以同情。然而她随后批判大多数废奴者滥用同情，实际上"对这方水土一无所知"（Cambridge，1993：42）。监工布朗指出，黑人具有很强的韧性和耐受力，并不苦于种植园劳动，相较之下不可避免堕落的白人更值得同情（Cambridge，1993：42）。小说中，剑桥杀害了监工布朗，似乎为了证明黑人皆是"假意奉承，偷鸡摸狗与凶残横暴"（Cambridge，1993：59）之辈，而奴隶主担惊受怕，仿佛"狂风中诞生了一曲苦难的挽歌"（Cambridge，1993：58），哀叹自己成为大英帝国的弃子。废奴者提纯同情的动机和结果，也同样提出节制要求。依据"尊严荣誉以及行为规范的要求"来"克制自己的激情"（斯密，2014：19）。另一方面，剑桥的废奴宣讲便指出，一些英国女士拒绝在茶里添加西印度出产的蔗糖，并以家庭为单位进行道德改造。因此，在小说中更将同情建构为保守的政治道德，避免废奴运动从根本上挑战帝国的统治秩序。

然而，作者植入了黑人感性，在文本层面对抗殖民阐释。他借由奥比巫术（Obeah）构建感性叙事，以证伪种族差异并暗示基于流散医学的革命实践。克莉丝蒂娅娜（Christiania）的种种怪异行径，如抓食泥土，翻拣虱子和放声嚎叫，被归为受巫术蛊毒。然而巫术张扬着黑人独特的敏感性，即联系自然客体与主体的强烈情感。她仿佛幻化成昆虫蛇鼠，以身体语言传达自然界不可名状的自然力量。"奥比巫术"起源于非洲的原始文化，经由殖民活动传至热带殖民地并发展为本土医学和宗教实践。奥比巫师熟识草药和土著秘方，代表着迥异于欧洲文化的流散医学。正如克莉丝蒂娅娜所做的，巫师使用"猫耳、兽足、人的毛发、鱼骨"（Cambridge，1993：38）等物件进行治疗，动用感性唤起对象的奇想与激情。小说结尾暗示克莉丝蒂娅娜突然消失与剑桥的杀人案有关,她可能动用巫术挑拨对方谋反。

三、文本症候:僵尸的忧郁回返

关于"水土适应"母题,《剑桥》不仅重现为殖民病学,还提供了水土适应的对位编码,借僵尸叙事发展为丧失性流散。文本以"僵尸"意象复现丧失,运用其奴役和复仇内涵抵制回溯性哀悼思维并凸显了忧郁的跨大西洋史观。"僵尸"(写做 jumby/zombi/zamby)指"无身体的灵魂"或"无灵魂的身体"(Lauro,2015:36),这一传说起源于 17 世纪的非洲中西部,相信巫师施法让灵魂远渡异乡为奴或者复活死尸以制造奴隶(Lauro,2015:15–16)。如琼·戴安(Joan Dayan)所言,"僵尸的幽灵——失去自由、毫无灵魂的躯壳——是丧失与剥夺的终极能指"(Lauro,2015:37)。该迷思将奴隶制解释为"生理性存活和'社会性死亡'"(Lauro,2015:17)的非人状态,在小说结尾,剑桥被杀后便化为游荡在行凶现场的僵尸,成为历史丧失的具身。

然而,僵尸受奴役的非人状态却有复仇的民族主义指向。19 世纪,僵尸文化作为巫毒教(Vodou)的重要元素直接介入海地的民族独立运动(Lauro,2015:15–16),承载着被殖民者通过革命实现自由的梦想。在 1804 年海地针对法国白人和克里奥尔人的种族灭绝中,屠杀者"让僵尸"(Jean Zombi)就被认为是受巫毒操纵的僵尸(Dayan,1995:36)。《剑桥》也记叙了僵尸生性残忍并耽于复仇,"迫使路人跟随他们,甚至逃离种植园"(Dayan,1995:36),值得注意的是,小说并未延续僵尸复仇的传统,规避了狭隘民族主义。奴隶们相信"死后将回归非洲"(*Cambridge*,1993:32),而剑桥的魂灵却只能在种植园终日彷徨。可以说,民族主义往往以修通为政治目标,隐含着回溯前创伤状态寻求统一、连贯自我的时间逻辑(Craps,2013:31),认为历史丧失可以经由哀悼避免或修通(LaCapra,2014:65)。局限于同质化的自我和集体认同,容易走向"负面的种族主义"(阿赫默德,2014:8)。另外,哀悼预设恢复过去和当下的界限,但创伤构型的过去仍然形塑着当下。菲利普斯曾表示非洲不能治愈,非洲不能让任何人感到完整,非洲不是精神医生。

文本呈现了忧郁症候。剑桥魂灵的显形正是文本作为忧郁主体的复现运作,承载了作者的跨大西洋忧郁史观。僵尸的复现不是线性的回返,而是共时存在。从西非到西印度群岛,僵尸文化的传播轨迹吻合"中间航道",揭示由殖民活动和奴隶革命推动的共时、断裂的现代历史结构。它有别于线性、进步的帝国史观。

正是通过跨大西洋忧郁史观,《剑桥》典型体现了当代黑人奴隶制书写的忧郁特质,也无法避免其政治局限。戈雅将菲利普斯与弗雷德·达吉亚尔(Fred D'Aguiar, 1960—)等作家的奴隶制书写称为"新奴隶叙事",借助鬼魂意象与循环叙事奠定忧郁基调。它不满足于修正历史叙述,而放眼当代种族和民族政治寻求变革,也就是在忧郁历史主义和后种族进步主义之间寻求黑人的新生。《剑桥》正是以一种"非目的和不完全"(Bennington, 2010: 12)的后殖民哀悼打破忧郁历史主义。所谓"正常哀悼"以修通遮蔽复现,陷入追寻前创伤起源的忧郁历史主义。小说中的哀悼止于复现,却未耽于怀旧,而是预见了动荡的种族未来。2000 年奥巴马成为美国首位黑人总统似乎预示着后种族时代到来。但严峻的种族形势说明种族主义早已固化为系统和制度上的日常暴力,似乎印证了《剑桥》中共时、断裂的忧郁史观。

戈雅曾反思"新奴隶叙事"因缺乏强有力的抵抗书写而弱于政治施为力,《剑桥》便暴露了这样的政治局限性。其跨大西洋忧郁史观将奴隶制历史作为结构性创伤,强化人们作为帝国话语的产物,却未探究其主观能动性,不免有消解斗争的妥协之嫌。正如阿赫默德所说寄希望于人们的具体实践而非价值判断要远为艰难(阿赫默德, 2014: 147)。《剑桥》最终展现晦暗的前景,呈现冷峻的现实观照与道德批判。

结语

与其说《剑桥》寻求在奴隶制阴影下的抵抗求存或是意识超越,不如说对殖民历史进行了一番忧郁的清算。尽管感叹直面历史仅是徒劳,菲利普斯仍然拒绝从暴力、记忆和时间中漂移出去,以书写回望殖民病学、奴隶贸易与流散创伤交织下的跨大西洋时空,发挥了艺术家的从历史重负走向政治、伦理质询。奴隶制始终是菲利普斯的核心关切,也奠定其种族写作的忧郁底色,即重返创伤现场的具身姿态。然而 21 世纪愈发尖锐的种族态势下,我们需要重估其思想价值,兼顾伦理观照和政治现实,方能铺设变革进路。

参考文献：

[1] 何卫华.《剑桥》：帝国叙事中的超越与共谋[J].外国文学,2009(2)：64-70,127.

[2] （印度）阿吉兹·阿赫默德.在理论内部：阶级、民族与文学[M].易晖,译.北京：北京大学出版社,2014.

[3] （英）亚当·斯密.道德情操论[M].宋德利,译.南京：译林出版社,2014.

[4] （英）亚当·斯密.国富论[M].章莉,译.南京：译林出版社,2012.

[5] BENNINGTON G. Not Half No End：Militantly Melancholic Essaysin Memory of Jacques Derrida. Edinburgh：Edinburgh UP, 2010.

[6] CRAPS S. Postcolonial Witnessing：Trauma Out of Bounds[M]. London：Palgrave Macmillan, 2013.

[7] DAVIS D B. The Problem of Slavery in the Age of Revolution 1770-1823[M]. New York：Oxford UP, 1999.

[8] DAYAN J. Haiti, History, and the Gods[M]. Berkeley：U of California P, 1995.

[9] LACAPRA D. Writing History, Writing Trauma[M]. Baltimore：Johns Hopkins UP, 2014.

[10] LAURO S J. The Transatlantic Zombie：Slavery, Rebellion, and Living Death[M]. New Brunswick：Rutgers UP, 2015.

[11] PHILLIPS C. Cambridge[M]. New York：Random House, 1993.

[12] SANT A J. Eighteenth-Century Sensibility and the Novel：The Senses in Social Context[M]. New York：Cambridge UP, 1993.

[13] SETH SUMAN. Difference and Disease：Medicine, Race, and the Eighteenth-Century British Empire. New York：Cambridge UP, 2018.

点评

本文分析英国作家卡里尔·菲利普斯的小说《剑桥》所揭示的奴隶制历史，从病理视角切入小说对"水土适应"的再现与重构，指出菲利普斯以对位编码剖析奴隶制历史的病理结构，设想一种跨越阈限并表征忧郁的症候史观，由此昭示其种族书写的忧郁旨归与当代回响。论文观点鲜明，论据充分，结论归纳合理，写作符合学术规范。

WTO《多方临时上诉仲裁安排》法律问题研究[①]

宋 歌[*]

摘要：随着上诉机构的停摆,中国积极应对世贸组织(WTO)争端解决机制面临的危机,联合部分 WTO 成员方达成《依据 DSU 第 25 条的多方临时上诉仲裁安排》(MPIA)。MPIA 将诉讼和仲裁结合在一起,带来了制度上的颠覆与创新。但在其运行过程中所产生的相关法律问题也仍需进一步解决。我国积极推动构建并实施上诉仲裁机制。一方面,在寻求长远地解决上诉机构危机的同时,尝试通过该机制解决上诉问题。另一方面,能否以上诉仲裁安排为契机,重新将 WTO 改革拉入法治轨道,重建常态化 WTO 上诉机构,仍需要未来各国间的通力合作。

关键词：WTO 上诉机构；多方临时上诉仲裁安排；DSU 第 25 条；上诉仲裁；多边贸易体制

引言

WTO 上诉机构作为专门审理上诉案件的常设机构,在处理成员间贸易纠纷问题上扮演重要角色,然而,2019 年 12 月,上诉机构法官因成员不足三人而陷入"停摆"僵局之中,直到 2020 年 11 月,随着最后一位中国籍法官赵宏的任期结束,上诉机构彻底沦为"真空"状态。为了弥补因上诉机构"停摆"所带来的系统性后果,中国和欧盟等部分 WTO 成员积极探寻解决危机的方法,并依据《争端

[①] 本文系国家社会科学基金项目"'一带一路'战略中国际投资市场准入法律制度研究"(项目编号：16XFX028)的阶段性成果。

[*] 宋歌,男,中南大学法学院 2022 级博士研究生。

解决规则和程序的谅解》(DSU)第 25 条对上诉程序进行变通设计,为其提供了另外一种渠道,设想了在多边贸易体系中选择"上诉仲裁"方式来解决争端。这一规定成为临时上诉仲裁的基础,将该机制用作上诉的替代方式,并以此达成《多方临时上诉仲裁安排》(Multi-party Interim Appeal Arrangemrnt,简称 MPIA)。

MPIA 设计秉承着 WTO 争端解决机制的两大核心特点——两审终审并确保有约束力的上诉裁决能够执行,以此坚定维护多边贸易体系规则。同时基于 DSU 第 25 条设计,将争端解决机制的两种途径——诉讼和仲裁这两类相异的争端解决方式结合起来,体现了特殊形势下的创新性发展。本研究将基于 MPIA 的建立及实施为中心展开,通过研究 MPIA 发展状况、具体内容及设立的意义,解释 DSU 第 25 条可能包含的内涵,总结其独特的法律特征,论证 MPIA 在 WTO 框架下的合法性依据,以及基于仲裁如何成为上诉的有效替代,并分析其优化的制度设计和具体运行实践中自身存在的法律问题及解决方案,以及作为创新性举措能否可以成为 WTO 上诉机构的改革助力,并对 WTO 上诉机构未来的改革进行展望。

一、《多方临时上诉仲裁安排》的缘起

(一) WTO 上诉机构陷入"停摆"僵局

根据 DSU 第 17.1 条"上诉机构成员不得少于三人"的规定,美国一意阻挠上述机构成员遴选,因离任法官不能得到及时有效的增补使其不得已陷入"停摆"僵局之中,随着 2020 年最后一名中国籍上诉法官的任期结束,标志着上诉机构彻底陷入"真空"状态。面对停摆的上诉机构,不仅是上诉机构,甚至整个 WTO 争端解决机制都将会面临无法全面运作从而导致整体陷入困境的紧张局势。

(二) 多方谈判试图挽救危机

1. 部分世贸成员对上诉机构改革积极回应。中国、欧盟、加拿大等世贸成员多次提出改革倡议和提案,以行动表示改革意愿,但美方均以未能触及其"核心诉求"为由拒绝,且未能提及相关具体改革意见,使其成为上诉机构改革的最大阻力。

2. 美方消极阻碍。美国只会对有利于其自身的规则体系表示认可和赞同。若 WTO 争端解决机制不能向着美国的预期方向做出改变,美国短期内不在于

恢复上诉机构正常运行,而想以其停摆为契机,为其今后提出更为强势、更符合切身利益的改革方案为目的。但其政治化的行为也同时导致 WTO 争端解决机制深陷两难的困境,最终进一步恶化多边贸易体制的发展。

（三）折衷选择:提案可行危机应对方案——建立《多方临时上诉仲裁安排》

1. 建立《多方临时上诉仲裁安排》。在 2020 年召开的达沃斯世界经济论坛中,中国、欧盟等 17 个 WTO 成员贸易部长联合发表声明,将以 DSU 第 25 条为依据,由此建立《多方临时上诉仲裁安排》作为停摆期间的应急方案解决上诉争端案件①。3 月 27 日,16 个成员贸易部长再次发表声明,宣布正式达成 MPIA②。并强调该机构的临时性,表明上诉机构一旦恢复运行,MPIA 将停止运行。同时这项安排是开放的,随时欢迎任何 WTO 成员加入。4 月 30 日,19 个成员向 WTO 通报 MPIA③,随后又新加入四个成员国④。同时于 7 月 31 日就仲裁员名单达成一致,成功组建了 10 人的仲裁员库。这似乎标志着 WTO 朝着解决当面的"空椅危机"迈出了一步,并以此坚定地维护以规则为基础的多边贸易体制。

2. MPIA 文件内容。MPIA 由正文和两个附件组成。正文为《DSU 第 25 条多方临时上诉仲裁安排》,由序言八段和 15 个条款组成,表达了各参加成员订立 MPIA 的目的,阐述了 MPIA 的主要事项。附件一是《在争端 DSX 中商定的 DSU 第 25 条项下仲裁程序》(简称《仲裁程序》),列出了 DSU 第 25 条所要求的仲裁协议的标准文本。附件二是《仲裁员库的组成》,规定挑选首批 10 名仲裁员的程序。

3. MPIA 建立的意义和目标。建立 MPIA 的意义,一方面在于使更多上诉案件提前锁定 DSU 第 25 条上诉仲裁的渠道。一方面在于预先就 DSU 第 25 条仲裁相关事宜提前做出周全安排,避免由于谈判细节问题影响争端的及时解决。同时就 MPIA 而言,既彰显了参与成员支持上诉机构且维护多边体制的决心,又通过这一制度性安排最大限度地保障 WTO 判理的一致性,回应美国对上诉机构现状的批评,为上诉机制的完善提供改革经验。MPIA 智慧性地保全了两审终审制,有效地保障了 WTO 争端解决机制的权威性与稳定性,这也是今后促进

---

① 这 17 个 WTO 成员分别是:欧盟、中国、加拿大、澳大利亚、巴西、智利、哥伦比亚、哥斯达黎加、危地马拉、韩国、墨西哥、新西兰、挪威、巴拿马、新加坡、瑞士和乌拉圭。
② 韩国、巴拿马退出,中国香港加入。
③ 这 19 个 WTO 成员是在上述 16 个成员基础上,增加了冰岛、巴基斯坦和乌克兰。
④ 尼加拉瓜、厄瓜多尔、贝宁和黑山加入。

WTO 上诉机构改革基础之所在。最终目标仍为致力于推动上诉机构恢复正常运转而努力。

二、《多方临时上诉仲裁安排》法律性质之辨析

（一）DSU 第 25 条"仲裁"条款是否可以成为"上诉"的程序替代

对于 DSU 第 25 条"仲裁"能否作为上诉的替代程序这一问题中，DSU 作为 WTO 的"诉讼程序法"，在设立了基本原则及磋商、专家组、上诉机构和执行等程序规定之后，作为一种争端解决替代方式，在第 25 条中规定："迅速仲裁作为争端解决的一种替代手段，能够便利解决双方已明确界定问题的争端"[①]。第 25 条第 1 款的规定也初步证明了"仲裁在 WTO 框架内进行"。所以，DSU 第 25 条应被理解为在 WTO 框架内成员间达成合意即可诉诸的仲裁机制。仲裁作为合理替代依据是第 25 条明确规定的。因此，DSU 第 25 条"仲裁"是可以作为争端解决中"上诉"审议的有效替代程序。

（二）DSU 第 25 条能否成为 MPIA 上诉仲裁的合法性依据

一般情况而言，争端解决机制的两种途径——诉讼与仲裁，像两条平行线，往往是二选一的关系。而 MPIA 作为一种前所未有的创新安排，将上述两种机制融合在一起。第 25 条作为替代性争端解决方式，使用上诉仲裁需要完全替代普通诉讼程序还是仅就争端解决中的某一环节（包括专家组、上诉审议及执行阶段）使用仲裁程序？MPIA 创造性地将诉讼和仲裁结合在一起，极具创造性地将嫁接仲裁作为临时的上诉渠道，受理参与成员间提起的上诉案件[②]。MPIA 意在延续上诉程序的做法是为了维持两审终审的上诉目的，尽管以仲裁形式来实现，但实质上仍是替代上诉的职责。同时通过仲裁确保迅速解决上诉机构因停摆所造成的困境，使得上诉程序得以顺利运行。

[①] 第 25 条全文如下："1. WTO 中的快速仲裁作为争端解决的一种替代手段，能够便利解决涉及有关双方已明确界定问题的争端。2. 除本谅解中另有规定外，诉诸仲裁需经各方同意，且各方应议定将遵循的程序。诉诸仲裁的一致意见应在仲裁程序实际开始之前尽早通报各成员。3. 只有经已同意诉诸仲裁的各方同意，其他成员方可成为仲裁程序的一方。诉讼方应同意遵守仲裁裁决。仲裁裁决应通报 DSB 和任何相关协定的理事会或委员会，任何成员均可在此类机构中提出与之相关的任何问题。4. 本谅解第 21 条和第 22 条在细节上作必要修改后应适用于仲裁裁决。"

[②] 欧盟最早于 2019 年 5 月 16 日散发基于 DSU 第 25 条的临时上诉仲裁建议，加拿大和挪威先后与欧盟达成临时上诉仲裁安排，包括《欧盟与加拿大关于上诉仲裁的声明》及《程序附件》和《欧盟与挪威关于上诉仲裁的声明》及《程序附件》，对上诉机构危机应对起到一定的引领和示范作用。

DSU 第 25 条仲裁可适用的范围很广,对于已明确界定的具体争端事项,只要双方达成合意即可提交仲裁,包括通过 DSU 第 25 条仲裁审查对专家组裁决提出的上诉。MPIA 基本可以涵盖涉案成员间所能提出上诉的所有争端事项。但需要注意的是,WTO 争端解决机制虽不排除应用仲裁的可能性,但基于制度设计的先天不足,MPIA 作为上诉替代不仅仅是制度的简单嫁接,更需有完整的制度体系作为理论支撑,后续仍需对 DSU 第 11、12 条相关执行程序做进一步厘清。

(三) MPIA 在 WTO 框架下的法律地位认定

MPIA 既非《WTO 协定》中的"诸边协议"亦不是另一种形式的"多边协定"。这里需要通过进一步论证得出。

首先,MPIA 不是《WTO 协定》附件 4 意义上的"诸边协定"。从 WTO 法的角度来看,一份文件若要成为"诸边协定",需要满足严格的法律条件:经由一份贸易协定的 WTO 参与成员方请求,且部长级会议仅能通过"协商一致"的方式作出方可将其补充到附件 4 中成为 WTO 法意义上的"诸边协定"。① 鉴于美方反对上诉机构的行径,部长级会议想要通过协商一致方式将 MPIA 文件纳入附件 4 当中也很难实践。

其次,MPIA 在结构上包括正文和两个附件。从其措辞来看,MPIA 的文件名称并不体现条约的具体特征和义务②,而被称为一项"安排",更偏向于一种政治承诺。纵观 MPIA 全文可以发现在正文及附件二中并没有出现"应当"(shall)等表示法律义务的词语,而是使用"设想"(envisage)、"将"(will)等倡议性词语。虽然有共识和表态,但并没有为参与方设立法律上的义务。这两部分更多地体现为参与成员间的政治承诺。从性质上讲,更类似于国际经济合作领域中的"软法"运行机制③。但在附件一内容中却有 15 个部分中出现了"应当"(shall)一词,由此为争端方创设了明确的权利和义务。看似具有一定约束力,但附件一只适用于特定争端的协定,实践中也仅对具体 MPIA 参与方具

---

① 参见《WTO 协定》第 10 条第 9 款。
② 参见李浩培:《条约法概述》,法律出版社 2003 年版,第 24—32 页。常见的条约名称还有:组织宪章(constitution)、临时协定(modus vevendi)、补充协定(arrangement),等等。
③ See Mary E. Footer, The (Re)Turn to 'Soft Law' in Reconciling the Antinomies in WTO Law, Melbourne Journal of International Law, Vol. 11, No. 2, pp. 241-254, 2010. 该文对 WTO 框架下软法性质的机制进行梳理分析,指出软法机制通常用于规范复杂困难的问题,使某些 WTO 义务易于管理,并对陷入困境的问题提供解决方法。这些特点符合 MPIA 被用于应对上诉机构危机的情形。

有约束力,其设定的法律义务不会广义地涵盖所有成员,因此也不符合条约的特性。

综上所述,MPIA 并不是 WTO 协定附件 4 意义上的"诸边协定",同时可能也不具有传统国际条约的地位,更倾向于是混合了参与成员的政治承诺和在个案中由争端方签署后对其创设一定权利和义务的仲裁协议。因此,难以按 WTO 协定的传统框架对其进行归类。虽然学界目前对 MPIA 有诸多合理怀疑,但这一特殊性质也并不会影响参与方未来争端的实际解决。从长远来看,由此引发的相关法律问题也需要引起我们的重视。

三、《多方临时上诉仲裁安排》法律特征及具体程序运行规则

（一）独特的法律特征

MPIA 自身所具备的临时性、复边性、开放性等法律特征使之成为上诉机构有效替代。既回应了部分成员对上诉机构的不满,又维护了 WTO 争端解决机制的权威性和稳定性。对解决参与成员间的上诉争端案件有着巨大的推动作用。

1. 临时性。MPIA 具有临时性特征。在序言中也多次强调这一安排的临时性质,明确表明其作为一项临时应急举措。在寻求上诉机构危机的过程中,将其作为优先事项以尽快启动成员遴选程序,并将这一安排作为上诉机构完全恢复运作前的合理渠道。同时,在 MPIA 正文第一条也指出,参与成员表明只有因上诉机构无法正常运行的情况下,参与成员方可援引这一安排,将临时诉诸 DSU 第 25 条仲裁,以有效维护在世贸组织协定下的权利和义务。但同时需要注意的是,MPIA 作为一个临时性的制度举措并不代表其具有短暂性特征[①]。可以预见到美方当下对上诉机构的态度很长一段时间将会难以作出改变,使得 MPIA 虽作为临时协定,但也可能会运行较长一段时间。

2. 复边性。MPIA 具有复边性特征。这一特征意味着 MPIA 的适用范围相对受限,它仅仅对参与方成员产生法律效力,如若一项争端事项发生在 MPIA 参与方与非参与方成员之间,则难以通过该机制有效地解决争端。

---

① 历史上《关税与贸易总协定》(GATT)作为临时适用议定书,在 WTO 成立前曾被"临时"适用近半个世纪之久。See WTO, Provisional Application of the General Agreement, Analytical Index of the GATT, pp.1071 – 1084。

3. 开放性。MPIA 具有开放性。MPIA 在正文第 12 条强调"任何世贸组织成员均被欢迎通过通知争端解决机构其联署本文件的方式,在任何时间加入 MPIA",以及在第 14 条中规定"参与成员可通过通知争端解决机构撤回其对本文件的联署,决定终止参加 MPIA"。① 换言之,WTO 的成员方可以自由选择加入或退出这项安排。若存在参与方退出的情况,参与期间的仲裁协议依旧有效,同时对退出时尚未了结的争端案件也依旧适用;对于未参与 WTO 成员而言,MPIA 不影响其继续行使上诉的权利,只不过案件会因上诉机构的停摆而处于悬而未决的状态。

总之,MPIA 的特殊性质从另一方面也是在强调上诉机构不可动摇的地位,临时性的性质说明了 MPIA 不会替代上诉机构,而复边性和开放性也暗指了各国参与 MPIA 的自愿性,MPIA 的有效运行既可以缓解上诉机构现存危机,也可以对未来 WTO 改革作出一些贡献。

(二) 具体的程序运行规则

MPIA 在程序启动、裁决生效方面体现仲裁核心要素,从而使其有别于 WTO 上诉审议;但在仲裁员选任、仲裁庭组成、审理及执行等方面基本复制了上诉审议程序,回应解决参与成员在特殊时期的上诉需求。

1. 上诉仲裁与专家组报告的衔接。MPIA 正文第 8 条规定"一方决定根据本程序提出上诉,则在为适当管理上诉仲裁程序提供便利的必要范围内,对 MPIA 涵盖争端中的专家组程序进行有限的调整。如果没有一方依据上诉仲裁程序提出上诉,专家组报告将会以反向协商一致方式由 DSB 会议通过"。那么如何对专家组程序进行"有限的调整"体现在以下几个方面:

首先,在附件一第 3 条中规定至少提前 45 天向争端双方通报 DSU 第 16 条意义上的专家组最终报告的预期公布日。其次,第 4 条规定为中止专家组程序,并对专家组中止生效作出了细节安排,包括解除专家组报告的保密性、将专家组报告交付于上诉仲裁员,修改后提交专家组最终报告。再次,第 6 条规定争端双方未在规定时限内提起上诉,则恢复专家组程序具体事项。最后,第 18 条规定了在撤回上诉情况下继续专家组程序的具体事项。上述规定充分体现上诉仲裁作为衔接专家组程序与上诉仲裁所必须的工作,从而避免案件陷入悬而未决的状态②。实际上

---

① MPIA 正文第 12 条和第 14 条。
② 具体请求涉及专家组报告的预计发布时间、中止专家组程序、未上诉时恢复专家组程序以及撤回上诉仲裁后的程序问题等等。

MPIA自身并无法确保专家组在个案上的配合,但基于DSU第25条上诉仲裁协议对专家组具有一定约束力,在相关规定与DSU并无利害冲突的前提下,WTO专家组应当尽量履行上述职责。

2. 上诉仲裁程序经合意启动。MPIA对于争端是否提交仲裁、仲裁的具体程序、裁决作出具体时间等都允许当事人在合法范围内进行约定达成。DSU第25.2款规定"诉诸仲裁需经各方同意",与WTO普通诉讼程序的最大区别即在于诉诸仲裁解决的前提是双方先达成具体合意,否则不能产生具有约束力的裁决。MPIA上诉仲裁程序的启动也体现双方合意解决争端的特点。如在正文第11条中规定"对于某一具体的争端,在不影响本文件基本原则下,双方可一致同意偏离上诉仲裁协议中规定的程序"。有别于WTO普通诉讼程序中上诉审议工作,MPIA这项规定体现了参与方在诉诸具体上诉仲裁事项中的灵活性特征,同时,MPIA相较于传统上诉机构60天提前时间大幅缩减,也体现上诉仲裁对提高仲裁效率所作出的改进。

3. 上诉仲裁庭成员选任及庭组设置。MPIA参与方对上诉仲裁员的选任、仲裁员库的组建及庭组规则在附件二中作出更为细致的规定,是在继承WTO现行规则下的全新发展。

在成员选任方面,MPIA设立了常设仲裁庭,对其中仲裁员由具有公认权威的人组成,不隶属于任何政府,并规定保持适当的总体平衡的要求。同时对附件二中组建仲裁员库等重要而又敏感的问题,如仲裁员的选任、仲裁庭的组成及后续程序修改等问题,在附件二第5条中作出以全体参与成员以协商一致方式进行修改的规定。

在组庭规则方面,MPIA基本复制了DSU第17条相关上诉程序规定。需要注意的是,依据正文第4条规定,对于具体上诉仲裁案件将会从10人仲裁员库中选择3名成员进行审理,其不会参与任何会造成直接或间接利益冲突的争端。

4. 上诉仲裁审议及决策程序。MPIA基本仿照了DSU上诉审议的相关规定。除双方商定程序另有规定外,上诉仲裁准用上诉机构和DSU第17条程序和规则,同时MPIA还享有在一定的条件下对程序进行灵活调整的权利。

在决策方面,应尽量保证裁决一致性。但对于上诉机构报告,上诉仲裁裁决可在一定的条件下对先前认定的结果予以支持、修改或推翻。同时MPIA附件一第8条规定集体会商制度。所有成员都应收到与上诉有关的任何文件。附件一第15条同时规定"根据DSU第25.3条,裁决将仅通报DSB(但不被DSB通过)和任何相关协定的委员会或理事会"。此类要求更类似于诉讼程序中的披露,也是对 DSU 的规则进行了变通适用。

5. 上诉仲裁的法律适用。通常来讲,对于上诉仲裁协定的法律适用问题应当与 WTO 中的普通诉讼程序保持相一致。因此,上诉仲裁裁决应当以相关依据为具体准则,不能增加或减少适用协定中规定的权利和义务。此规定既是对 DSU 第 3.5 条(明确提到包括仲裁裁决在内)的具体要求,也有助于在一定程度上避免美国对上诉机构所谓"越权造法"等指责①。上诉仲裁事实上发挥着对专家组程序的纠错功能以及保持条约解释一致性和可预见性的作用,所以在权衡考量之下,MPIA 并不能直接排除上诉仲裁庭在澄清及解释 WTO 所涵盖协定时上诉机构长期以往形成的条约解释原则、路径及方法。

6. 上诉仲裁的裁决效力认定。MPIA 在附件一第 15 条中规定了若争端方同意遵守仲裁裁决,该裁决具有终局性且自动产生效力。因此 MPIA 能最大限度利用 WTO 争端解决机制下的裁决执行优势,这也解释了 MPIA 成员基于 DSU 框架内寻求上诉仲裁的合理选择。

尽管上诉仲裁裁决与 DSB 通过的专家组和上诉机构报告在法律效力方面存在差异,但这两种不同的生效方式都是 DSU 明文规定的,完全符合 DSU 第 25 条的相关规定,不能按照专家组和上诉机构报告所通过的方式强制性要求上诉仲裁裁决保持相一致,更不能其生效方式的不同来否认上诉仲裁所产生的相关法律效力。

7. 上诉仲裁中第三方参与。MPIA 对于第三方参与的情形与 WTO 机制略有不同。关于上诉仲裁第三方的规定主要在 MPIA 附件一第 16 条规定"上诉仲裁只有案件争端方而非第三方可以启动仲裁。对专家组审查事项有实质利益的第三方可向仲裁员提交书面陈述,并应经必要修改后适用"。上述内容虽基本复制传统 DSU 相关规定,但是对其具体实施则还需要对 MPIA 第三方的规定进一步厘清。

从附件一来看,主要规定的是向第三方通报上诉仲裁的进展情况。同时允许第三方参与上诉仲裁。从文本内容看,MPIA 未排除非参与方作为上诉仲裁第三方的权利,并允许第三方在一定条件下可参与到争端案件当中。从实践层

---

① 美国对上诉机构诟病主要理由之一认为对实施问题上采取了扩展式的做法,包括根据 DSU 第 11 条提出的上诉。

面看,第三方特别是尚未加入 MPIA 的成员参与越多,越可以扩大 MPIA 案件的适用范围和影响力。在 DSU 第 25.3 条中对仲裁程序一方作出相应规定①。MPIA 没有作出相应具体规定,这些问题也需要在今后司法实践中予以明示。

四、《多方临时上诉仲裁安排》所面临的问题及完善路径

(一) 现存之质疑

1. 部分 WTO 成员方大国缺席。许多世贸组织成员方,包括一些主要的 WTO 成员方都还没有加入 MPIA,这无疑阻碍了 MPIA 更好地发挥效力。MPIA 目前最大的局限在于美国的反对。暂时来看,美国加入此安排的可能性不大,甚至还可能采取更进一步的限制措施。同时对于其他国家,尤其是印度而言,虽未明确对 MPIA 表示反对,但客观上面临着一些敏感争议问题,使之不得不选择游离在 MPIA 之外。对日本与韩国这样的国家来说立场较为微妙,其主要处于政治考量而暂时选择中立,但也不排除未来加入的可能性。

考虑到这些国家重要的经贸地位和贸易争端数量,一套不包括他们在内的争端解决机制其缺陷是不言自明的。况且 MPIA 仅对参与成员间的权利义务进行法律约束,而对未参与成员则游离于规则之外,是否会对 MPIA 参与方的履约意志造成一定的负面影响,带来新的上诉困境,这都是今后在实践中需要解决的问题。

2. 实际运作尚待厘清。从实际进展来看,MPIA 在真正发挥功能前还需要克服一定阻碍,特别是"经费"和"秘书支持"问题。这两点虽然不涉及 MPIA 仲裁工作的核心部分,但事关 MPIA 的正常运转,为该机制下一步工作的开展带来了不确定性。

对于"秘书支持"工作在 MPIA 文本上的规定较为模糊,仅在正文第 7 条中设立了可以获得相关支持的规定。在 WTO 的争端中,上诉机构拥有自己专属的秘书处,但在其停摆后当即被解散。美方也以 MPIA 的存在等于将其"重新恢复"或是"建立上诉机构的替代"为由强烈反对提供资金支持,并指出参与方想要一个这样的独立结构应自己承担其费用,而不是所有 WTO 成员共有的预算。

---

① DSU 第 25 条第 3 款规定"只有经已同意诉诸仲裁的各方同意,其他成员方可成为仲裁程序的一方。诉讼方应同意遵守仲裁裁决。仲裁裁决应通知 DSB 和任何有关适用协定的理事会或委员会,任何成员均可在此类机构中提出与之相关的任何问题"。

对于使用 WTO 的预算资金来支付上诉仲裁工作的"公共部分"问题,美国对资金支持问题诟病已久,而按照 MPIA 参与方的设想,这些费用将延续先前做法,由 WTO 秘书处的正常预算承担,遭到美方的极力反对。

对于未来在 MPIA 的实际运转中资金支持及辅助工作等问题尚不明确,也因美方强烈反对难以实现。因此,在 MPIA 投入运作前,资金的来源和仲裁员工作的支持方式恐怕都是亟待需要解决的难题。

3. 上诉仲裁裁决在 WTO 裁决体系中的法律地位认定。MPIA 虽不是传统意义上 WTO 框架内的体系,但其基于 DSU 第 25 条仲裁的灵活性特点创设,在 WTO 框架下具有合法性的制度安排。因此,基于上诉仲裁裁决的自动生效效力,产生了一系列相关的法律问题需要进一步探讨。

从 WTO 法发展体系上看,从未规定过遵循先例的原则。普通诉讼程序中无论是专家组还是上诉机构报告,都需要经由 DSB 会议通过才能产生法律效力。但这其中特别是上诉机构的报告,因在成员间创设了一定的"合法期待",使得争端审议过程中不可避免地朝着解释被诉方权利义务的方向发展,从而为今后的条约解释提供了相应的"判理"基础,若无特殊情况,则应被后续的争端所遵循①。MPIA 作为基于仲裁的上诉替代,其上诉裁决是基于仲裁设计,在裁决生效方面,又体现着传统仲裁一经作出即为生效的特点,以此就会产生诸多法律问题需要解释。鉴于 MPIA 参与各方强调要保证裁决的一致性和可预见性,对于该制度设计背后深层次的法律问题则需要我们在未来进一步深入研究。

4. 上诉仲裁是否会长期存在。对于 MPIA 未来发展前景、今后的存在形式以及是否会长期存在等,都是世界各国关注的焦点问题。对于 MPIA 具体能够运行多长时间,从 MPIA 法律文本中可以找到相关解释。通过正文第 13 条中的规定来看这项临时安排存在的时间至少会持续一年以上。同时附件二第 5 条规定"参加成员将自仲裁员库组成两年时间起,根据本附件建立的程序,定期部分重组仲裁员库"。这些规定也似乎意味着参与成员间在策略上已经做好了长期适用此安排的可能性。如若长期适用 MPIA,则今后产生一系列相关法律问题仍需进一步完善。

(二)应对之策略

1. 逐步提升上诉仲裁认证公信力,呼吁更多国家和地区参与。从现实意义

---

① 参见韩立余:《WTO 争端解决中的案例法方法》,《现代法学》2008 年第 3 期,第 123—133 页。

上讲,虽然美方当前并没有意愿恢复上诉机构,但 MPIA 在 WTO 体系中所扮演的角色和其独特的作用所产生的关注和影响,对未来 WTO 上诉机构的改革起到了强有力的推动作用。在美国近年来对多边主义的持续破坏,MPIA 作为打破僵局的次优方案,体现了超越其实际作用的价值。对当下的 MPIA 而言,其在文本中也表示为保证裁决的公信力,有效维护裁决各方的合法权益,MPIA 将会在今后持续对协定细节进行补充完善,积极呼吁更多非参与成员随时加入,以满足各方对争端顺利解决的诉求。

2. 保障秘书处运作,完善辅助工作具体应对路径。需要认识到仲裁员之间肯定需要某种形式的辅助工作。因此,可由 WTO 秘书处相关部门组成一个管委会,负责对今后上诉仲裁事项进行"初步性"探讨,并可由集体指派的方式提供相关工作支持,也在一定程度上回应美方的相关诟病。对美国反对预算资金支持缺乏相应法律依据,因此在从秘书处支付预算资金可行性极低的情况下,可由 MPIA 自行组建基金来支付此部分费用,作为有效应对危机的主要手段。对于案件的审理场所以及上诉仲裁员之间的沟通问题等,也可通过视频会议、网络连线等方式减少相关费用的支出,当然也不排除由仲裁员自愿承担相关工作等可能性。

3. 认同仲裁裁决价值,理性对待遵循先例原则规则及例外。目前,虽然可移送审理的上诉仲裁案件有限,但对于 MPIA 的作用和价值并不取决于有多起案件得以解决,而在于做出高质量、有说服力的仲裁裁决报告。对于"先例"问题,虽然 WTO 争端解决机制中并不存在严格遵循先例制度,但 WTO 判理实际上一直因其裁决质量和说服力发挥着事实先例的作用,上诉机构也因先例制度遭到诟病。对 MPIA 而言,一个能被绝大多数成员接受并承认其权威性的裁决结果,即便不同于传统的 WTO 法理规则,但也可能对未来先例规则乃至 WTO 法律原则产生重要作用。MPIA 作为一个全新的制度安排,其裁决所体现的理论价值也具有重大意义。

4. 加强中美间良性互动,将改革同中美经贸谈判相结合。中国以合作为起点,积极团结其他成员方寻求共同立场助力改革,从战略层面上看,中美经贸关系与 WTO 改革休戚相关,中美关系深刻地牵动世界的未来走向。中国对多边贸易体系的立场态度坚定,因此,在新的历史条件下,两国应当加强协商谈判,尽快推动上诉机构成员遴选,携手合作引领全球经贸秩序新走向,以增强国际社会对多边主义的信心。

五、《多方临时上诉仲裁安排》的制度创新及对 WTO 上诉机构未来改革的启示

(一) 制度创新之处

MPIA 所设立的一系列规则在相关程序上作出一定改进,提高审理效率,同时也间接地回应了美国的不满。这与美国破坏多边贸易体制、实行单边主义立场不同。MPIA 的这些创新和发展对未来上诉机构改革具有重要的前瞻意义,其创新性的制度设计也在很大程度上成为未来解决上诉机构危机的典范。

1. 限定可审理案件的范围。对于可审理案件的范围,MPIA 对仲裁员的审查范围进行了新的规定,即仲裁员的审查事项应限于争端解决。该规定在一定程度上更有利于上诉裁决的公正性。在附件一第 9 条也规定了"审理事项应仅限于对报告进行法律问题和法律解释",此条款与 DSU 第 17 条的规定一致。但在第 10 条中"仲裁员应只处理解决争端所必需的问题,同时应只处理争端方提出的问题"相较于 DSU 所规定的上诉审查限于法律问题和法律解释,不同之处在于 MPIA 增加了两个类似"司法节制"的条款,进一步缩限了争端处理的范围。MPIA 在限定可审理案件范围上的做法,一定程度上提升了上诉仲裁的程序审理效率,是在合理安排下的大胆尝试。

2. 扩充仲裁庭人员组成。在仲裁员组成方面,相较于 DSU 中由 7 名法官组成的规定,MPIA 在附件二中作出了法官人员的突破。依附件一第 7 条规定遴选了 10 名常设仲裁人员并组建仲裁员库,负责审理参与成员间的上诉仲裁案件。不同于上诉机构 7 名法官,MPIA 在数量方面有所增加,既降低了审议人员与当事国相同国籍的概率,对定期更新的仲裁员库也起到能够灵活保障裁决公正的作用,同时也在一定程度上提高了争端的解决效率。

3. 明确上诉仲裁裁决的作出期限。首先,对上诉案件的具体起算日和截止日作出明确的具体规定,在相关程序细节方面作出具体回应。相较于传统 60 天的期限进行了大幅度的缩减。

其次,对于上诉仲裁的作出期限作明确的规定,其规定具体不应超过 90 天的审理期限。MPIA 在审理期限上作出两项新规定:第一,在附件一第 12 条中规定"争端方要求仲裁员在提交上诉通知后 90 日内发布裁决"。但考虑到上诉案件的复杂性,为保障争端方的权利和义务和程序正当的前提下,在第 13 条中

规定"根据仲裁员的提议,争端方可以统一延长 90 日的裁决发布期限"。在这一点上积极回应了美国对上诉机构延期裁决的批评。第二,附件一第 12 条同时规定为在具体时限内作出裁决,仲裁员在当事方同意的情况下可适当精简程序,包括对时间、页数限制以及所需听证会的次数等作出具体决定。

4. 增设对争端方上诉范围的建议权。MPIA 的另一处重大创新之处在于创设一定的"建议权",即得到争端方的同意即可提出实施对争端方减少诉请的建议权利。如在其附件一第 13 条中规定"为在有效期限内作出裁决,仲裁员可向双方提出建议性举措,如可以排除对缺乏事实进行客观审查的诉请。"此规定是对第 12 条的进一步细化。MPIA 允许仲裁员建议争端方排除关于缺乏对事实进行客观审查的诉请,这样既缩减了审理程序,也在一定程度上加快了争端的解决。

(二) WTO 上诉机构危机之中国应对及未来展望

目前,WTO 上诉机构的停摆僵局可能会持续存在,距离完全恢复运作还有很长一段路要走。MPIA 虽以 DSU 第 25 条作为上诉仲裁依据,却不是一个系统性的最佳解决方案。但 MPIA 对于维护以规则为基础的多边贸易体制、推动寻求上诉机构的持久改进具有重要的借鉴意义。

1. 中国坚定维护以规则为导向多边贸易体系发展。MPIA 的建立,彰显了我国作为负责任大国的形象,以实际行动探寻解决方案,有效维护和增强上诉机构的独立性和公正性的正确尝试。同时也表现出与 WTO 参与方团结协作,共同维护基于规则的多边贸易体制的决心,这是在上诉机构艰难处境下的巨大进步。中国多次在公开场合强调坚持维护多边贸易体系的重要性。面对经济全球化所带来的挑战,不能任由保护主义和单边主义肆意对国际秩序和规则进行破坏,各国间应协商一致,推进合作共治的发展理念。加入 MPIA 正是最关键的一环。因此,中方将与其他世贸成员继续加强合作,确保上诉仲裁机制顺利实施。同时持续推进解决上诉机构停摆问题,坚定维护以规则为基础的多边贸易体系发展。

2. 上诉机构未来的改革方向。一方面,我国始终坚信,恢复常设的上诉机构是确保国际争端解决的最佳方案,MPIA 作为唯一应急的合法选择,虽然存在缺点,但优点良多,值得尊重并借鉴学习。但我们也需要注意到,除了美方在争端解决机制改革问题上的偏狭立场和政治操控之外,其他世贸成员对于真正涉及上诉机构改革的问题很难一蹴而就,需要各方相互合作,通过谈判、协商的友好方式解决。但这必定会是十分长久的过程。MPIA 没有刻意避开美国,甚至很多安排也兼顾了美国等各方所需,参与方将会持续推进和完善 MPIA,以实践所体现的价值来完善上诉机构改革,并随时对其他国家保持开放态度。另一方面,美国对于 WTO 改革的态度已经非常明确,并且已经成功达到停摆目的。如果仅凭个别国家的破坏就使多年来的成果付之东流,那将会是整个国际贸易规则体系和政策的一次倒退。我们要认识到改革不仅仅针对上诉机构,更广泛地涉及对 WTO 现行规则的修改或谈判,从而建立完善新的贸易规则。我国作为世界第二大经济体,亟待需要全方位统筹国际国内局势,促进全球经贸治理体系新变革。

任何国际法律制度都必须在可执行性上取得平衡。法律裁决必须推动遵守法规,但同时也要尊重国内主权。我国在支持 WTO 上诉机构改革和完善、注重寻找解决危机长远方法的同时,通过 MPIA 有效解决上诉争端,并为未来推动 WTO 上诉机构改革提供大国贡献。

六、结语

一个运作良好的多边贸易体系,最核心的就是有效地争端解决,上诉机构的重要性不言而喻。为维护两审终审并提供有约束力的上诉裁决能有效落实,贯彻该体系的权威性和稳定性,MPIA 应运而生。MPIA 基于 DSU 第 25 条设计,将争端解决机制两种途径——诉讼与仲裁结合一起,将这种发展设想转变为现实,带来了制度上的颠覆与创新。MPIA 作为上诉机构停摆期间取得的最重要进展,在制度上勇作尝试,试图在这一危机背景下回应对上诉机构的改革需要,具有开创性的意义。虽为化解上诉机构停摆危机下的一项临时安排,但各国和地区应以 MPIA 为契机,重建常态化的 WTO 上诉机构。我国作为负责任大国积极参与促成 MPIA,彰显为恢复多边贸易体系的信心与决心。在寻求长远地解决危机的同时,尝试通过运用该机制来解决争端,为未来推动上诉机构乃至整个 WTO 恢复正常运作而不断努力。

参考文献:

[1] 石静霞.WTO《多方临时上诉仲裁安排》:基于仲裁的上诉替代[J].法学研究,

2020,(6):167-185.

[2] 杨国华.WTO上诉仲裁机制的建立[J].上海对外经贸大学学报,2020,27(6):29-38.

[3] 胡加祥.上诉机构"停摆"之后的WTO争端解决机制何去何从[J].国际经贸探索,2020,(1):90-98.

[4] 龚柏华.论WTO规则现代化改革中的诸边模式[J].上海对外经贸大学学报,2019,(2):13-23.

[5] CHAD P B, PETROS C M. China-Cellulose Pulp:China's Quest to Satisfy WTO Panels and the Appellate Body[J]. World Trade Review, 2019, 18(2):147-164.

[6] CONDON B J. Captain America and the Tarnishing of the Crown:The Feud Between the WTO Appellate Body and the USA[J]. Journal of world trade, 2018, 52(4):535-556.

[7] GUO Y. Exploration on the Solution of Paralysis Crisis of WTO Dispute Resolution Appellate Body [J]. International Journal of Social Science and Education Research, 2021, 4(1):23-45.

[8] LAN X. Maintaining a Multilateral Trading Mechanism[J]. Beijing Review, 2020,(34):48.

[9] PIETER J K. From the Board:The U. S. Attack on the WTO Appellate Body[J]. Legal Issues of Economic Integration, 2018 (45):1-15.

 点评

本文涉及当前的国际贸易,针对美国阻挠WTO上诉法官遴选导致的"停摆"僵局,中国、欧盟等联合发起推动构建《多方临时上诉仲裁安排》(MPIA),将解决争端机制的诉讼与仲裁结合起来,带来制度上的创新。文中分析了这种创新的有效性和里程碑式的意义,深究可能产生的法律问题,探索重建常态化上诉机构的途径。论文选题有现实意义,论述条理清晰,逻辑严密,颇有说服力。论文具有较高的学术水平。

基于语料库的"小康"英译演变研究及其启示

刘静宜*

摘要："小康"英译内涵随着中国社会发展不同阶段目标的实现而不断丰富，其经历了从 comfortable 到 well-off，再到 prosperous 的变化。研究首先考察政府工作报告中"小康"的语义搭配和使用语境，其次借助 COCA 语料库对比"小康"三个英译词的使用频率和搭配行为，即对应于从人民生活舒适、物质富裕到国家强盛的不断扩展。最后，通过检索英语报刊语料库发现 2013 年之前，外媒对中国"小康"的报道多用 well-off，之后使用 prosperous，前后变化反映了国外媒体对中国"小康"目标的了解在逐渐加深。研究表明中国话语的对外传播要凸显关键术语的准确内涵，以提升其话语效力和接受度。

关键词："小康"；COCA 语料库；搭配；语义韵；中国话语对外传播

引言

"小康"一词出自《诗经·大雅·民劳》："民亦劳止，汔可小康。"意思是说老百姓太辛苦，也该稍稍得到安乐了，这是古代中国人对丰衣足食、安居乐业社会状态的期盼（陈思，2020：35）。1979 年 12 月 6 日，邓小平在与日本首相大平正芳的会面中，首次用"小康"描述"中国式的四个现代化"（《邓小平文选》第 2 卷，第 237 页），提出了中国要在 20 世纪末达到一个"小康社会"状态。1982 年，党的十二大首次使用"小康"这概念，并将建设小康社会作为主要奋斗目标。2000 年，党的十五届五中全会第一次提出"全面建设小康社会"的历史任

---

* 刘静宜，女，上海大学外国语学院 2020 级硕士研究生。

务。2002年党的十六大进一步确立了到2020年全面建成小康社会的宏伟目标。2007年,党的十七大在经济、政治、文化、社会和生态文明等五个方面提出新要求,为夺取全面建设小康社会新胜利而奋斗。2012年,党的十八大指出中国进入"决胜小康"的新阶段;随后,党的十九大报告进一步明确了决胜阶段的重要任务,既要全面建成小康社会,实现第一个百年奋斗目标,又要铆足精神开启全面建设社会主义现代化国家新征程,向第二个百年奋斗目标进军。2021年7月1日,在庆祝中国共产党成立100周年之际,习近平总书记庄严宣告在中华大地上全面建成了小康社会。

　　研究旨在考察"小康"在中国话语语境中的含义及其在海外的传播和接受情况。将历年政府工作报告中"小康"的出现语境做成检索行以便明晰其本体语义。在2001年的政府工作报告中,"小康"有三处均与"人民生活继续改善""人民群众向更加宽裕的小康生活迈进"逐步向更加宽裕的小康生活迈进等共出现,这里的"小康"是指人民生活层面的富裕。到2003年,"小康"开始初次与"全面建设小康社会的奋斗目标,为开创中国特色社会主义事业新局面"共出现,语义逐渐由人民层面上升到国家层面,成为我国新世纪新阶段的"全面建设小康社会的宏伟蓝图和行动纲领"。2004年到2015年,"小康"出现的语境范围逐渐扩大,涵盖了国防安全、政府建设、经济增长、工农业发展、改革开放、"三农"问题、住房保障、城乡发展、文化建设和生态文明建设等多个方面。同时,"改革""加快""增长""发展"等词反复出现,显示出这一时期的"小康"是我国在经济社会发展、综合国力提升的背景下不断拼搏与奋斗的目标。2016年是全面建成小康社会决胜阶段的开局之年,这一年的政府工作报告中"小康"出现的次数最多,主要是对达成"小康"要解决的矛盾和采取的行动进行了阐释,"全面小康"的内涵日益明细化。随后的2017年到2021年,"精准扶贫"和"脱贫攻坚"开始与"小康"的概念联系在一起。同时,"小康"的检索行中频繁出现"决胜""胜利""稳定""维护"等词,标志着"小康"所包含的各个目标已经逐步达成,蕴含着今后要巩固胜利成果、保持稳定和可持续性发展的新意义。

　　中文语境中的"小康"话语内涵丰富,"小康"一词的英译及其在海外的解读和接受是构建中国对外话语体系的重要议题。目前关于"小康"的翻译语义语境研究较少,只有一些中国政治话语或对外话语翻译的研究中有所涉及(黄友义等,2014;窦卫霖,2016;李奉栖,2016;邹贵虎、高渝,2020)。具体"小康社会"一词翻译的研究如于长青和麦新传(2008)、李志波(2018)讨论过"小康"的不同翻译方式,但是他们的研究仅关注 2002 年之后的英译方式,即 well-off 和 prosperous,忽略了最初 comfortable 这一译法。另外,现有研究还缺乏对其国外使用语境的考察。本研究基于"小康"一词在中国政治文献中的语义和语境,通过在 COCA 语料库中查找 comfortable、well-off 和 prosperous 三种表达的词频和搭配特征,讨论"小康"三种英译的语义韵区别,同时对比国外媒体翻译用词的转变,进一步考察其在不同阶段的英译变化及其在海外的接受,以期为中国对外话语体系建设提供参考。

1. 英译"小康"的搭配行为和语义韵特征

通过检索中国年度政府工作报告的英译版,我们可以看到"小康"英译的变化。在 2001 年的政府工作报告中,"小康"被译为 comfortable,如"保证人民群众向更加宽裕的小康生活迈进"的英译是 ensure a more comfortable life for the people。在 2003 年的政府工作报告中,"五年来,人民生活显著改善,总体达到小康水平"翻译为 In the past five years, our people's lives improved notably and on the whole attained the level of being well-off,"小康"对应的英译是 well-off。随后,从 2004 年开始,政府工作报告都将"小康"译为 moderately prosperous。"小康"这一词语的英译变化反映出中国的发展状况以及中国建设小康社会这一目标内涵的变化。

"小康"一词的三种英译 comfortable、well-off、prosperous 是近义词,但其含义有区别,为了辨识其含义,我们需考察其特定的使用条件和语境。Tognini-Bonelli 认为一组近义词中的每个表达在各自的语用关系和搭配上存在差异,因此每个单词都有其特定的使用条件(Tognini-Bonelli,2001:34)。比如,在英语中,brothers 和 male siblings 是一组同义词,但是在某些语境中,两者是不能画等号的,这样的近义关系被 Kress(1972)定义为"情景导向或事件导向(context-oriented or occurrence-oriented)"。随着研究的深入,近义关系的概念逐渐被完善为具有相似认知意义(cognitive meanings)或外延意义(denotative meanings),但是包含不同搭配行为(collocational behaviors)和语义韵特征(semantic prosodies)的词汇项(Partington,1998)。因此,关于一组近义词成分之间的区分主要是从搭配和语义韵的角度进行的。

词汇的语义韵特征和它的搭配行为是紧密相关的。Sinclair(1987)通过分析 happen 和 set in 的语义搭配趋向,首次注意到了词汇的语义韵特征。具有相同语义特点的词项会互相吸引,构成搭配(卫乃兴,2002),而语义韵是一种受这种词项搭配影响而产生的语义特点(Louw,1993:157)。Hoey 研究了语义韵的分类,还将语义韵的概念扩展为"一种对词语搭配行为的概括"(Hoey,2000:33)。词汇搭配和语义韵研究都需要实证数据支撑,因此,语料库为这类研究提供了新方法。Stubbs(1995;1996)运用语料库软件,通过研究目标近义词的常见搭配,将词语的语义韵关系分为积极(positive)、消极(negative)和中立(neutral)三类。卫乃兴(2002;2002b)进一步运用语料库软件分析近义词的三种方法。在近义词辨析方面,Loken(1997)、张继东、刘萍(2006)、Liu(2010)、方子纯、陈坚林(2014)等国内外学者运用不同的语料库进行了具体近义词项的对比分析。

在《柯林斯在线词典》(Collins Online Dictionary)中 comfortable、well-off、prosperous 三个词的定义有所不同。comfortable 意为 physically relaxed,指人在感觉上的舒适;well-off 意指 rich enough,即物质上的富裕;prosperous 被定义为 rich and successful,是指经济上的富强或成功等。COCA(Corpus of Contemporary American English)语料库是目前世界上最大的在线语料库,包含了超过十亿的词汇,语料类型涵盖口语、小说、杂志、报纸、学术文章、电影电视字幕、博客以及其他网页内容这八种。语料库每年都会更新,确保了收录语料的及时性和多样性。本研究在 COCA 语料库中查找 comfortable、well-off 和 prosperous 三种表达的词频和搭配特征,对比分析"小康"一词三种英译的语义韵区别。

1.1 词频分布分析

在 COCA 中点击 Chart 功能,分别输入 comfortable、well-off 和 prosperous 进行检索,可以得到三个词项在不同语料来源中的使用频率(见表1)。

表1 comfortable、well-off 和 prosperous 在不同语料中的词频对比

语料来源	comfortable	well-off	prosperous
博 客	6 838	122	633
网 页	5 841	115	645
电影电视	5 691	29	132
口 语	6 088	89	539
小 说	5 884	89	519

续表

语料来源	comfortable	well-off	prosperous
杂　志	9 294	179	834
新　闻	6 248	152	698
学术文章	3 683	93	720
总　计	49 576	868	4 720

从表1可以看出,三个词语的使用频率差异很大。其中,comfortable 的使用频率远高于 well-off 和 prosperous,最常用于杂志中,而在学术文章中出现得较少,在其他种类的语料中分布比较均匀。使用频率位于第二位的是 prosperous,它在杂志、学术文章和新闻这三类较正式的语篇中的使用频率最高,而在电视电影中则较少出现。well-off 在杂志和新闻中出现较多,但很少在电影电视中出现。三个词语不同的语域倾向显示：comfortable 的适用范围最广泛,而 prosperous 的正式程度更高,常用于正式语体中。因此,comfortable、well-off 和 prosperous 这三个词的使用频率和使用范围都具有较大差别。

1.2　搭配行为分析

在"小康社会"的翻译中,三个词语均充当形容词,因此本研究在 COCA 语料库的 Collocates 版块分别查找 comfortable、well-off 和 prosperous 作为形容词的名词常用搭配。在参数设置方面,词语的跨距范围设置为-3/+3(-3 的意思是搭配词在目标词左侧3个词以内;+3 的意思是搭配词在目标词右侧3个词以内)。词语的 MI 值设置为 MI≥3,因为这时目标词汇及其搭配词的搭配关系最紧密(Stubbs,1995)。在所有参数设置妥当后,COCA 语料库就会按照出现频率的高低顺序自动生成目标词汇的常用搭配。

先将三者出现频率最高的三个搭配名词进行对比。comfortable 的最常用的三个搭配词为 people、life 和 talking,主要集中在人和生活两个方面。well-off 的前三个搭配词是 people、family 和 families,与 comfortable 相似,也与人进行搭配,另外它还普遍用于修饰家庭。而 prosperous 与另外两个差异较大,它最常出现的三个搭配词是 country、nature 和 future,处于国家和未来的层面。可以看出,prosperous 的语义倾向于更宏大的概念,多指国家的强盛。而 comfortable 和 well-off 倾向于生活的美满富足。为了进一步对比三者语义的区别,研究分别截取三个词出现频率最高的50个搭配,将它们进行分类,结果如表2所示。

表2 comfortable、well-off和prosperous的搭配行为对比

类别	comfortable	well-off	prosperous
人	people, shoes, students, women, children, men, clothes, body, skin, man, kids, person, parents (13个)	people, parents, Americans, man, woman, students, children, men, retirees, male, citizens, person, couple, father, child, elders, executives, folks, members, mother, professionals, residents, voters (23个)	people, Americans, man, businessman, merchant, ear, farmers, children, father, neighbor, son, men (12个)
社会	environment (1个)	neighborhoods, society, class, neighborhood, community, group, household, population, schools (9个)	society, economy, community, business, class, societies, career, neighborhood, company, farms, communities (11个)
区域	place, position, space, world (4个)	suburb, countries, districts, country, suburbs (5个)	country, nation, world, city, nations, town, countries, place, cities, state, region, areas, states, land, area, regions, center (17个)
政治			democracy (1个)
生活	life, way, chair, idea, bed, chairs, living, home, room, house, time, seats, things, seat, family, role, lifestyle, level, lives, margin, distance, situation, pace, fact (24个)	family, families, benefits, whites, gap, homes, lot, standards, expense, life, means, time (12个)	future, family, life, times, years, families, year, lives, time (9个)
行为	feel, talking, ride, lead, retirement, seating, being, saying (8个)		

225

表 2 显示三个词的搭配行为在"生活""人""区域"类别上有共同点，但数量上有差异。comfortable 多与生活类词汇搭配，共 24 个，如直接指生活的 life、living、lives 等，或与生活有关的词汇，如 chair、home、seat、family、lifestyle 等，这表明 comfortable 的语义特征更偏向于生活舒适等具象化特征。well-off 的常用搭配与"人"相关，共计 23 个，如 people、parents、Americans、man、woman、students、children、retirees、members 等，其语义倾向为人的福祉。prosperous 常与表区域的词项搭配，如 country、nation、world、city、town、state、region 等，共计 17 个词项，这些区域类搭配词都指向较高的概念层面：城市、国家、世界等，反映 prosperous 的语义韵倾向为国家层面的富强。

三个词最突出的搭配行为是均跟"人"有关，如 people、women、children、men 等，但也有一定的区别。comfortable 的搭配词包括 shoes、clothes、body、skin 这些与人有关的衣着或身体部位，这是另外两个词所没有的特点，显示出 comfortable 的定义来自人对外部生活的感知。well-off 的搭配词含有 retirees、citizens、executives、members 等社会层面的相关概念，如退休、行政等词项，即 well-off 偏向对社会状况的阐释。prosperous 跟 businessman、merchant、farmers 等与国家经济相关的行为者搭配，指国家经济发展带来的富裕。

另外，这三个词的搭配行为在"行为""政治""社会"类别有显著差异。comfortable 具有其他两者没有的词类"行为"，如 feel、talking、saying、ride、seating 等生活化的动作，与前文提出的 comfortable 偏向生活舒适相一致；prosperous 有个特殊的政治类搭配词如 democracy，这反映出 prosperous 的语义与国家层面的概念密不可分。而 well-off 没有与其他两个词项不同类别的搭配词，语义韵范围更小。在"社会"类别搭配中，comfortable 仅有 environment，指环境的舒适，是生活层面。well-off 可搭配 neighborhoods、class、community、group 等存在社会关系的词项。prosperous 与 economy、community、business、company、farms 等跟国民经济产业相关的词搭配，属国家层面。

总体上说，comfortable 的语义韵特征是生活层面，指人感知到的舒适。well-off 是社会层面，是人在社会中得到的富裕，其语义韵范围最小。prosperous 的语义倾向于国家和经济层面的富强，用法更正式。

2. 国内外翻译用词的转变与"小康"一词内涵的扩展

国内外关于"小康"一词的翻译用词发生了转变，但是转变的时间节点略有不同。研究通过对比国内外翻译的变化，探究"小康"英译变化的理据，并进一步讨论国外媒体对"小康"一词的理解和认识。

2.1　国内翻译用词变化

"小康"一词在2001年第一次进入政府工作报告，2001年的报告指出，"人民生活继续改善，总体上达到小康水平"，译文为 People's living standards continued to improve, and generally people began to lead a relatively comfortable life。在这里，"小康"被译为 comfortable。因此结合上文的语义韵分析可以看出，comfortable 是生活条件上的舒适。这一阶段的"小康"（comfortable）的内涵是指虽然物质上不够富裕，但人民的生活能够达到一个比较舒适的水平。从官方文献中能够看出这一点，2000年10月，党的十五届五中全会明确提出"从新世纪开始，我国将进入全面建设小康社会，加快推进社会主义现代化的新的发展阶段"。这个决定是基于我国"人民生活总体上达到了小康水平"，此时的"小康"是一个让大家"虽不富裕，但日子好过"的目标（张占斌、高立菲，2016：7）。

2003年的政府工作报告中将"小康"的翻译更改为 well-off，其语义韵包含了社会层面的富足。2002年11月的十六大体现"小康"（well-off）的内涵延展。本次大会明确了"全面建设小康社会"的目标，提出"要在本世纪头二十年，集中力量，全面建设惠及十几亿人口的更高水平的小康社会，使经济更加发展、民主更加健全、科教更加进步、文化更加繁荣、社会更加和谐、人民生活更加殷实"。这一阶段的小康强调的是经济和物质上的富裕。

从2004年的政府工作报告开始，"小康"的翻译改为 prosperous，前加修饰词 moderately，并沿用至今。prosperous 一词正式程度较高，提升了我国新阶段的社会发展目标，即社会各个方面的"全面小康"。这一变化符合中国人的思维方式，即"在完成任务之前，首先会制定一个宏伟目标指引我们前进"（李志波，2018：155）。随着社会的不断发展，"小康"目标的含义已经不仅仅局限于物质上的富裕。2007年，中国共产党第十七次全国代表大会将大会主题定为"高举中国特色社会主义伟大旗帜，以邓小平理论和'三个代表'重要思想为指导，深入贯彻落实科学发展观，继续解放思想，坚持改革开放，推动科学发展，促进社会和谐，为夺取全面建设小康社会新胜利而奋斗"。"小康"的概念开始与"中国特色社会主义"紧密相连，上升到了一个更有全局性的层面。2012年的十八大又进一步形成了"五位一体"的全面建设小康社会新布局，包括"经济持续健康发展""人民民主不断扩大""文化软实力显著增强""人民生活水平全面提高"

"资源节约型、环境友好型社会建设取得重大进展"。新要求的提出进一步明确了中国特色社会主义的"小康"是涉及政治、经济、文化、民生、环境等各个方面的全面小康,是国家层面的整体强盛。

prosperous 可与人民、政治、经济、文化等多方面的词语搭配,蕴含人民富强、国家强盛的意思。因此该词的英译契合中国的发展愿景。随后的十九大开启了决胜全面建成小康社会新阶段,并对未来全面建设社会主义现代化强国新征程做了初步规划。自此,"小康"的含义延展至国家整体发展。

2.2 国外翻译用词变化

随着国外对中国建设小康社会目标的关注逐渐增多。在海外学者的学术话语和民间话语语境中,出现汉语拼音 Xiaokang 的译法。在媒体报道中"小康"一词的翻译发生历时的变化,但相关转变发生的时间节点却与中国媒体不同。在 2013 年之前,外媒多用 well-off 来报道我国的"小康社会"。例如:

(a) So China's economic policy is now being tweaked to make sure that more than just the new elite gets a chance to enjoy what the Communist Party calls the "*well-off* society". (See, *Building the Well-off Society*, 2005 - 3 - 7)

(b) will be of utmost importance for achieving the national ideals of an all-round moderately *well-off* society and social harmony. (See, *China media: party congree opens*, 2012 - 11 - 8)

在我国不断完善、明确"全面建设小康社会"的目标报告后,外国媒体也转向用 prosperous。例如:

(c) "Building a moderately *prosperous* society is the foundation of realising the China's Dream", says the Communist Party flagship paper, adding that it "will not be accomplished overnight". (See, *China media back Xi's 'prosperous society' dream*, 2015 - 2 - 28)

(d) Last November, Li said that China would need to average annual growth of at least 6.5% over the next five years to meet the government's goal of establishing a 'moderately *prosperous* society' by 2020. (See, *China sets growth target range of 6.5% to 7% for 2016*, 2016 – 3 – 6)

国外媒体和国内媒体都运用了 well-off 和 prosperous 对"小康"一词进行翻译,但用词改变的时间不同。中国从 2004 年开始采用 prosperous 作为官方翻译,而外国媒体直到 2013 年才开始更换翻译方式,而且目前依然有不少媒体和学者继续沿用 well-off 一词。这一不同显示出在中国最初提出"小康"的目标时,国外对此不甚了解。在(a)中,well-off society 与前面的 economic policy 相联系,显示出国外媒体眼中的"小康"仅是经济物质层面的。在(b)中,well-off society 和 social harmony 并列,被视为社会层面的发展目标。结合语境可以看出,这里的 well-off 的语义韵倾向为社会物质层面,体现出外国媒体对"小康"的理解是中国对社会经济物质富裕的追求。

在党中央不断深化明确"全面小康"的目标和要求后,国外媒体对于"小康"内涵的关注和理解更加深入。(c)报道中将 building a moderately prosperous society 看作 realising the China's Dream 的基石;在(d)报道中,moderately prosperous society 与 the next five years 联系起来。这两个报道均显示出外国媒体已经认识到"小康"是中国国家层面的目标,因此外媒在"小康"的用词上与国内保持了一致,改为语义偏向于国家层面的 prosperous。这一变化也反映出中国关于"小康"的外宣在 2004 年开始直到 2013 年之后更加目标坚定,而我国关于"小康之路"的强调增进了国外对于中国"小康"目标的接受度和理解度。中国对"小康"一词的译介一定程度上在引导国际话语。

3. 总结

全面建设小康社会理论是中国特色社会主义理论体系中的重要组成部分。20 世纪 70 年代末,邓小平同志提出要实现四个现代化,靠实事求是,适合中国情况,走出一条中国式的现代化道路。1979 年 12 月首次使用"小康"来描述中国式现代化的发展目标。2020 年,我国脱贫攻坚取得全面胜利,历史性地解决了绝对贫困问题,全面建成了小康社会,实现了第一个百年奋斗目标。

研究发现,国内对于"小康"一词的翻译经历了三个阶段的变化。从 2001 年的 comfortable,2003 年的 well-off 到 2004 年之后的 prosperous,这一变化反映出我国的"小康"是从人民生活的舒适演变为社会的物质富裕,再不断上升到国家各个方面的强盛,也是我国综合国力不断增强、民族自信心不断提高的体现。而国外媒体引用中国关于"小康"一词的话语时,在2013年之前将其视为经济物质的富裕,因而使用well-off进行翻译。而2013年国外媒体理解并接受了"小康"国家层面的含义,改用prosperous进行报道。"小康"一词的翻译随着"小康社会"内涵的演变而不断变化,此变化不仅反映出我国的"小康"目标在不断丰富和明确,也体现出国外对于中国"小康"一词由浅入深的认识过程。该关键术语的对外传播有效地传递了不同历史时期我国小康社会建设理念的内涵,既符合中国国情,又具有鲜明的中国特色。同时通过加强与西方话语体系的对接融合,使海外受众更加深入地了解了我国的政策话语思想内涵及其实践成果。

参考文献:

[1] 陈思.邓小平"小康"目标的提出和内涵[J].邓小平研究,2020(6):31-38.

[2] 邓小平.邓小平文选(第2卷)[M].北京:人民出版社.1994.

[3] 窦卫霖.政治话语对外翻译传播策略研究——以"中国关键词"英译为例[J].中国翻译,2016(37):106-112.

[4] 方子纯,陈坚林.基于语料库的近义形容词行为特征研究[J].外语教学与研究,2014(6).

[5] 黄友义,黄长奇,丁洁.重视党政文献对外翻译,加强对外话语体系建设[J].中国翻译,2014(3):5-7.

[6] 李奉栖."四个全面"的英译探析[J].上海翻译,2016(1):82-89.

[7] 李志波."小康社会"英译研究[J].吉林省教育学院学报,2018(7):153-155.

[8] 卫乃兴.语料库数据驱动的专业文本语义韵研究[J].现代外语,2002(2):166-175.

[9] 于长青,麦新传.从"小康社会"一词的英译变化看其内涵拓展[J].云南社会主义学院学报,2008(3):60-62.

[10] 张继东,刘萍.动词happen、occur和"发生"的语言差异性探究——一项基于英汉语料库的调查与对比分析[J].外语研究,2006(5).

[11] 张占斌,高立菲.全面建成小康社会:衡量标准与科学内涵[J].人民论坛·学术前沿,2016(18):4-16.

[12] 邹贵虎,高渝.主题出版物中国特色政治词汇外宣翻译研究——以党的全国代表大会主题报告英译为例[N].新华书目报,2020-7-24(13).

[13] HOEY M. A World beyond Collocation:New Perspectives in Vocabulary Teaching[M]// M. Lewis. Teaching Collocation:Further Development in the Lexical Approach. London:

Language Teaching Publications, 2000.

[14] KRESS J R. Synonyrny and Doldity[J]. Philosophical studies, 1972, 23(4): 269–279.

[15] LIU, D. Is it a chief, main, major, primary or principal concern? A corpus-based behavioral profile study of the near-synonyms[J]. International Journal of Corpus Linguistics, 2010(15).

[16] LOKEN B. Expressing possibility in English and Norwegian[J]. ICAME Journal, 1997, 21(4): 43–59.

[17] LOUW B. Contextual prosodic theory: Bringing semantic prosodies to life[J]. Words in Context: A tribute to John Sinclair on his Retirement. 2000.

[18] LOUW B. Irony in the Text or Insincerity in the Writer?—The Diagnostic Potential of Semantic Prosodies[M]//M. Baker et al. Text and Technology. Amsterdam: John Benjamins Publishing Company, 1993.

[19] PARTINGTON A. Patterns and Meanings: Using corpora, for English language research and teaching[M]. Amsterdam/Philadelphia: John Benjamins Publishing Company, 1998.

[20] SINCLAIR J. Corpus, Concordance, Collocation[M]. London: Oxford University Press, 1991.

[21] STUBBS M. Collocations and semantic profiles: On the cause of the trouble with quantitative studies[J]. Functions of Language, 1995, 2(1): 23–55.

[22] STUBBS M. Text and Corpus Analysis: computer-assisted studies of language and institutions[M]. Oxford: Wiley Blackwell, 1996.

[23] TOGNINI-B. Corpus Linguistics at Work[M]. Amsterdam: Benjamins, 2001.

 点评

本文基于语料库探索"小康"作为政治文献用语的英译演变及其启示。论文综述"小康"一词的英译四十多年来从 comfortable 到 well-off, 再到 prosperous 的变化, 经由 COCA 语料库的使用频率及搭配数据对比, 探究其语义韵差异, 认定其内涵演变特征, 即对应于从人民生活舒适、物质富裕到国家强盛的不断扩展, 从而令人信服地指明, 中国话语的对外传播应凸显关键术语的准确内涵, 并主动融合国际话语体系, 以提升话语效力。论文立意新颖, 论证严密, 结论有可信性。

宣传话语与艺术传承下的金山农民画艺术

王润苗[*]

摘要：金山农民画是上海市非物质文化遗产，根植于上海市金山区特有的自然环境和风俗人文，有着独特的民间画特征。金山农民画产生带有浓厚的政治宣传色彩。研究从"政治宣传"和"民间艺术"两个维度出发，对金山农民画的生成和现状进行回溯。研究发现，金山农民画的概念生成、艺术生产以及现阶段的发展皆是"政治宣传"和"民间艺术"二者互动下的产物，展望金山农民画的未来，其良性发展仍然离不开二者的共同参与。

关键词：金山农民画；政治宣传；民间艺术；商业价值

一、绪论

（一）研究对象

以金山农民画为研究对象，它是中国农民画艺术的重要组成部分。中国农民画兴起于 20 世纪 50 年代，这一时期的文艺创作以毛泽东《在延安文艺座谈会上的讲话》为纲，明确艺术"都是为人民大众的，首先是为工农兵的"主旨。农民画"最初是作为国家意识形态统领下的一种政治宣传艺术而被发明"[①]，是大众性政治宣传艺术。这一时期的农民画创作具有较强的政治性，农民画的创作受到基层文化馆（辅导员）的直接管理。70 年代中后期到 80 年代是中国农民画发展的第二阶段，主要以上海金山农民画和转型后的户县农民画为代表，这一阶段农民画的政治性开始退隐，农民审美意识的增强促成了农民画艺术风格从政治

---

[*] 王润苗，女，华东师范大学国际汉语文化学院 2021 级硕士研究生。
[①] 周星：《从政治宣传画到旅游商品——户县农民画：一种艺术"传统"的创造与再生产》，《民俗研究》2011 年第 4 期，第 168—198 页。

写实主义向传统民间美术复归的浪潮。90年代以后,以经济和文化全球化为背景的旅游产业推动了农民画的"再生产",这一时期农民画的发展主要表现为政府与商业的介入。近年来,作为上海非物质文化遗产,金山农民画代表上海走出国门、走向世界,在各大国际比赛、展览中大放异彩。

农民画并非独立的画种或绘画流派,其概念的界定存在范围模糊的问题。因此在研究展开前,需要首先就农民画的概念问题展开讨论。目前,农民画多以地域进行划分和命名,成为地方性的非物质文化遗产,如金山农民画(上海市)、户县农民画(陕西省)、辛集农民画(河北省)等。以这种方式对农民画进行分类虽界线清晰明显,但难以将农民画不同的流派风格呈现出来,也未能解决"农民画"概念本身的模糊性问题。"顾名思义农民画是指农民画的画"[1],这一约定俗成的定义被学界和画家群体广泛接受。但若严谨地对"农民画"这一词进行分析,则可以得到多种可能性回答:即从创作主体来看,农民画是由农民所创作的平面美术作品;从创作客体来看,农民画是为农民所创作的平面美术作品;从创作对象来看,农民画是以农民为创作对象的平面美术作品。关于农民画概念的问题目前学界仍未达成共识。相较于具有明确范围的概念,农民画更接近于"一种风格",即具有地方性审美特征的、自由自发的、朴实稚拙的绘画艺术。

(二)研究综述

郎绍君指出农民画是主流文化与民间文化交互作用(通过辅导中介)的具有亚民间性的产物,这种属性规定了农民画在文化艺术格局中的位置,"完全回归到民间艺术已不可能或无法生存;完全同化于主流文化将失去其自在性。"[2]徐赣丽认为农民画既具有地方性色彩,又有一定的专业色彩,是多元外力协商下形成的复杂嵌合体,并将其称为"民间艺术奇美拉化"[3]的具体表现。杨绍军借助克罗齐的理论分析了农民画画家通过自身的知觉活动将生活经验具象化表达,这一过程使农民画获得了艺术身份,与此同时政府与辅导员的双重约束保证了农民画画家叙事资格的合法性[4]。郑土有从发生学的角度指出,农民画是政府力量(文化部门的组织)、精英力量(辅导员的指导)和草根力量(农民作者的

---

[1] 王睿:《中国农民画属性探析》,复旦大学硕士学位论文,2011年。
[2] 郎绍君:《论中国农民画》,《文艺研究》1989年第3期,第111—124页。
[3] 奇美拉是希腊神话传说中的动物,它有着狮子头、羊身体、蛇尾巴。它最初指种类不同的植物或动物交配产生的杂交品种,后来逐渐用于社会学和文化研究领域,比喻当代世界多元混合的文化现实。
[4] 杨绍军:《农民画艺术身份的合法性与农民画画家的叙事资格》,《四川戏剧》2020年第3期,第183—185页。

创作)三者结合共同作用下的产物。其中,新中国的文化政策、文化运作机制是农民画产生的原动力;辅导员是农民画艺术模式的塑造者;农民以其传统民间艺术素养和对生活经验塑造了农民画的独特韵味。三种力量的消长推动了农民画风格的嬗变,三种力量的合力保证了农民画健康发展①。

金山农民画相较于中国其他地区农民画的形成时间较晚,其发展的各阶段也不存在明显的分野,各方推动力量之间彼此交融。如今,农民画的辅导员机制已不再实行,金山农民画画家与政府的互动多体现在配合政府文化机构的宣传任务、配合地区旅游业的发展、中小学艺术教育等社会功能上。

二、政治宣传与民间艺术良性互动的生成机制

张士闪对 20 世纪的中国乡民艺术研究做了梳理,他以 20 世纪 50 年代为界将中国乡民艺术研究分为"民族国家的自我想象"和"从民族国家本位到乡土语境的开启"两个阶段,又以 1970 年为界将后一阶段分为"乡民艺术的'泛政治化'"和"返归乡土语境"两个时期。研究者学术取向的变化实则与乡民艺术的演变形成互文,从研究反观乡民艺术可窥知其"从参与民族国家建构到返归乡土语境"②的发展历程。

具体到金山农民画的个案研究上,金山农民画同样是在"政治宣传"和"民间艺术"的共同推动下不断发展的。农民画和其他民间美术的最重要的区别在于其自诞生之初就与官方存在紧密的联系,上海金山农民画院隶属于上海市金山区文化和旅游局,是行政事业单位,故而画院工作人员即辅导员具有官方身份。农民画画家 LYZ 是一位追求自由和创新的旅法画家,他认为农民画是时代教育的产物,辅导员机制的存在对农民画艺术的发展帮助是需要考量的:

艺术肯定培养不出来的,(艺术)本身就是自己想要表达的一个东西。③

不同的是,ZB 和青年画家 JXJ 则认为,辅导员的启发、指导和创作是农民画

---

① 郑土有:《三种力量的互动:中国农民画艺术的生成机制》,《民间文化论坛》2014 年第 1 期,第 80—88 页。
② 张士闪:《从参与民族国家建构到返归乡土语境——评 20 世纪的中国乡民艺术研究》,《文史哲》2007 年第 3 期,第 17—28 页。
③ 被访谈人:LYZ,访谈时间:2019 年 11 月 26 日,访谈地点:金山农民画画家 LYZ 家中。

艺术取得成功的关键：

> 早期的作品，是在辅导老师的辅导下出来的，其实是辅导老师和农民作者共同的一个作品。而且当时是集中性的辅导，作者和作者之间也在探讨，作者和作者之间也在争论，作者和辅导老师也在探讨，作者和辅导老师也在沟通和争论，这才能提高一张作品的艺术价值。(ZB)①

> 应该说农民画和辅导老师是息息相关的，因为画作者其实艺术含量还是非常低的，要靠辅导老师去肯定，他才能够往这条路去走。而且辅导老师的眼光是决定了农民画的一个水平，辅导老师眼光差，他辅导出来一批东西都是很差的，像我们金山农民画为什么这么牛？因为老师这么严格地在辅导。(HMF、JXJ)②

值得注意的是，农民画辅导员在辅导的过程始终以"民间艺术"为创作导向，在创作内容上强调扎根于民间生活，在创作风格上强调随性自由。在农民画画家 CXW 的作品中，鱼和莲花是最常见的图案，这便是取材于民间生活的最直接证明：

> 因为我们这里有一千亩土地的莲花。晚上散步都听到荷花的池塘里有青蛙的叫。我们散步天天要到那边去，晚上我去散散步去看看有什么灵感。荷花开了，我们都去看的。③

金山农民画发展之初也曾走过模仿文人画，缺乏乡土气息，有强烈的政治色彩等弯路。辅导员在采风时意外发现了一批熟谙剪纸、刺绣、灶壁画等民间传统手工技艺、绘画的农村妇女，并鼓励她们加入农民画的创作队伍，给予启发和指导，最终促成金山农民画于 80 年代初期一炮走红。辅导员除了对农民画创作给予指导，还肩负着理论研究的任务。农民画作品的生命力在于其浓厚的地方特色，主张尊重农民独特的审美观和艺术个性，创作要扎根于"泥土"。金山农民画一直延着这一理念发展至今，一些即使接受过专业美术学习的学院派画家仍

---

① 被访谈人：ZB，访谈时间：2019 年 11 月 26 日，访谈地点：金山农民画画家工作室。
② 被访谈人：HMF、JXJ，访谈时间：2019 年 11 月 26 日，访谈地点：金山农民画画家工作室。
③ 被访谈人：CXW，访谈时间：2019 年 10 月 15 日，访谈地点：金山农民画村。

将这一理念奉为圭臬：

> 我这个年代对农村的这一块生活缺乏切身体会，像我们的话只能从剪纸、木刻这些民间艺术去吸收养分。（HMF、JXJ）①

金山农民画画家与辅导员之间没有明确的师生关系，辅导员在农民画创作中也并非具有权威作用，辅导员强调：

> 我们没有学习班，我们是创作班。我们一直在创作，没有学习。我们是发掘，我们的辅导因时利导，每个人不同的风格因人而异，因势利导，是一种创作的发掘，而不是怎么画。（YZY）②

从以上可知，金山农民画的生成过程中辅导员与农民画画家始终保持了良性互动。首先，政治宣传和民间艺术的合作生成过程中金山农民画中民间审美意识的发现、民间艺术风格的回归和民间资源的发掘是由政治宣传介入促成的。其次，传统民间艺术在艺术表达上十分自由，金山农民画多表现农村日常生活、农业劳动、乡村风光以及当地的传统习俗，具有质朴纯洁的艺术风格，画作整体洋溢着积极乐观的氛围和健康向上的精神，政治宣传因素的介入非但没有使其失去自由的气质，反而将民间文化昂扬的生命力更直接有力地表达出来了。最后，"回归民间"既是农民画艺术发展历程中的重要转折点，又与国家的文化政策和乡民艺术的发展趋势暗合，农民画正是搭着政治的便车在较短的时间内完成了"从参与民族国家建构到返归乡土语境"③的变革。然而，政府的介入和商业浪潮使得当下的金山农民画出现了新的情况，这为解读政治宣传和民间艺术的互动关系提供了新的可能。

三、市场经济下的民间艺术发展困境

耿波曾提出百余年来中国乡民艺术始终面临的"去语境化"问题，他指出所

---

① 被访谈人：HMF、JXJ，访谈时间：2019 年 11 月 26 日，访谈地点：金山农民画画家工作室。
② 被访谈人：YZY（辅导员），访谈时间：2019 年 10 月 15 日，访谈地点：金山农民画院会议室。
③ 张士闪：《从参与民族国家建构到返归乡土语境——评 20 世纪的中国乡民艺术研究》，《文史哲》2007 年第 3 期第 17—28 页。

谓"去语境化"即外在强势的"他者"对中国乡民艺术本源性存在境遇的剥夺,使其设定性和碎片化。他以1980年为界将百余年中国乡民艺术的去语境史划分为两个阶段,第一阶段的他者为"民族-国家"话语,第二阶段的他者为"经济-国家"话语①。周星曾谈到商业对于民俗文化传承的积极意义,他指出"民俗文化要在现代社会的日常生活中生根存活,反倒是借助商业消费的路径才较有生机与活力"②。

近年来,金山农民画多次走出国门,在世界博览会、世界进口博览会等国际盛会中一展风采,成为上海文化品牌的名片。金山农民画很好地配合政府文化机构的宣传任务,如"上海市金山农民画法制作品征集大赛"一等奖作品《安全施工》(图1),画面中的工人头戴安全帽,有条不紊地从事着劳动生产,"文明施工,安全第一"的标语位于画面中央,简单明了地表现了作品的主题。再如《现代农业园区》(图2)呈现了农村建设的新成果:蔬菜水果分区种植、直升机喷洒农药、超市直购直销等现代化农村景象一一呈现在画面中。这种宣传向外展示社会主义新农村的风貌。政治宣传的主题画与艺术创作也有因主观要求而一定程度上阻碍画家的自由创作方面,如画家WAN对"命题"画创作表达了一定的看法,认为有些"命题"题材创作不符合艺术发展的规律:

图1 安全施工

图2 现代农业园区

新泾村当时要开一个全国乡村振兴会议,他们让我画一幅画。挺搞笑的当时,说W老师其他的都可以,你能不能河里面不要画鸭子。我跟他们

---

① 耿波:《从现代性到后现代:中国乡民艺术的"去语境化"》,《齐鲁艺苑》2006年第4期第81—86页。
② 周星:《民俗主义、学科反思与民俗学的实践性》,《民俗研究》2016年第3期第5—14、158页。

也解释,这是艺术,艺术是需要加工的,再说我们画的也是很现实的。农民画,你脱离了这些东西之后,真的没什么看头了。这是一个,另外一个我说艺术都是加工的,你不能说我河里面画鸭子,现在环保你们不能画鸭子,对吧?所以说挺难的,你不画没生机,一画好像有意识地在破坏环境。(WAN)①

一方面政治宣传与民间艺术创作违背了民间艺术的自由要义,另一方面"民间艺术"的概念被画家悬置在创作之外,逐利心态下出现了为迎合民俗消费的猎奇心理而创造出"伪民间艺术"作品。此时,艺术水平的高低不再是一部分画家的首要追求,能否快速带来经济利益成为创作的标准。画家CXW直言生计是其最重要的创作目的。而对于年轻画家,作品获奖意味着作品获得了主流的认可,同时也意味着更高的收益和更广的市场:

我(作品中有刺绣风格)不光为了展出,还要为了我自己的生存,因为我没有收入的,所以我想这种画卖得比较好,是这样的。(CXW)②
有可能像年轻人他可能更注重比方这张作品我能得个奖,那这样最好,毕竟奖也能代表说话。如果说你要进各种协会,他必须要得多少次奖才能进。可能方向不同,目的也不同。(WAN)③

在"名"和"利"的双重诱惑下,甚至出现了山寨、复制、抄袭、剽窃等扰乱艺术市场秩序的现象。但这些问题背后更多是生存压力下的无奈:

复制是一个产业的问题,它要生成。我们农民画最早的时候是一张一张的,但是因为农民画的价格,不像专业画家、职业画家的画能卖一万、两万。农民画只能卖一百块。那么如果他创作一张画要二十天到三十天,而且很艰难地创作,最后卖一百块,你说他怎么生存?只能让他复制,搞批量。(RZY)④

---

① 被访谈人:WAN,访谈时间:2019年11月26日,访谈地点:金山农民画画家工作室。
② 被访谈人:CXW,访谈时间:2019年10月15日,访谈地点:金山农民画村。
③ 被访谈人:WAN,访谈时间:2019年11月26日,访谈地点:金山农民画画家工作室。
④ 被访谈人:RZY(辅导员),访谈时间:2019年10月15日,访谈地点:金山农民画院会议室。

说实话,如果我一幅画能卖个几千,我就不重复画,对吧?一个是还得生存,还有一个是本来创一幅画也不容易,说实话花了很多精力,你卖一幅才卖几百块,大一点的有一两千说实话,再大两三千也有,但是我觉得和付出还是不能同等。如果别人愿意,看中了,我愿意再画一幅,就是这样,所以农民画提不起它的价格,也是因为它不是唯一性。(WAN)①

在商业浪潮下,金山农民画又作为消费品在市场中获得收益,在民俗旅游中,为迎合消费者的猎奇心理和审美习惯,金山农民画的创作中出现了建构"伪民俗"等情况,更有甚者不惜以抄袭、剽窃等方式在短期内获得经济效益。金山农民画当下的生存状态是"民间艺术""政治宣传"和"商业价值"互动下产生的新局面。金山农民画曾以其浓郁的地方特色和自由的创作风格而广受青睐,政府文化建设和宣传的需要、购买者的怀旧情怀以及艺术发展的创新为金山农民画的后续发展提出了新的命题。

四、"民间助力,政治护航"的发展模式

如何处理好民间艺术、政治宣传、商业价值等各要素之间的关系,在促进民间艺术文化传承的同时,切实保证农民画家的生计需要,在"民间艺术"和"政治宣传""商业价值"中平衡发展,笔者认为可以借鉴"民间助力,政治护航"的发展模式。

(一)以民间为本,助力金山农民画创作

首先,农民画艺术始终处于变化发展之中,民间性是农民画最本质的属性,是农民画艺术的立足之本。金山区地处江南历史文化圈,因上海而具有海派文化的气质,故而金山农民画既有江南文化之温婉含蓄、沉静内敛,又兼海派文化之海纳百川、大气磅礴。金山特有的山丘、河流、田园、街市等风景物产,节庆仪式、生产劳动、娱乐活动等岁时生活,剪纸、刺绣等民间手工技艺,还有口耳相传的民间故事源泉……这些都为金山农民画提供了源源不断的创作灵感和丰富的创作素材,这是金山农民画区别于其他众多农民画流派的最根本的特征。正如RZY所言:

---

① 被访谈人:WAN,访谈时间:2019 年 11 月 26 日,访谈地点:金山农民画画家工作室。

（金山农民画）要走向一个有品味的、有地域文化的、有特色的，走民间这一条路永远是对的。（金山农民画）作为一个非遗保护项目，它的文化内涵，就是农民画背后的东西，就是乡村文化的东西。这些东西实际上就是我们要提倡的，原来农村世袭的，那些祖上给他们传下来的。我们这些传统文化是什么？形式和内容，内容就是民俗文化的，他们平时的乡村的活动、节气，生孩子、做满月这些都是乡村活动，在农民画里面是有体现的。那是过去的生活的一些东西，有的现在还有，有的已经没有了，这是一个方面。还有一个就是乡村的一些在生活中间美化的东西，就是我们说的民间美术的这一块，像我们当地剪纸，剪纸因为它和刺绣是连在一起的，剪纸它是刺绣的花样的设计。①

民间艺术最基本的审美风格即在于自由自在。在访谈过程中，农民画家不止一次地提到他们需要更加自由的创作空间。

> 艺术家自由飞翔，不要太多的约束。(LYZ)②
> 我们强调的是乡土性，有的你绘画方面可能不工整，画的就是很随意，这才是真正的，农民画最原始的、最淳朴的，哪怕画这个不符合逻辑，不符合透视什么的。不能按照我们专业的风格去灌输，去把他框死，这是错误的。(RZY)③

保护与传承金山农民画，首要任务是加强地方民间文化资源的开发与保护，将当地非物质文化遗产创新利用。确保农民画艺术的自由创作，画笔贴近生活、表现生活，在创作题材和创作风格立足于民间优秀传统文化，最大限度地保证农民画的民间艺术本位。

（二）政治护航，促进金山农民画良性发展

关于金山农民画的产业化发展道路已有了初步尝试，但在实际操作中尚且存在诸多问题。目前农民画的商业化道路主要有画作售卖和文化创意产品的开发两条途径，RZY 曾对当前农民画售卖模式进行了细致的描述，并指出画家在此过程中的"售货员心态"不利于潜心创作：

---

① 被访谈人：RZY（辅导员），访谈时间：2019 年 10 月 15 日，访谈地点：金山农民画院会议室。
② 被访谈人：LYZ，访谈时间：2019 年 11 月 26 日，访谈地点：金山农民画家家中。
③ 被访谈人：RZY（辅导员），访谈时间：2019 年 10 月 15 日，访谈地点：金山农民画院会议室。

旅游公司在农民画村里边盖了几栋房子,让这些作者驻入里面画画。实际上也是用农民画的资源,作为旅游的一个窗口。到现在运营十三年了,这个东西很难,因为这些作者在里面实际上在做生意,像开商店一样。墙上都挂着好多,大大小小的画,像守店一样,有游客进来就推销画,他自己卖,对我们来说是不提倡的。像店铺一样,弄一个画板,做个样子,一张画画到一半,是平时在弄的(画),但他都是临摹的、复制的。等游客进来,他就做介绍,像营业员一样。实际上是浪费了我们的画家,很多进驻的画家是我们的骨干作者,但是因为这种状态、环境,造成他心定不下来。直接面对顾客,天天如此,心态怎么静下来?像营业员一样的心态,无法坐下来创作,就造成了他没有好的作品出来。①

金山农民画的文化创意产品对农民画的宣传推广效果也不甚理想,RZY认为:

　　它不属于真正的文化创意产品,只是那个(农民画的)图案挪上去,这算不上是文创产品。文创产品要根据这些作品的背后的内容去再创作。只是元素的挪移,不是文创产品,我也不赞成的,所以它很难推向市场,走不远。②

关于如何开发优秀的文化创意产品,打造金山农民画的文化品牌,两位辅导员老师也曾有过具有启发意义的发言:

　　越是乡土的,越是民间的,越是民族的,越是时尚,实际上现在很多做时尚的,就是从民间艺术吸收来的,未来的趋势就是这样。(RZY)③
　　它既有具象的,又有抽象的,有民间的,又有现代的。(WTZ)④

文化创意产品设计开发不应照搬现有的农民画成果,而应该继续从民间出

---

① 被访谈人:RZY(辅导员),访谈时间:2019年10月15日,访谈地点:金山农民画院会议室。
② 被访谈人:RZY(辅导员),访谈时间:2019年10月15日,访谈地点:金山农民画院会议室。
③ 被访谈人:RZY(辅导员),访谈时间:2019年10月15日,访谈地点:金山农民画院会议室。
④ 被访谈人:WTZ(辅导员),访谈时间:2019年11月26日,访谈地点:金山农民画家家中。

发,融入时尚元素进行再创作。将民间文化深植其中,通过艺术的巧思使其以更加时尚的面貌呈现。

（三）辅导员因势利导

辅导员机制曾在特定的历史阶段发挥了重要作用,如今虽然已退出历史舞台,但其辅导模式仍然值得政府部门借鉴。如前文所述,辅导员虽然掌握专业的美术技法和绘画理论,但却并未限制农民画画家的自由创作,相反他们往往因势利导,发挥启发和发掘的作用。"当初的(辅导员)制度就是说,一定要 WTZ 老师确认,这幅画才可以上市"①这样一批具有艺术责任感的专业辅导员为农民画早期的良性发展做出了功不可没的贡献。农民画辅导员对民间文化有着丰富的理论知识和独到的见解,在整合利用优秀民间文化资源,激发农民画家的创作潜能、开发独具艺术性的上乘文化创意产品等方面能力出众。如今辅导员机制虽已失去,但不妨在农民画院中设置艺术顾问一职,整体把握金山农民画的艺术水准,调节画家与政府、艺术品与市场等等之间的关系,使农民画既符合现代审美标准又能更好地贴近当下的农村生活。

五、结语

纵观金山农民画的发展历程,"政治宣传"和"民间艺术"两大要素互相融合,共同参与了其概念的生成、艺术的生产以及各阶段发展进程。农民画的概念无论是创作主体、创作对象亦或是创作题材,都无法精确概括,缘是"政治宣传"和"民间艺术"两个因素在农民画的诸多方面纠葛过重,导致农民画的边界始终处于模糊状态。因此,本研究倾向于将其定义为具有地方性审美特征的民间绘画风格艺术。在金山农民画的艺术生产过程中,政治宣传与民间艺术始终保持着良性的互动。金山农民画向民间的回归既是农民审美意识的发现,又顺应了新时代文化政策的转变。在 20 世纪中期作为政治性力量代表的辅导员发挥了不可替代的作用。进入 20 世纪 80 年代后,在商业化浪潮下的金山农民画出现了新的情况,具体表现为金山农民画继续发挥政治宣传作用向外展示社会主义新农村的风貌,使时代新气象得到直观的表现;逐利心态下出现了为迎合民俗消费的猎奇心理而创作出"伪民间"作品,甚至出现了山寨、复制、抄袭、剽窃等扰

---

① 被访谈人：WAN,访谈时间：2019 年 11 月 26 日,访谈地点：金山农民画画家工作室。

乱市场秩序的现象。这既不符合艺术发展的规律,也阻碍了民间文化的保护与传承。本研究在艺术发展与文化名片的互动中,提出了"民间助力,政治护航"的发展模式,只有"民间艺术"与"政治宣传"形成发展传承优秀文化的合力,才能不断地将农民画艺术推向更加广阔的空间。

参考文献:

[1] 郑土有,奚吉平.中国农民画考察[M].上海:上海人民出版社,2014.
[2] 杨颖静.上海金山农民画乡土意象的分类与特征分析[D].复旦大学,2009.
[3] 何卫平.从"政治"到"民俗"[D].西安美术学院,2013.
[4] 亓明曼.上海西郊农民画:一种文化的生成与记忆[D].华东师范大学,2015.
[5] 郑土有.三种力量的互动:中国农民画艺术的生成机制[J].民间文化论坛,2014(1):80-88.
[6] 赛瑞琪.农民画的"地方性消费难题"与产业化发展探讨:以金山农民画为个案[J].民间文化论坛,2014(1):95-100.
[7] 李柯.上海西郊农民画产业化发展的可能性——基于经济民俗学认同性经济的理论探究[J].文化遗产,2016(2):114-118,158.
[8] 周星.中国农民画的发展趋向与新的可能性[J].东方论坛,2021(1):1-15,165.
[9] 耿波.从现代性到后现代:中国乡民艺术的"去语境化"[J].齐鲁艺苑,2006(4):81-86.
[10] 吴彤章.金山农民画的艺术道路[J].美术,1982(8):41-43.

点评

本文从"政治宣传"和"民间艺术"两个维度出发,采用历时研究的路径,结合田野访谈和文献调研,对金山农民画的生成和现状进行回溯,并讨论其未来发展之路。研究发现,金山农民画的概念生成、艺术生产及发展生态皆是"政治""民间"两个要素互动下的产物,其良性发展离不开两者的共同参与。论文立意新颖,调研扎实,资料翔实,结论可信,对研究民间文化艺术的发展有参考价值。

欧盟投资仲裁上诉审查范围张力边界与中国因应①

欧继伟*

摘要：上诉审查范围条款是当前投资仲裁机制改革的关键内容之一。欧盟在借鉴WTO上诉机制和ICSID撤销机制基础上以上诉审查标准建构上述审查范围，提出国际投资仲裁上诉审查范围应当包括"法律审""有限事实审（包括对国内法认定）"以及"《ICSID》公约第52条"，欧盟方案创新地以正确性和合理作为审查标准，并以此设计上诉审查范围，但仍存在"事实认定明显错误"规范不清晰、"仲裁庭明显越权"适用范围不明确等局限。因此，中国应当谨慎对待和审慎评估欧盟提案中的上诉审查范围条款，并尽早形成符合中国利益的中国方案。

关键词：投资仲裁；上诉审查范围；准据法解释或适用错误；国内法认定明显错误；明显越权

一、问题的提出

投资者—东道国争端解决（ISDS）条款是投资协定中非常重要的组成部分，关系到外国投资者利益保护和条约义务的落实。近年来，质疑、反对、限制、改革乃至废除投资仲裁的政府政策和条约实践不断涌现，投资仲裁的未来处于危机、挑战和不确定性之中②。中国和欧盟已于2020年底完成《中欧全面投资协定》（CAI）谈判，约定在协定签署后两年内完成ISDS条款谈判，在条款设计上将

---

① 原题《欧盟投资仲裁上诉审查范围提案与中国因应》，载《国际经济法学刊》2022年第3期。收入本书时略有修改。

* 欧继伟，男，上海对外经贸大学法学院2019级硕士研究生。

② 王彦志：《RCEP投资章节：亚洲特色与全球意蕴》，《当代法学》2021年第2期，第56页。

考虑联合国国际贸易法委员会(UNCITRAL)关于投资争端解决机制改革进展。而设置上诉机制是当前ISDS改革方案的主要内容①,美国及日本、加拿大在UNCITRAL引领的ISDS改革中的消极保守,中国对常设上诉机制改革议题持开放立场但尚未提出具体设计②,欧盟作为FDI流入与流出都具有较大的发达经济体,积极参与ISDS改革议题是ISDS上诉机制的倡导者和实践者,因此欧盟关于上诉机制的提案值得重视。

在ISDS上诉机制的建构中,上诉审查范围是核心问题,包括上诉理由和复审标准③。由于《ICSID公约》下的仲裁裁决撤销机制和仲裁地国家法院司法审查的有限审查范围存在缺陷,撤销机构的职责普遍低于上诉机构④,国际社会就扩大上诉审查范围改革形成初步共识,但对于扩大上诉审查范围张力边界的讨论仍未达成一致。若该问题处理不当则可能引起主权国家反对,最典型例子是被誉为"皇冠上明珠"的WTO上诉机构在美国的阻挠下陷入停摆,其中一个理由是美国认为WTO上诉机构"通过审查专家组的事实调查结果,包括与WTO成员方内法含义相关的事实调查结果,超出了DSU第17.6条赋予其仅审查法律问题的有限权力"⑤,因此ISDS改革中的上诉审查范围问题需要审慎评估,防止未来重蹈WTO上诉机制覆辙。

二、欧盟条约中投资仲裁上诉审查范围张力边界理论评析

根据欧盟条约实践与欧盟向UNCITRAL第三工作组提交的材料,上诉审查范围法定事由包括"法律审"即"准据法解释或适用错误","有限事实审"即"事实认定明显错误"及"《ICSID公约》第52条"所列情形。可见,欧盟条约实践在借鉴WTO上诉机制的"法律审"并将之扩张转化为兼具"有限事实审"与"法律审"的形式,并且借鉴现有《ICSID公约》第52条的撤销事由,纳入上诉审查

---

① https://trade.ec.europa.eu/doclib/docs/2021/january/tradoc_159350.pdf, Nov. 4, 2021.
② "中国对完善投资者与国家间争端解决机制的可能方案持开放态度。中国支持对常设上诉机制改革方案开展研究。"更多中国关于ISDS改革的提案内容,请参见中国政府提交的意见书,https://uncitral.un.org/sites/uncitral.un.org/files/wp177c.pdf, 2021年11月4日。
③ 上诉机制和多边法院机制,https://undocs.org/zh/A/CN.9/WG.III/WP.185, 2021年11月4日。
④ See Elsa Sardinha, The Impetus for the Creation of an Appellate Mechanism, ICSID Review – Foreign Investment Law Journal, Volume 32, Issue 3, 2017, p. 515.
⑤ USTR, Report on the Appellate Body of the World Trade Organization, USTR (30 January 2021), pp. 37-44.

范围。

（一）合理之处：基于审查标准建构审查范围弥补 WTO 上诉机制与 ICSID 撤销机制不足

在上诉审查范围条款设计上，欧盟基于审查标准建构审查范围，校正了 WTO 上诉机制和解决投资争端国际中心（ICSID）撤销机制审查范围过窄和撤销专门委员会权限扩张形成条约意图与仲裁实践相冲突的论争问题。

审查范围的界定离不开审查标准辐射。通常而言，审查标准可具化为"正确性"与"合理性"两大评价因子。涉及一般法律问题时，"正确性"是唯一合适的标准，因为法律问题对于整个司法体系影响很大因而需要统一和一致答案①，因此上诉法庭对初审法庭在法律问题上的错误应当重新审查，以"正确性"作为审查标准而无需对初审法庭法律解释或适用问题予以尊重，没有限定词的"准据法解释或适用错误"的上诉审查范围是欧盟对"正确性"审查标准的落实。

而在涉及事实问题时，欧盟认为应当采用"合理性"标准，"合理性"标准是一种尊重标准，主要涉及决策过程中是否存在正当性、透明度和可理解性②。只有上诉法庭"明确而坚定地相信初审法院已经犯下错误"，其标准是事实"明显错误"时，上诉法庭才能撤销或者推翻初审法庭关于事实认定的裁决，否则应予以尊重③。而且，如果每一次上诉都进行新一轮事实调查，对于司法系统来说成本过高④，这也是欧盟仅将"事实认定明显错误"纳入上诉审查范围原因。此外，该表述还可以避免出现 WTO 上诉机制下关于"对事实评价明显错误是否可以构成法律错误"的争论。

然而必须承认的是，对初审法庭事实认定尊重的规定仍不可避免出现风险。通过比较将美国司法系统与没有事实尊重的司法系统，可以发现，当且仅当美国司法体统中上诉法院的偏好与初审法院密切一致时，事实尊重对上诉法庭有利⑤。相对于此种潜在的事实扭曲风险，欧盟做法是在效率与公平之间取得平衡的较优做法。

---

① Dunsmuir v. 2008 SCC 9 [2008] 1 SCR 190, para. 60.
② Dunsmuir v. New Brunswick [2008] 1 SCR 190, 2008 SCC 9, para. 47 (emphasis added).
③ Easley v. Cromartie, 532 U.S. 234, 235 (2001).
④ See Sepehr Shahshahani, The Fact-Law Distinction: Strategic Factfinding and Lawmaking in a Judicial Hierarchy, *The Journal of Law, Economics, and Organization*, Vol. 37(2), 2021, p. 442.
⑤ Ibid, pp. 464 – 465.

至于《ICSID 公约》第 52 条理由,欧盟完全采纳了 ICSID 仲裁裁决撤销的理由,将案件的实体审查即"准据法解释或适用错误""事实认定明显错误"从程序审查事由中剥离出来,以期实现程序错误与实体错误的区分。欧盟此番考量也预示着其认可 ICSID 撤销实践中将第 52 条理由范围限定在防止"违反管辖法庭程序的法律基本原则"中①,在撤销仲裁裁决实践中,对于仲裁庭违反程序行为是否予以撤销,ICSID 撤销专门委员会认为其审查标准应当是"合理性"标准。"即使发现了可撤销的错误,专门委员会对是否取消裁决也有一定的酌处权……除其他外,专门委员会有必要考虑该错误相对于当事人合法权利的重要性。"②因此,欧盟将 ICSID 撤销裁决的理由完全纳入上诉审查范围,虽然没有在前缀加入任何限定词,但是已经以默示的方式将 ICSID 撤销裁决实践下发展出来的"合理性"审查标准融入上诉审查范围建构中。

总而言之,欧盟对于上诉审查范围条款设计,是基于丰富司法实践基础作出的,是 WTO 上诉机制和 ICSID 撤销机制的制度创新。从宏观层面而言,以审查标准来建构审查范围有利于为将来司法实践当事方提供可预见性,同时也有利于为上诉法庭运作上诉机制提供审查标准引导。

(二)欧盟上诉范围扩张设计的局限

1. 对"事实认定明显错误"规范不明确

裁决的正确性首先取决于对事实的正确认定,事实认定不合理可能影响最终作出的裁决。将事实性问题纳入上诉审查的范围,可以纠正 ISDS 机制下裁决在法律适用上的错误和事实认定上的错误,有助于确保终局裁决的整体正确性,这是建立上诉机制的主要目的之一③。而《欧盟-加拿大全面经济贸易协定》(CETA)规定,事实认定明显错误可能导致裁决被撤销,尤其是对东道国国内法认定明显错误④。根据欧盟的条约表述,至少有三个地方值得商榷:上诉法庭如何区分"事实认定"与"准据法解释或适用"边界及其引申的证明责任分配问题;上诉法庭对"明显错误"含义认定;上诉法庭对东道国国

① See ICSID Secretariat, Updated Background Paper on Annulment For the Administrative Council of ICSID, May, 2016, para. 71.
② Compañía de Aguas del Aconquija S. A. and Vivendi Universal S. A. v. Argentine Republic, ICSID Case No. ARB/97/3, Decision on Annulment, para. 66(July 3, 2002).
③ 秦晓静:《设立投资仲裁上诉机制的路径选择》,《政治与法律》2021 年第 2 期,第 134 页。
④ 参见叶斌:《投资者诉国家争端解决机制的司法化——欧盟与加拿大的尝试》,《欧洲法律评论(第三卷)》2018 年第 3 期,第 66 页。

内法认定的效力。

首先,区分"事实认定"与"准据法解释或适用"边界,对上诉方证明标准和上诉法庭审查标准具有决定性意义。当某一问题为"事实认定"错误问题时,上诉方需要承担证明仲裁庭认定该"事实"符合"明显错误"程度才能达到"入审"标准。相反,某一问题为"法律"解释或适用问题时,上诉方只需承担证明仲裁庭在解释或适用上符合"错误"程度就能达到"入审"标准,而上诉机构对于"法律问题"持有"正确性"审查标准使其对"入审"的"法律问题"审查门槛更低。传统民事诉讼对两者的区分是,某一行为或某一事实是否存在,是"事实问题"范畴,而某一行为或某一事实有无法律上的价值意义,则为"法律问题"①。

WTO上诉机构在EC-Hormones案中首次对事实问题和法律问题进行了界定,认定某一特定事件是否在某个时间、某个地点发生是事实问题,而判断一系列事实是否符合协定规定的要求则属于法律定性问题②。不过,WTO上诉机构在US-Upland Cotton案中也承认,纯事实问题与事实和法律交织问题之间的界限往往难以界定③。WTO上诉机构实践中,事实和法律交织的界限主要体现在"专家组应当对案件事实做出客观评估"。基于此,上诉机构认为"专家组应当对案件事实作出客观评估"是一个法律问题,但审查法律问题同时又不可避免对事实问题进行审查。

映射到国际投资仲裁中,也会产生相似问题。根据《欧盟—越南自由贸易协定》(EUVFTA)第3.42条,仲裁庭适用的准据法包括该协定的投资保护章和其他条款,以及其他国际法规则与原则,同样包含证明责任规则等。在国际投资仲裁中,证明责任的转移以初步证据事实的确立为前提,已经形成一定的共识和一致性的国际法实践规则④,在仲裁庭错误适用证明责任规则等情况下可能产生"事实认定"错误。因此在仲裁庭错误适用上述准据法中的证据规则,导致原本属于申请方提交证据的责任转移到被申请方造成仲裁对事实认定产生错误时,即仲裁庭错误解释准据法或适用证据规则条款导致事实认定明显错误,该问

---

① 陈荣宗、林庆苗:《民事诉讼法》(下),台北三民书局2009年版,第730页。
② European Communities — Measures Concerning Meat and Meat Products (Hormones), WT/DS/26/AB/R, P.51, para. 132.
③ United States — Subsidies on Upland Cotton, WT/DS267/AB/RW, p. 150, para. 385.
④ 参见黄丽萍:《国际投资仲裁中证明责任的概念辨析及倒置的创设》,《武大国际法评论》2019年第4期,第65页。

题究竟是"事实认定"错误还是"准据法解释或适用"错误,涉及上诉方与上诉法庭关于上诉理由的选择问题,亟须厘清。

其次,在上诉法庭如何认定"明显错误"的问题上,体现了欧盟对事实审查范围作出的合理限制以迎合仲裁效率要求,从而严格控制上诉审查边界①。就"明显错误",可以参考 ICSID 撤销专门委员会关于"明显越权"发展出的两种不同方式解读。第一种是两步法,第一步确认是否存在越权,第二步在确认前者基础上判断越权是否"明显";第二种是表面测试法,包括应用简要测试来确定被声称的越权是否可以被视为"越权"。关于"明显"一词的解读,既有"显而易见""明显"和"不证自明"标准,即无须进行详细分析即可辨别,也有对案件结果"严重"或"重要"(material)标准②。

"关于事实认定明显错误",尤其是对国内法认定明显错误的认定方法,欧盟条约实践并没有明确标准。在没有立法指引情况下,上诉法庭将来进行裁定时,既可能参考 ICSID 撤销专门委员会关于"明显越权"的分析,也可能单独创设出其他解释方法与路径。在 ICSID 撤销机制实践较为丰富的情况下,以"自由裁量权"为由,将不确定性抛给争端解决机构,无疑只会增加仲裁当事人解决问题的成本。

最后,关于上诉法庭对东道国国内法认定效力问题,应当拆分为上诉法庭是否有权作出认定以及作出认定之后对东道国国内法的影响,其本质是国际法庭与国内当局和司法机关的分权问题。从应然角度,国内法只是表达国家意志并构成国家活动的事实③,欧盟认为国内法是事实而非准据法,初审法庭和上诉法庭在认定缔约方国内法含义时,应当遵循缔约方当局或法院对条款的惯常解释,但初审法庭和上诉法庭对国内法含义的认定,并不对缔约方当局或法院具有约束力④,此举希望通过条款阐明对上诉法庭的解释权予以划分上诉法庭与东道国当局和法院解释权之间的权力分界。从实然角度,尽管欧盟在条约中强调上诉法庭的解释权受限,并强调上诉裁决不能要求东道国修改立法,对国内法含义

---

① 参见杜玉琼、黄子淋:《国际投资仲裁上诉机制构建的再审思》,《四川师范大学学报(社会科学版)》2021 年第 1 期,第 102 页。

② See ICSID Secretariat, Updated Background Paper on Annulment For the Administrative Council of ICSID, May, 2016, para. 82.

③ Ian Brownlie, *Principles of Public International Law*, vol. 39 (5th ed., Oxford Clarendon Press, 1979) (quoting Certain German Interests in Polish Upper Silesia, PCIJ, Series A, No. 7, p. 19.).

④ EU-Singapore IPA, Art. 3. 13; EU-Vietnam IPA, Art. 3. 42; CETA Art. 8. 31.

的认定不对当局和法院产生约束力,但上诉法庭对东道国国内法的认定显然对东道国法律制度制定和修改具有不同程度潜在影响①。虽然仲裁庭一般只能裁决金钱赔偿,但高额赔偿款给东道国预算带来巨大负担②。如果潜在投资者在类案中不断引用前述条款解释,东道国将不得不进行国内立法,这使得将国内法作为事实认定时,更需要仔细衡量上诉法庭是否具有多边主义下 WTO 上诉机构的职权定位以符合 WTO 协定的要求。

2. "仲裁庭明显越权"覆盖的范围不明晰

从 ICSID 撤销专门委员会实践看,"仲裁庭明显越权"包含两个方面,一个是"与管辖权有关的明显越权",另一个是"与准据法适用有关的明显越权"③。考虑到法律解释或适用特殊性,欧盟将"准据法解释或适用错误"从《ICSID 公约》第 52 条之二"仲裁庭明显越权"中剥离出来单独成款,明确准据法解释或适用的对象是东道国行为是否违反投资协定和其他国际法规则与原则,以及仲裁庭根据《维也纳条约法公约》中国际公法的习惯国际法解释规则进行解释的行为。欧盟的"仲裁庭明显越权"条款覆盖范围不明晰,主要体现在:其一,上诉审查范围是仅为最终裁决还是也可以为阶段性管辖权裁决;其二,可受理性问题是否属于"仲裁庭明显越权"范围。

上诉审查范围是仅为最终裁决还是也可以为阶段性管辖权裁决问题,涉及不同仲裁规则下裁决形式不同而影响上诉法庭管辖权。欧盟在条约中赋予投资者选择仲裁规则的权利,可选择的仲裁规则包括《ICSID 仲裁规则》《ICSID 附加便利规则》《UNCITRAL 规则》以及争端当事方同意适用的其他规则等④,假定欧盟不依靠《ICSID 公约》和《纽约公约》执行机制,而重新设立新的执行机制,则无须额外的撤销机制或者承认执行机制进行上诉之外审查,避免因继续保留撤销程序或其他审查程序导致实际建立一个三层级乃至多级的争议解决制度带来过于冗长和繁复的投资争端解决程序⑤。在独立审查系统下,如果未明确上

---

① 参见陶立峰:《中欧 BIT 谈判中投资者与国家争端解决的模式选择》,《法学》2017 年第 10 期,第 158 页。

② 参见张庆麟:《欧盟投资者——国家争端解决机制改革实践评析》,《法商研究》2016 年第 3 期,第 150 页。

③ See ICSID Secretariat, Updated Background Paper on Annulment For the Administrative Council of ICSID, May, 2016, para, 81 – 94.

④ EU-Singapore IPA, Art. 3. 33; EU-Vietnam IPA, Art. 3.6; CETA Art. 8. 23.

⑤ 参见梁丹妮、戴蕾:《国际投资仲裁上诉机制可行性研究》,《武大国际法评论》2020 年第 6 期第 110 页。

诉法庭管辖范围,当事方选择了《ICSID 仲裁规则》,则这份裁决既包含管辖权裁定,又包含实体裁决。倘若初审法庭作出最终裁决后,因管辖权越权被上诉法庭推翻,将使实体裁决审查变得毫无意义,当事方将为解决实体问题和开庭付出大量额外费用[①]。反观依据《UNCITRAL 仲裁规则》所作的多份裁决,在上诉法庭为终审机制前提下无须考虑各国司法管辖权对裁决的审查方式和审查范围时,允许上诉法庭在管辖权裁决结束而实体审理未开始时,对初审法庭关于管辖权问题进行上诉审查,这有利于减少争端当事方减少诉争成本。因此,有必要将阶段性管辖权裁决纳入上诉审查范围内。

至于可受理性问题是否属于"仲裁庭明显越权"范围,先要明确在国际投资法领域,可受理性问题是隶属于管辖权还是独立于管辖权的新问题。因为管辖权和可受理性之间的区别,将决定司法审查程度以及其对最终裁决的尊重程度[②]。换言之,其可作为区分司法干预何时适当和何时不适当的宝贵工具[③]。然而从法律渊源来看,《ICSID 公约》《ICSID 仲裁规则》《UNCITRAL 规则》《ICSID 附加便利规则》以及现有投资条约并没有明确规定管辖权和可受理性区别。由于国际投资法具有国际公法特征,国际投资法实践者以国际公法关于管辖权和可受理性概念有明显区别为理由[④],将可受理性引入国际投资仲裁实践。国际公法学者认为,从对仲裁庭管辖权的反对和对索赔的可受理性的反对来看,两者存在明显法理学区别,前者是一种对管辖权的抗辩,即仲裁庭本身无权就案情作出任何裁决;后者是一种索赔可受理性的抗辩,即仲裁庭应基于其最终实体以外的某些理由裁定该索赔不可受理[⑤]。国际仲裁庭对管辖权和可受理性之间区别的讨论不断。有仲裁庭认为"索赔的可受理性

[①] See Sardinha Elsa, Towards a New Horizon in Investor-State Dispute Settlement: Reflections on the Investment Tribunal System in the Comprehensive Economic Trade Agreement (CETA), *Canadian Yearbook of International Law*, Vol. 54, p. 327.

[②] See Fabio G Santacroce, Navigating the Troubled Waters between Jurisdiction and Admissibility: An Analysis of Which Law should Govern Characterization of Preliminary Issues in International Arbitration, Arbitration International, Vol. 33(4), 2017, pp. 539 – 541.

[③] See Tolu O. Obamuroh, Jurisdiction and admissibility: a case study, *Arbitration International*, Volume 36(3), 2020, pp. 373 – 390.

[④] 《国际法院规则》第 79(1)条规定:被告方对法院的管辖权或申请的可受理性提出的任何反对意见,或在对案情进行任何进一步诉讼之前所要求的决定所提出的其他反对意见,应尽快以书面形式提出,最迟不于书状交付 3 个月后。被告方以外的一方当事人提出的任何此类异议,应当在规定的送达该当事人第一次诉状的期限内提出。

[⑤] Gerald Fitzmaurice, The Law and Practice of the International Court of Justice, *Jurisdiction* (*Grotius* 1986) vol. 11, pp. 438 – 439。 Quoting from Saar A. Pauker, Admissibility of claims in Investment Treat Arbitration, *Arbitration International*, vol. 34(1), 2018, p. 7.

概念根本不存在"①,"没有必要讨论管辖权和可受理性之间可能的——而且有点争议的——区别"②,但也有仲裁庭仲裁员认为两者可以明确区分,"管辖权是仲裁庭审理案件的权力,可受理性是案件本身是否有缺陷即仲裁庭听取它是否合适"③。随后,越来越多仲裁庭在决定驳回索赔时开始关注管辖权和可受理性之间的区别,仲裁庭关注到合同中选择法院条款的效力是关于索赔可受理性而非管辖权问题④,"管辖权是仲裁庭的属性而不是索赔的属性,而可受理性是索赔的属性而不是仲裁庭的属性"⑤。

在管辖权和可受理性有区别的共识下,学者们对两者区别存在理论分歧,有学者认为管辖权与可受理性理论区别在于管辖权界定裁决权的存在与范围,可受理性界定索赔适当性。但实践中界限仍然不清晰,特别是论证在投资仲裁中提出大规模索赔能力和最惠国待遇在争议解决条款中适用时的等待期问题⑥。也有学者认为两者界限是清晰的,管辖权包含属物管辖权、属人管辖权、属地管辖权、属时管辖权等,而国际投资仲裁中可受理性是仲裁庭在特定时间点就申请人在个案中提出的某项具体仲裁请求行使管辖权的前提条件,主要体现在投资仲裁前置程序问题、岔路口条款适用以及未用尽当地救济而影响管辖权行使等方面⑦。从仲裁实践和学界争论可以看到,"仲裁庭明显越权"包含管辖权问题,但可能并不当然包括可受理性问题。乍一看欧盟在其条约实践下似乎区分了管辖权和可受理性,如《欧盟与新加坡投资保护协定》(EUSFTA)第3.5条第4款规定,如果联盟或成员国作为被申请人,则欧盟或相关成员国均不得主张索赔不可受理或以其他方式断言索赔或裁决没有根据或无效。但该规定的范围比较小,如果涉及投资仲裁前置程序等问题时,上诉审查范围是否涵盖可受理性问题尚未可知,因此构建上诉审查范围应明确管辖权与可受理性问题。

---

① Methanex Corporation v. USA, NAFTA/UNCITRAL, Jurisdiction (August 7, 2002) (Veeder (P), Rowley, Reisman) para. 126.
② Pan American Energy LLC and BP Argentina Exploration Company v. Argentine Republic, ICSID Case No ARB/03/13, Decision on Preliminary Objections (July 27, 2006) para. 54.
③ Waste Management, Inc v. United Mexican States [2000] ICSID Case No. ARB(AF)/00/3, Dissenting Opinion of Keith Highet, para. 58.
④ See SGS Société Générale de Surveillance SA v. Republic of the Philippines, ICSID Case No ARB/02/06, Decision on Objections to Jurisdiction (January 29, 2004) para. 154.
⑤ Hochtief AG v. The Argentine Republic [2011] ICSID Case No. ARB/07/31, Decision on Jurisdiction, para. 90.
⑥ See Laurent Gouiffès, Melissa Ordonez, Jurisdiction and admissibility: are we any closer to a line in the sand? *Arbitration International*, Vol. 31(1), 2015, pp. 109 – 110.
⑦ 张建:《国际投资仲裁管辖权研究》,中国政法大学出版社2019年版,第28页。

三、投资仲裁上诉审查范围条款建构的中国立场与方案

(一) 中国在上诉审查范围条款谈判中的应有立场

中国自 1982 年与瑞典签署第一个双边投资条约(BITs)时将 ISDS 条款纳入其中,在长达三十几年时间里中国投资者与中国政府一直没有国际投资仲裁实践。客观原因是中国在改革开放第一个三十年对外投资和吸收外资占全球总量较少,主观原因是中国投资者与中国政府对于国际投资争端解决规则不熟悉以及中国自古以来"以和为贵"观念驱使。随着中国经济腾飞以及对国际投资规则研究的深入,中国投资者与中国政府越来越频繁参与国际投资仲裁实践。截至 2021 年 10 月底,解决投资争端国际中心(ICSID)官方数据显示,以中国投资者为申请人的投资仲裁案件已增至 9 起,以中国政府为被申请人的案件已经增至 5 起,近三年来涉中国投资者和中国政府案件数量高达 5 起[1],中国政府认为 ISDS 机制是一个总体上值得维护的机制,这一立场充分考虑了对东道国国内法院的"本地式公正"和投资者母国介入导致投资争端"政治化"的担忧[2]。对于双向资本大国的中国而言,投资仲裁裁决对投资者或东道国任何一方的倾向性保护,都是一把双刃剑。只有切实实现仲裁机制的公平、公正,才符合我国既要维护海外投资者利益,又要捍卫东道国的外资管理权的双重需求[3]。面对 ISDS 改革的推进,中国倡导在维护东道国合法监管权和保护投资者权益,增强争端当事方对投资者与国家间争端解决机制的信心前提下,完善现有 ISDS 机制。中国参与世贸组织争端解决机制实践的成功经验使得中国认为 WTO 上诉机制可以成为此次 ISDS 机制改革的参考蓝本[4]。当前,硬法碎片化与软法集束化成为全球治理中突出法治现象,国际软法正构成推进全球治理的新形式[5],中国应当在 UNCITRAL 第三工作组倡导的 ISDS 机制改革软法实践中充分争取主导权,倡

---

[1] See ICSID, The ICSID Cases Database, at https://icsid.worldback.org/case-database, Nov. 4, 2021.
[2] 肖军:《论投资者——东道国争端解决机制改革分歧的弥合进路》,《国际经济法学刊》2021 年第 2 期,第 94 页。
[3] 参见王军杰:《ICSID 上诉机制建构的法理基础及制度选择》,《社会科学辑刊》2018 年第 5 期,第 153—154 页。
[4] See UNCITRAL, Woring Group Ⅲ, A/CN.9/WG.111/WP.177—Submission from the Government of China, https://uncitral.un.org/sites/uncitral.un.org/files/wp177c.pdf,最后访问日期:2021 年 11 月 4 日。
[5] 石静霞:《"一带一路"倡议与国际法——基于国际公共产品供给视角的分析》,《中国社会科学》2021 年第 1 期,第 169 页。

导制定体现平衡范式的多边规则。这种平衡不仅体现在东道国与投资者之间,还要体现在东道国与仲裁庭和上诉机构之间。

(二)上诉审查范围条款的中国方案设计

首先,对于仲裁庭"准据法解释或适用错误",目前国际上诉机制对于法律问题审查较少限制,如《世贸组织协定》附件 2、《关于解决争端规则与程序的谅解》第 17 条第 6 款、《南方共同市场争端解决奥利弗斯议定书》第 17 条第 2 款、《欧洲联盟法院规约》第 58 条等。投资争端上诉机制应采纳现有国际普遍的合理做法,理由是东道国与投资者母国已通过双边投资条约的一般例外条款或者重大安全例外条款赋予东道国自判断权,构建了防范仲裁庭侵害东道国主权的第一道安全阀。东道国既然能让渡司法裁判权给仲裁庭,那么为在维护条约解释正确性与一致性而设立的、以纠错和审查为功能特性的、限制仲裁庭滥用权力的上诉法庭当然可以对"准据法解释或适用错误"予以全面审查,以此作为限制仲裁庭的第二道安全阀。为此,中国可以在谈判过程中予以同意。

其次,对于仲裁庭"认定事实明显错误","事实认定"与"准据法解释或适用"之间因证据规则而使得两者之间范围模糊不清,这是条约设计技术问题。为避免将来上诉方与上诉法庭对此问题的选择存在分歧而影响争端解决效率,应当明确将证据规则适用错误归类为事实认定错误范畴,理由是适用证据规则错误最终结果是事实错误。假设将证据规则适用错误认定为准据法解释或适用错误,则上诉方可以轻而易举地达到上诉门槛,同时上诉机构在审查过程中势必涉及对事实重新认定,基于效率和尊重仲裁庭事实认定的价值理念,将证据规则纳入"事实认定"事由有合理性。至于"明显",中国在与欧盟推进 CAI 项下 ISDS 条款谈判中,应当明确"明显"一词指代"显而易见"和"不证自明"而非"严重"或"重要"标准。对于"国内法认定",从局部看,即便缔约方在条约中重申上诉法庭对国内法含义认定不对缔约方当局和法院产生约束力,但一国国内法与其缔结国际条约冲突时很难要求东道国不考虑对国内法进行修改。从全局看,一国与不同主权国家或联盟构建不同上诉机构,不同上诉机构可能对国内法认定产生冲突,在碎片化的国际投资条约背景下,中国不应贸然接受欧盟移接 WTO 上诉机构的经验将国内法认定权力授予上诉法庭的做法。考虑到短期内建构统一国际投资条约以及统一多边上诉机制可能性较小,中国应该在双边或区域投资协定中与缔约方协商明确上诉审查范围,尽量减少将来出现不同上诉机构间关于条约措辞在认定和解释上相冲突。

再次,对于仲裁庭"明显越权"范围,基于司法经济原则,中国在与缔约伙伴国谈判时可以明确允许对阶段性管辖权裁定提起上诉,而非必须等待全部裁决作出。在同样需要上诉的需求下,阶段性管辖权一旦被上诉机构裁定缺乏管辖权,可以避免最终裁决作出后才发现上诉法庭裁定仲裁庭无管辖权从而浪费争端当事方的时间和金钱成本。至于可受理性是否在管辖权范围内,鉴于可受理性不是行使管辖权的要件判断,而是行使管辖权的先决条件,仲裁庭不应将可受理性问题例如提起仲裁前须满足一定期限协商和调解期间或者诉诸东道国法院视为判断管辖权要件,而应视为行使管辖权的先决条件。在先决条件未满足情况下,仲裁庭应中止仲裁程序而非驳回索赔,以等待提交仲裁的先决条件满足,避免出现可受理性与管辖权概念混淆[1]。在国际社会着手对投资争端解决机制进行整体改,进而削弱投资仲裁刚性解决方式的传统优势,强调协商、调解等柔性解决方式规范化趋势下[2],厘清管辖权与作为协商、调解等管辖权先决条件的可受理性问题,是国际社会主流共识趋势的缩影。纵观中国对外签订的一百多个现存有效的双边投资协定和自由贸易协定投资章,大部分争端解决条款中都涵盖仲裁时效期限和谈判等待期等投资仲裁前置条件以及"岔路口"条款。如果上诉审查范围条款设计未将这些视为行使管辖权先决条件的可受理性,一方面会导致不同上诉法庭对"明显越权"范围解释产生冲突,另一方面也会导致上诉法庭将可受理性问题视为管辖权问题后增加不必要的工作。因此,中国在进行谈判时,应明确将仲裁时效期限、"岔路口"条款、谈判等待期等问题视为可受理性问题从而与管辖权要件相分离。当先决条件没有满足时,仲裁庭应当中止仲裁程序待满足先决条件后继续审理,这样不仅可以增加参与仲裁的争端当事方协商解决机会,同时也能防止不必要地增加仲裁庭与上诉法庭的工作负荷,还能避免不同上诉法庭在该问题上解释不一致。

四、结语

在美国、加拿大和日本未积极参与 UNCITRAL 第三工作组关于 ISDS 改革

---

[1] See Saar A. Pauker, Admissibility of claims in investment treaty arbitration, *Arbitration International*, Vol. 34(1), 2018, pp. 21–22.
[2] 参见陶立峰:《投资者与国家争端解决机制的变革发展及中国的选择》,《当代法学》2019 年第 6 期,第 38 页。

上诉机制议题的背景下,中国应当抓住机会,积极主动与欧盟角逐国际投资法领域的话语权。CAI投资争端解决条款上诉机制建构谈判,核心内容之一就是上诉审查范围问题。在碎片化投资条约下,中国的具体建构立场和方案应当尽量在现有实践基础上详细设计条款内容,对于国内法认定问题是否纳入上诉审查范围还需慎重,在上诉审查范围条款上明确将可受理性问题与管辖权问题区分开并单独设置中止程序而非完全驳回制度。

参考文献：

[1] 崔起凡.国际商事仲裁中的证据问题研究[M].杭州：浙江工商大学出版社,2013.

[2] 黄丽萍.国际投资仲裁中证明责任的概念辨析及倒置的创设[J].武大国际法评论,2019(4).

[3] FRÉDÉRIC G S, KABIR A N, IAN A L. Evidence in international investment arbitration [M]. Oxford：Oxford University Press, 2018.

点评

当前,联合国国际贸易法委员会(UNCITRAL)第三工作组正在推动以投资仲裁上诉机制为核心的投资者-东道国争端解决(ISDS)机制改革,欧盟正拟与我国订立中欧全面投资协定(CAI)。作者综合研究了相关形势,指出：中国对ISDS条款的具体建构应该认清当今国际投资法新发展趋势,抓住机会积极主动与欧盟一起角逐国际投资领域中的话语权。论文针对欧盟提案以及关于上诉审查范围问题演变和原因进行详细评析,并提出了务实的对策。论文阐释问题观点鲜明,分析细致入微,资料充足,有理有据,结论令人信服。

A Multimodal Discourse Analysis of Documentary China on the Move Based on Visual Grammar

Mu Yu-jia[*]

Abstract: This study selects the documentary China on the Move as the corpus for multimodal discourse analysis, using visual grammar as the theoretical framework. It explores how different meanings can be combined to produce the overall meaning of the documentary, explains how the documentary fully and accurately conveys the brilliant achievements of China Through analysis, the theory of visual grammar can effectively analyze the meaning, better express the overall textual meaning construction of the documentary China on the Move. At the same time, it is useful for studying how to better disseminate the achievements of China's poverty alleviation in the world.

Key Words: Visual Grammar; Multimodal Discourse Analysis; *China on the Move*

I. Introduction

1. Research Background

With the development of science and technology and the increasing enrichment of social life, mankind has entered the era of multiple symbols. Non-verbal symbol

---

[*] Mu Yu-jia, Female, Master's degree Candidate of the class of 2019, School of Foreign Languages Shanghai University.

systems such as images, sounds, colors and gestures are widely used in mass communication. This kind of communication has aroused scholars' attention from mono-modality to multi-modality research. therefore, multimodal discourse comes into being.

Multimodal discourse refers to the use of several senses such as hearing, vision, touch, etc. to communicate through various means such as language, images, sounds, actions, and symbol resources (Zhang Delu, 2009: 24). It was late 20th century that the research on the multimodal discourse analysis in western countries began to flourish. Halliday's systemic-functional grammar gives a theoretical basis for multimodal discourse analysis. Halliday(2015) mentioned that language should involve three meta-functions simultaneously. On the basis of his theory, Kress & van Leeuwen (2001, 2006) proposed visual grammar which was a milestone in multimodal discourse analysis.

As an important corpus of multimodal discourse, film has an enlightening effect on people's life and the society. Documentary is one of the kinds of film that record the fact of something which is authentic and formal. The documentary *China on the Move* is about poverty alleviation in China. This study is to analyze this documentary from the perspective of multimodal discourse analysis based on visual grammar framework to explore its multimodal meaning represented by various symbols.

2. Research Purpose and Significance

The study will analyze the meaning construction of the documentary *China on the Move* from the perspective of multimodal discourse on the basis of visual grammar. From the perspective of theoretical significance, the study on dynamic discourse helps to expand the research range of multimodal discourse analysis. The analysis from the linguistic perspective also widens the research scope of film study. The practical significance of this paper is to provide viewers with a new perspective to appreciate this documentary. This study is the first multimodal discourse analysis using a poverty alleviation documentary as the corpus, helps to spread Chinese traditional culture as well as the way of economic development. It also contributes to the study of how to better disseminate the achievements of poverty alleviation around the world.

3. Research Question

The study intends to answer the following three questions:

① What kinds of multimodal discourse meaning are constructed in the documentary *China on the Move*?

② How are representational meaning, interactive meaning, and compositional meaning expressed respectively in the documentary *China on the Move*?

③ How do different modalities and meanings work together to create the overall meaning in the documentary *China on the Move*?

II. Literature Review

1. Previous studies of Multimodal Discourse Analysis

(1) Previous studies of Multimodal Discourse Analysis Abroad

The research of discourse analysis was first proposed by American linguist Harris in the early 1950s, He published an article *Discourse Analysis* in the magazine *Linguistic Society of America* in 1952. Then discourse analysts from all over the world began to explore this field, and also proposed various discourse analysis theory and research methods. Halliday (1978) studied language as a social semiotic, and believed that language actively symbolizes the social system. He put forward three meta-functions, believing that they can reveal the meaning of discourse of human beings. His Systematic Functional Linguistics theory provides a theoretical basis for multimodal discourse analysis. Barthes (1977) was the earliest scholar to notice multimodal discourse. He proposed the book *Image, Music, Text*, and studied the interaction between images and language on the meaning construction.

Kress and van Leeuwen (2006, 2001) used systemic functional grammar as the basis, extended the three meta-functions to representational meaning, interactive meaning and compositional meaning, which are the framework of visual grammar. In the book *Reading Images: The Grammar of Visual Design*, they explored how the multimodalities regularly express meaning.

(2) Previous studies of Multimodal Discourse Analysis at Home

The multimodal discourse analysis in China began in the 21st century. With only more than ten years of history, the theory of multimodal discourse analysis is still immature.

Li Zhanzi in his journal paper *Multimodal Discourse Analysis from Social Semiotic Perspective* (2003), he introduced the visual grammar theory and image research methods constructed by Kress & Leeuwen, which promoted the research on multimodal discourse analysis in our country. Hu Zhuanglin (2007) distinguished multimodal semiotics and multimedia semiotics, and then further presented computer semiotics with the characteristics of media and modal.

Wei Qinhong (2009) analyzed a multimodal media discourse published in *The Times*, and integrated various meaning resources in the discourse. Combining Halliday's systemic functional theory and previous research results, Zhang Delu (2009) proposed comprehensive theoretical framework of multimodal discourse analysis, including cultural level, context level, content level, expression level and media level. He also combined multimedia and multimodality, and explored the role of modern multimedia technology in foreign language teaching under the framework of his comprehensive multi-modal discourse theory.

There are many other Chinese scholars attaching great importance to research on practical applications. For example, Wang wenfeng and Zhao xiaorui (2020) study the meaning construction framework of multimodal visual narrative discourse. Wang Yi (2020) researched Multimodal discourse analysis of garbage classification posters from the perspective of visual grammar. Lu Feng (2019) analyzed the digital technology and the changes in film language.

In general, most theories are directly adopted from Western countries. Although new theoretical perspectives have emerged in recent research, such as cognitive theory, critical discourse analysis, corpus, etc., there are few related papers, and the real integration of multiple disciplines has not been achieved. More disciplines should join the field of multimodal research in the future.

2. Previous studies of Filmic Discourse

French film theorist Mardan pointed out that the film was originally a form of expression, or an expression of reality, but gradually evolved into a language, a way of telling stories and ideas. The French film theorist Christian Metz (1990) clearly pointed out that the existence of film linguistics is completely justified. We can use it to study film based on the semiotics proposed by Saussure. In Metz's book *Film Language: a Semiotic of the Cinema*, he talked about the phenomenological approaches to film and syntagmatic analysis of the image track, applying the structure of linguistics to the language of film. The book *Multimodal Film Analysis: how films mean* (Bateman and Schmidt, 2012) marks the formal entry of multimodal text analysis into the field of film research.

Domestically, after Li Zhanzi (2003) introduced Kress & van Leeuwen's visual grammar, many scholars began to study the filmic discourse from the view of multimodal discourse analysis. For example, Ning Xin (2013) published the article *The Application of Multimodal Discourse Analysis in Movie Discourse*, and briefly analyzed the key role of multimodal discourse analysis in film discourse. Patricia Aufderheide in his book *Documentary Film: A Very Short Introduction* said that Documentary Film is organized to present an overview of central issues and then to discuss different subgenres (Aufderheide, 2007: 1). The documentary *China on the Move* is jointly produced by the Documentary Center of Shanghai Media Group and the British Lion Television Production Company and was first broadcast on February 25, 2021. It uses an international perspective and vivid stories of individuals to show the fight against poverty, which had unprecedented scale and the greatest strength in the history of mankind. Each episode is 30 minutes. The first two episodes, followed by two foreign hosts, displayed China's southwestern border, northern desert, eastern coastal city, and Wuhan, which has attracted the attention of the world. With real and vivid personal experiences, the documentary recorded China's poverty alleviation project and the rapid growth of China's economy.

This research using this documentary as the corpus. This paper will analyze this documentary from the perspective of visual grammar to explore whether multimodal discourse analysis is appropriate for it and bring audiences the deeper understanding of it.

III. Theoretical Framework: Visual Grammar

The framework of visual grammar is presented in the book *Reading Images: The Grammar of Visual Design* by Kress & van Leeuwen (2006). It was influenced by the theory of another linguist—Michael Halliday. He believed that language is a kind of social semiotics, proposed the systematic functional grammar. Based on Halliday's three meta-functions, Kress & van Leeuwen put forward three meta-functions in visual grammar: representational, interactive and compositional metafunctions. In this sector, these three functions will be introduced in detail.

1. Representational Meaning

The representational meaning is developed from the ideational function in the systemic functional grammar. It is used to explain the relationship between meaning participants and their participation process, and represents the relationship among people, places and time in the image. According to the characters of the image, the vector can be used to distinguish the two processes, which is an oblique line, formed by elements in the diagram, connecting two participants. In narrative process, there is at least one vector, while conceptual process has no vector.

(1) Narrative Process

The narrative process represents the actions and events, as well as the spatial layout in a short period of time. In the narrative process, event participants interact with each other by a vector to reflect the relationship between them. More specifically, there are three types of narrative process.

In action process, two parts need to be explained: the Actor and the Goal. The Actor emanates or forms the vector. In an image, Actor is often the most noticeable participant shown through size, place, color contrast, or through "psychological salience" such as human or human faces. The participant pointed by the vector sent by the Actor is the Goal. The two participants acting on each other are called interactors. If the representation of actions contains both Actor and Goal, it is called transactional process. However, when there is only one participant, it is usually an actor. Like intransitive verb in language, we call this process non-transactional narrative process.

In reactional process, the vector is an eyeline, which links the participants. We speak Reactors instead of Actors, Phenomena instead of Goal. The Reactor must be human or human-like animal who gives the looking. And the Phenomena is the participant being looked at. Reactional process is either transitive or intransitive. If the Phenomena do not appear, it is called non-transitional reactional process.

As for speech and mental process, there is a special kind of vector in it, called dialogue balloons and thought balloons. They are oblique protrusions that connect audiences to their speech or thought. We can see this kind of vector in image books, screens, especially comic strips.

(2) Conceptual Process

Conceptual process has no existence of vectors. It reflects that participants statically, continuously, and steadily present the class, structure, and meaning. The three subsystems are as follows:

The classification process connects the participants with each other according to a "certain" relationship: subordinates and superordinates. All participants with the same size are classified into one category. In the covert taxonomy superordinate is not given directly, while in the overt taxonomy the superodinate is directly given.

Analytical process analyzes the part-whole structure of a participant, including structured and unstructured analytical process. In the former one, there are Carrier and Possessive Attributes which respond to the whole and the parts. While in unstructured analytical process, images generally only show Possessive Attributes, without showing that how the parts fit together to make up for a whole.

Symbolic process represents the meaning of "what the participant is" and "what the participant symbolizes". It is divided into symbolic attributive and symbolic suggestive. In the symbolic attributive, there will be at least two participants, one of which is a Carrier whose identity is clear, and another is Symbolic Attribute.

2. Interactive Meaning

The interactive meaning reflects the relationship between producer and viewer of the image. It is mainly composed of the following four elements.

Contact refers to that participants and viewers establish relation through visual communication. There are "demand image" and "offer image". The former means that the participant looks at the viewer directly, and establishes a fictitious relationship with the viewer. While "offer image" means that the participant in the image does not look at the viewer directly, or it is not a human or quasi-human, but is expressing some kind of information to the viewer.

The second dimension of interactive meaning is the "social distance" achieved through the "size of frame". Depending on the kinds of distance, there may be various relationships between the represented participants and the viewers. Close-up shot shows intimate relations through showing the parts above shoulders. Medium shot generally uses a shooting distance that can capture the part above the knee of the participant to show the close social distance. Long shot is able to capture the entire person and match the surrounding background space to show the far social distance.

Perspective refers to the angle of the image. Usually, it can be divided into two categories. The horizontal perspective expresses the relationship between the producer and the participant of the image, including two angles, frontal angle and oblique angle, where the former represents involvement and the latter represents detachment. In the vertical perspective, the high angle expresses that the viewer's position is higher than the participant, the low angle expresses the position of participant in the image is stronger than the viewer, and the eye-level angle expresses the equality of the two.

The last dimension of interactive meaning is modality. It is a representation of the realism of the image. We can think that the closer the image is depicted to reality, the higher its modality, and vice versa.

3. Compositional Meaning

The compositional meaning refers to how the representational meaning and the interactive meaning interact with each other to build the meaning of the text. It is achieved through three interrelated systems.

The placement of the image participants or other elements in the image will provide the viewer with different information values. According to Kress & Van

Leeuwen (1996), the meanings are obtained from each "region" of an image: The information on the left is given, the right is new, the top is general, and the bottom usually shows real or specific details; the information at the center is the important core, and the edge information is the secondary information subordinate to the core information.

Salience refers to allowing viewers to look at different elements in the image with different levels of attention. It can be realized by some factors including position such as central, and margin, relative size, color contrast, etc.

Framing refers to the fact that different elements in the image can be viewed as single or combined in some way. It can be divided into connection and disconnection. If the represented participants are connected, they are combined as a whole information unit. If the represented participants are disconnected, they are incompatible with each other.

IV. A Multimodal Discourse Analysis of *China on the Move*

1. An Analysis of Representational Meaning in *China on the Move*

In visual grammar, the representational meaning means the relationship between participants and viewers of images. Depending on whether or not are vectors in the image, it can be realized into two ways. The following sections will make detailed analysis on them.

(1) Narrative Representation in *China on the Move*

In the narrative representation, it has three sub-processes: action process, reactional process and speech and mental process.

① Action process

Action process contains at least one vector. The participant from which the vector emanates is called actor, and the participant the vector points to is called goal. If there are actor and goal in an image, this process is called a transitive process.

In some shot there are two participants: Mrs. Xiahua (the woman in pink suit) and the hostess. Mrs. Xia is showing the hostess the delicate embroidery which comes from Buyi people in southwestern Guizhou. Mrs. Xia, as an actor, stroked the embroidery with her hand and showed the hostes how exquisite the embroidery is. Her hand holding the embroidery is the vector. The hostess who is listening to her and appreciating the embroidery is the goal. Similarly, in some shot, the waitress is going to give the hostess a glass of coffee. The waitress works as an actor, and the hostess serves as a goal. And there are two vectors in the image: one is waitress's arm, because she stretched out her arm and handed the hostess coffee to form a diagonal, and the other is waitress's eyeline, because she is staring at the hostess which forms another diagonal. There are both two participants in image 1 and image 2, so they are transactional process.

In some shot, depicts the scene of a female farmer working in the forest on a dark night with tools in hand without showing the objects of her work. The woman is the actor and her hand with the tool serves as the vector. In some shot depicts the scene of a farmer holding a shovel in the field, but the audience does not know what he is working at. These two images show the hard work of Chinese farmers in daily farming, and also reflect that the Chinese government adjusts measures to local conditions and develops the local economy.

② Reactional process

In reactional process, what links the participants as the vector is eyeline. Transactional process has both reactor and phenomena, while non-transactional process has no phenomena.

In some shot, There are two participants: Liang Zhongmei and the hostess. They gaze each other while talking about Liang's past life. Liang is from the Buyi ethnic group in Guizhou. She learned embroidery since she was a child, but her income is extremely low and cannot support her family's life. In the image, they are looking at each other so that their eyelines form a vector. Because they act on each other simultaneously, they are called interactors. The two participants can be called both Reactor and Phenomena. It is obvious that it's a transactional process.

In some shot, the man is telling his story. The desertification in the northwest has caused people there to live a painful and poor life. The government and related companies have carried out effective integration of desertification control with the Internet, which has increased the labor demand in the northwest region and improved people's living standards. At the same time, it also promotes the tree planting and protects the environment. As the only participant and reactor, the man's eyes looking into the distance forms the vector. But there is no phenomenon in the image. So this is an example of non-transactional process.

③ Speech and mental process

In speech and mental process, the vector is called dialogue balloons and thought balloons, which usually appears in comic strip and cartoons. But in documentary, we can understand that it also includes the transmission of spiritual ideas. Here is an example:

In some shot, the woman tells that her family was poor when she was a child. In order to support her family, she did not continue to go to school, but chose to learn embroidery. We can tell her mood and opinions from her facial expression. When she told about it, she couldn't help crying, which conveyed the hardships of the Chinese people's lives. Also, contrasting with the current life, it reveals the success and achievements of China's poverty alleviation project.

(2) Conceptual Representation in *China on the Move*

Different from narrative representation, the conceptual representation has no vector, and it is more stable and general. The relationship between the represented participants is reflected by the structures, categories, and characteristics of them. In this part, the brief introduction of the three sub-processes and the detailed analysis of the documentary will be given.

① Classificational process

According to Kress & van Leeuwen, the classification process associates the participants with each other according to a certain relationship or taxonomy: at least one group of participants will be the Subordinate with one other participant, the Superordinate. In covert taxonomy, the Superordinate is not directly given, instead, it requires viewers to find out from similarities among subordinate. While as for overt taxonomy, the Superordinate is directly represented.

In some shot, embroiders are sitting side by side, the delivery men are packing up their luggage, being ready to deliver the takeaway. All the participants in the two images did not make eye contact or action with each other. The only connection between them is that they are all embroiders and delivery men. It can be seen that they are roughly the same size, belong to the same group and have the same status in the images. Therefore, the two belong to covert taxonomy. These two images show the inheritance of the intangible cultural heritage of Chinese ethnic minorities and the rise of the express delivery industry.

In some shot, it is an example of overt taxonomy. All products are placed on the display wall. They are in the same environment; therefore, the audience can see all the shoes at the same time. On the screen in the middle of the shoes, two people are wearing sportswear. Audiences can see through the clothes of the two people and the signs on the clothes to understand that these shoes are all a brand of sports shoes. The shoes form as the Subordinates, and the people on the screen serve as the Superodinates.

② Analytical process

Analytical process contains two kinds of participants: carrier and possessive attributes, that is, the whole and the parts. When the possessive attributes are integrated to form a whole, this process is called structured process. On the country, if the possessive attributes are just displayed, it is unstructured process.

In some shot, the model serves as the carrier and the butterflies on the clothes of the model are possessive attributes. They are scattered on the clothes to form an exquisite costume as a whole, showing the ingenuity of the people of Buyi ethnic group and the precious cultural heritage in China. It can be considered as a structured process.

In some shot, a smart phone in host's hand. He is showing audiences a game namely Ant Forest which is held under the company Alipay. People can contribute to national desertification prevention and control through this game. If the host can be regarded as the whole, then his hand is the part naturally. The director doesn't present the whole body of him but only his hand because it can highlight the phone in his hand. People can contribute to environmental governance with their fingers, which shows the convenience that the Ant Forest brings to people's lives. Also, it reflects the level of China's economic development. The close-up of the application of Ant Forest can also stimulate the curiosity of its viewers who have never used this app.

③ Symbolic process

Symbolic process intends to illustrate the meaning of the participant. Depending on the absence of the symbolic attribute, two participants are engaged in this process: symbolic attributive and symbolic suggestive. Symbolic attributive are objects with certain characters such as the salience represented in some ways, the way how gestures points at, the place and symbolic value etc. Symbolic suggestive process focuses on the atmosphere or mood of the image rather than the details, that is, it depicts general essence instead of specific moment.

Image 1

Image 1 appears is the title of the documentary. After this shot, the entire documentary goes into the interpretation of the fact that how China developed in recent years. The sun represents upcoming success of China. The text "China on the Move" in Chinese and English represents the joint work by Documentary Center of Shanghai Media Group and the British Lion Television Production Company. The combination of these elements and the golden and bright tones aim to create the powerful atmosphere of this documentary, attracting audiences' attention. So it is symbolic suggestive.

2. An Analysis of Interactive Meaning of *China on the Move*

In interactive meaning, the two participants namely represented participants and interactive participants, that is, people and other things depicted in the image, and the producers and viewers of the image.

(1) Contact in *China on the Move*

Contact means that the participant and the viewer of image can establish contact through eyeline or visual communication. Further, it is divided into demanding and offering. In demanding image, the participant in the image looks at viewer directly, and some other vectors such as gesture or facial expression may also appear, asking the viewer enter an imaginary relation. In offering images, the represented participants address viewers indirectly. Here represented participant is the object of the viewer's scrutiny.

In some shot, both women's eyes are looking at the viewer of the image, and the hostess opens her arms to express welcome to the audiences to watch this documentary and follow her to explore the development of China. The eyelines and gesture are the vectors that establish relationship with viewers. It is clear that this is a demanding image.

It is typical example of offering image. As can be seen in some shot, the embroidered ladies are sitting in the middle of the show doing embroidery, and the models are walking on the show wearing their embroidered costumes, showing the exquisite handmade costumes to the audiences. Their eyes did not communicate with the viewers of the image. In other words, they are not asking for any information from the viewers. What this picture wants to convey is that the designer combines traditional handmade embroidery with fashion elements to show the ingenious collision of tradition and modernity; demonstrates the Chinese minority culture's arrival on the international stage, and the achievements of ethnic minorities' poverty alleviation.

(2) Social Distance in *China on the Move*

The second dimension of the interactive meaning is social distance. Generally, it uses close-up, medium shot and long shot to show the various relationships between participants and viewers. For example, close-up shots are shots of the participant's head and shoulders, medium shots are around the knees, and long shots are about half the height of the photo. The distance people keep depends on their social relation. Close distance shows the intimate relation like friends and family members. But in some formal situations like business, meeting, etc., people usually keep such a distance that when they extend their arms, they can just touch each other's fingers. For strangers, the distance is further than the second case. Kress & van Leeuwen called them personal distance, social distance, and public distance.

It some shot, it is a close-up shot. The designer, Mrs. Xiahua is being interviewed. She is telling how she combined embroidery with modern clothing and then achieved success. The audiences can look at her much more clearly, and even can guess her mental activity through her facial expression.

In some shot, the delivery men are on the way to deliver takeaway, which shows their hard work. Long shot makes the viewer not feel too involved, and creates a distance between the viewer and the image participants. Audiences can generally understand the work of the delivery men through these images.

(3) Perspective in *China on the Move*

The third dimension of the interactive meaning is perspective. It presents the relation between participants and viewers through attitude, which involves the selection of an angle, a "point of view". The two basic types of angles will be analyzed respectively as follows.

① Horizontal angle

The horizontal angle refers to the frontal plane between the image producer and the participant in the image. The two can be parallel to each other or have a certain visual angle. The angle between them can be either frontal or oblique. There are many difference angles between frontal angle and oblique angle. The former indicates that the viewer is involved in what he or she is seeing in the visual; while with the oblique angle, the viewer is detached from what he or she sees. The viewer's sense of participation in the discourse world is low at this time, because the image producer just wants to express the character's emotions.

In some shot, the host is telling the audiences the importance of mobile phones to Chinese people. There is no oblique angle between the participant and the viewer. Their angles of view are parallel to each other, which is taken from a frontal angle.

With this perspective, the viewer will feel like communicating with the host face to face, and will be more able to agree with what the host has said.

In some shot, it was taken from an oblique angle. Miss. Wangjing, one of many college students graduating in 2020, has found that looking for a job has become a difficult task. She initially chose to teach children to play the piano, but was not very satisfied with it. In the picture, audiences can just see the side face of Miss. Wang and back side of the little girl. The director sets up a barrier between participants and viewers through such an angle, so that the viewer is just a bystander in this image.

② Vertical angle

There are three types of vertical viewing angles: high angle, low angle and eye level angle, depending on whether the shooting angle is top-to-bottom or bottom-to-top. Different angles reveal different power between participants and viewers. If the participants in image are depicted in high angle, viewers have more power over participant. If the participants in image are depicted in low angle, participants have more power over viewers. If the participants are depicted in eye level angle, there is no distinct power between them.

In some shot, it is the low angle, and the face of the participant is taken from bottom to top, describing that Mrs. Liang is embroidering. From her facial expressions and body movements we can see how she enjoys embroidery, which convey to the viewer the spiritual and material wealth that embroidery brings to her. The priority of such images is on the participants.

In some shot, it is from a very high angle. The camera captured all the buildings in the image from the sky to the ground. This picture was taken in Wuhan. It shows that despite the impact of the coronavirus, the city of Wuhan has not been crushed. Through the efforts of the Chinese people, it has regained its vitality. The high angle confers more power to the viewers.

(4) Modality in *China on the Move*

Another very important aspect in the interactive meaning is Modality. It refers to the authenticity or credibility of depiction about the world. High modality corresponds to related background and detailed presentation, while low modality presents low brightness and more abstract images. The following part will choose two modality markers to make detailed analysis.

① Color saturation

Color saturation is the range from panchromatic saturation to no color at all, that is, black and white. The higher the color saturation is, the more vivid the representation appears, the lower the saturation is, the dimmer the representation appears.

In some shot, it shows the beauty of the combination of embroidery and modern clothing. The background of embroidered flowers is gorgeous, highlighting the modern value of traditional Chinese culture. It is obviously that it belongs to high modality. As a consequence, the brightly saturated color makes the image more eye-catching and endows the viewers with more enjoyment.

On the contrary, it expresses low modality in some shot, the city is shrouded in fog, and the color is almost dark and lower saturated, giving people a sense of haze, which adds the negative atmosphere under the low modality situation.

② Contextualization

Contextualization refers to the range from no background to the most complete and detailed background. If an image shows the setting of the object and background in detail, it is highly modality and is considered to be completely contextualized. On the contrary, if an image only shows the general state of the object setting without visual details, then it is low modality and decontextualized.

In some shot, the audience can clearly see that two delivery men are knocking on the client's door to deliver takeaway. Audience can directly see the daily work of delivery men. This scenario is very familiar to most Chinese people. In other words, this image has a strong sense of substitution for the viewers, allowing them to empathize.

In some shot, it is a decontextualized image. There is only a blurry figure in the image, behind which is a night view of a bridge. If we look at this image alone, we cannot judge where he is and what he is doing, and the relationship between the character and the environment is not very relevant.

3. An Analysis of Compositional Meaning of *China on the Move*

Composition meaning explores the meaning of the element layout. It indicates how representational meaning and interactive meaning influence each other to construct the meaning of the whole. In visual communication, a slight change of the position may cause considerable change of meaning. Compositional meaning is realized into three interrelated systems: information value, salience and framing.

(1) Information value in *China on the Move*

Information value refers to the position of an element on an image that has a specific information value. The information provided on the left is obvious or given information, and the information on the right is high-value or perhaps not yet agreed upon by the viewer; the information on the top is the ideal information, which is the most salient part. While the one on the bottom is the realistic information, the center of the image is the key information, and the margin of the image is to some extent auxiliary information.

In some shot, it is an example of center-margin structure. In search of design inspiration, Mrs. Xia Hua came to Zhenfeng County and found Mrs. Liang Zhongmei. In this picture, the handicrafts are located in the middle position and are very prominent. People gathered around serving as the auxiliary information to appreciate the butterflies embroidered by Liang. The audience can see the surprise brought to them by the embroidery from the smiles and gestures of the people around, which highlight the importance of embroidery.

(2) Salience in *China on the Move*

Salience can be analyzed from such aspects as relative size, tone or color contrast, placement in the foreground or background, different sharpness, etc.

In some shot, the two participants are making a video call, and the host is asking Miss. Wang Jingzhi, the girl in white T-shirt, about her employment situation after graduation. It is obvious that the most salient participant is Miss. Wang, because the placement she occupies is larger than another participant.

(3) Framing in *China on the Move*

Framing is to use framing devices to draw dividing lines, borders or blank areas to connect or disconnect the elements in the image, symbolizing whether the different elements are separated or united.

In some shot, the screen is divided into two parts. On the left are two known delivery men looking at the phone, but the audience does not know what they are looking at; while the right shows the information they saw in detail. Although this picture is deliberately divided into two parts, the two parts are related to each other. The right side belongs to the left, which is a further explanation of the left side.

4. A Synthetic Analysis of *China on the Move*

The above parts of this study explore the meaning of representation, interaction and composition respectively from the perspective of visual grammar, and give many examples so that the audience can clearly understand every shot in the documentary *China on the Move*. Now the integrated analysis of different meanings will be given to show how them work together to express meaning.

Image 2

From the perspective of representational meaning, image 2 belongs to narrative process rather than conceptual process, because there are vector exist in it. The two women standing on the ground are the main participants. Their eyelines and the gesture of the hostess jointly form the vector. Because of their eyes are looking at the camera, there is no goal in the image. So this is non-transitional reactional process.

As far as interactive meaning is concerned, it belongs to demand image, because the two women have direct eye contact with audiences, hoping audiences come together with them. What's more, it uses long shot and high angle to bring audiences a macro view and sense to watching this documentary.

275

In terms of compositional meaning, it belongs to a center-margin structure. The two participants are in the center of the image, and they are the most salient part in the image. Other participants surrounded them, letting the audience know that this picture was taken in the Buyi Ethnic District of Zhenfeng County.

Above all, through a comprehensive analysis of the three meanings, the audience can clearly understand the meaning of this picture. As the beginning of the documentary, this picture is a good way to convey the invitation to the audience to walk into the process of poverty alleviation in China with the host and understand the latest developments in China.

V. Conclusion

This research uses visual grammar as the theoretical basis to conduct multimodal discourse analysis on the documentary *China on the Move*. In addition, it also explains how the various meanings are combined to achieve the goal of collectively conveying the overall meaning of the text.

First, the research introduces the definitions and differences of the three meaning respectively. Then taking the documentary *China on the Move* as an example, many images are given as references to explain their meaning in it. These examples prove that visual grammar can effectively analyze the documentary. In terms of the representational meaning, images build meaning by showing the behavior and interaction between participants. The interactive meaning is related to the relationship between the image maker, the participant and the viewer. The viewer's attitude is influenced by the image through contact, social distance, modality, etc. As for the compositional meaning, analysis can be drawn into three aspects: information value, salience, and framing. Also, through the study of compositional meaning, we can clearly understand how the representation elements and interactive elements interact to create the overall meaning of the text. Through a comprehensive analysis of the image, image maker can choose to use a single meaning, or combine three meanings to express the meaning, which make audiences better interpret the meaning of the whole film.

What's more, it also provides a new approach to study and appreciate the documentary *China on the Move*, adding a new train of thought to make documentary with Chinese characteristic, disseminating Chinese traditional culture and achievement these years.

There are still some limitations in the paper. The research analyzes the meaning construction of the documentary from a visual perspective, but lacks interpretation of other modalities such as sound, subtitle, etc. Therefore, in the future, the author's research should involve more comprehensive and general analysis.

References:

[1] 韩礼德(Halliday, M. A. K.).作为社会符号的语言:语言与章义的社会诠释[M].苗兴伟,译.北京:北京大学出版社,2015.

[2] 胡壮麟.社会符号学研究中的多模态化[J].语言教学与研究,2007(1):1-10.

[3] 李战子.多模式话语的社会符号学分析[J].外语研究,2003(5):1-8.

[4] 卢锋.数字技术与电影语言的变化[J].南京邮电大学学报,2009(1):43-47.

[5] 宁新.多模态话语分析在电影语篇中的应用[J].安顺学院学报,2013(6):26-27.

[6] 王文峰,赵晓瑞.多模态视觉叙事语篇的意义建构框架[J].牡丹江大学学报,2020(9):63-67.

[7] 王毅.论视觉语法视角下垃圾分类海报多模态话语分析[D].华中师范大学,2020.

[8] 韦琴红.论多模态话语中的模态、媒介与情态[J].外语教学,2009(4):54-57.

[9] 张德禄.多模态话语分析综合理论框架探索[J].中国外语,2009(1):24-30.

[10] AUFDERHEIDE P. Documentary Film: A Very Short Introduction[M]. New York: Oxford University Press, 2007.

[11] BARTHES R. Image, Music, Text[M]. London: Fontana, 1977.

[12] BATEMAN J A, SCHMIDT. Multimodal film analysis: how films mean[M]. New York: Routlege, 2012.

[13] HALLIDAY M A K. Language as Social Semiotic[M]. London: Edward Arnold, 1978.

[14] HARRIS S. Discourse Analysis[J]. Linguistic Society of America. 1952(28):1-30.

[15] KRESS, G R, VAN LEEUWEN T. Multimodal Discourse: The Modes and Media of Contemporary Communication[M]. London: Arnold, 2001.

[16] KRESS, G R, VAN LEEUWEN T. Reading Images: The Grammar of Visual Design[M]. London: Routledge Press, 2006.
[17] METZ C. Film Language: A Semiotics of Cinema[M]. Chicago: University Of Chicago Press, 1990.

 点评

本文选取纪录片《行进中的中国》为语料，以 Kress van Leeuwen 视觉语法为理论框架，从再现意义、互动意义和构图意义进行多模态话语分析，探讨该片的意义建构，即如何产生整体意义，并解读该纪录片成功的来由。论文证实了视觉语法理论的指导意义和多模态话语分析的作用，所得结论对传播我国扶贫成功经验有一定的借鉴价值。论文理论根底扎实，资料掌握充足，分析有理有据，归纳结果可信。

象征性刑法合理性的法经济分析
——兼论刑事立法实效性之判断

罗翔宇[*]

摘要：我国刑法学界围绕象征性刑法的研究，总体上表现出了否定这一立法模式的态度。从法经济分析的角度，罪名适用率的高低并非判断立法实效性的应然指标，象征性刑法的实效性应主要从其对犯罪行为的威慑、对道德观念的支持、对民众正义直觉的顺应三个方面进行判断。象征性刑法并非一律缺乏实效性，而其实效性又能够为其合理性提供证成，只有缺乏实效性、不能对相应的犯罪行为产生规制效果的象征性刑法才是应该否定和批判的对象。

关键词：象征性刑法；法经济分析；威慑理论；福利经济学；正义直觉

一、问题的提出

已有学者对象征性刑法的有关问题进行了一定程度的探究，但是其作为一个新兴的概念，定义尚存有争议，内涵和外延都不甚明确[①]，至于我国是否存在象征性刑法、主要存在于哪些罪名之中等问题则更是众说纷纭。刘艳红教授2017年发表《象征性立法对刑法功能的损害——二十年来中国刑事立法总评》[②]，并在国内学术界引发了围绕象征性刑法的思辨热潮。本研究的重点，则是以法经济分析为视角，对象征性刑法的合理性与不合理性加以分析，围绕"象征性刑法是否应一律进行批判"这一问题进行讨论，以期为象征性刑法的研究提供一个新的视角。

---

[*] 罗翔宇，男，扬州大学法学院2020级硕士研究生。
[①] 对于象征性刑法概念的争议，可参见郭玮：《象征性刑法概念辨析》，《政治与法律》2018年第10期。
[②] 刘艳红：《象征性立法对刑法功能的损害——二十年来中国刑事立法总评》，《政治与法律》2017年第3期。

二、象征性刑法"否定说"之反思

我国刑法学者对象征性刑法的总体态度是否定的①,区别仅体现为对象征性刑法的全盘否定②,或是部分承认其合理性的相对否定③,笔者暂以"否定说"概括地描述此类观点。对于否定象征性刑法的理由,主要有三点:其一,象征性刑法会扩大刑法的调整范围,将具有消极防御属性的刑法积极化,最终导致国家权力的扩张和公众权利的减损,有违刑法的谦抑性原则④;其二,象征性刑法服务于国家的政治安全目标,而不是具体的法益,有损害刑法的法益保护功能,动摇行为刑法、法定原则、比例原则等诸多刑法基本原则⑤;其三,象征性刑法缺乏实用性和实效性,对于防范和化解风险来说是无济于事的。客观来说,上述论断固有其合理性,但是其中依然存在着逻辑不能自洽之处,尤其是对于刑事立法的"实效"之判断存在一定偏差,笔者认为,上述对象征性刑法的批判,至少存在着如下几个疑问:

(一)罪名适用率低是否能够证明象征性刑法缺乏实效?

在讨论刑事立法的实效时,部分刑法学者倾向于用罪名的适用率作为判断标准——如果一个罪名被确立后,在司法实践中很少得到适用,即认为其缺乏规制的实效⑥。一般来说,罪名适用率的高低并非判断刑事立法实效性的应然标准,因为罪名的适用率与对应犯罪的案件数量直接挂钩,而影响各类犯罪案件数量的因素是极为复杂的,并非仅受到立法这一单一因素的影响。

(二)象征性刑法无法根除犯罪行为的发生,是否等同于象征性刑法缺乏实效?

一个常见观点认为象征性刑法往往无法根除犯罪行为的发生,因此缺乏实

---

① 柯洁、王雪冬:《象征性刑法基本问题研究——以法社会学为视角》,《河北科技师范学院学报》(社会科学版)2021年第1期。
② 刘艳红:《象征性立法对刑法功能的损害——二十年来中国刑事立法总评》,《政治与法律》2017年第3期;程红:《象征性刑法及其规避》,《法商研究》2017年第6期。
③ 贾健:《象征性刑法"污名化"现象检讨——兼论象征性刑法的相对合理性》,《法商研究》2019年第1期。
④ 程红:《象征性刑法及其规避》,《法商研究》2017年第6期。
⑤ 刘艳红:《象征性立法对刑法功能的损害——二十年来中国刑事立法总评》,载《政治与法律》2017年第3期。
⑥ 此类观点可参见刘艳红:《象征性立法对刑法功能的损害——二十年来中国刑事立法总评》,《政治与法律》2017年第3期;程红:《象征性刑法及其规避》,《法商研究》2017年第6期;齐文远、吴霞:《对环境刑法的象征性标签的质疑——与刘艳红教授等商榷》,《安徽大学学报(哲学社会科学版)》2019年第5期等。

效。一般而言,我们并不应该期待能够仅通过刑事立法即使某种犯罪行为完全不再发生。犯罪行为发生的背后有着诸多复杂的动因,如果要求通过刑事立法的方式根除某一类犯罪行为的发生,这样的愿景在多数情况下是不切实际的——正如学者所指出:"在欢乐和痛苦这些无限的和极为对立的引力的作用下,人类的法律是不可能阻止出现纠葛和越轨行为的。"①

(三)评价实效性时,是否应忽视象征性刑法对民众的安抚、对舆论的回应等效果?

持"否定说"的学者普遍未将该目的所产生的社会效益纳入考量的范畴②,笔者以为此种判断方式不当地缩小了立法实效的考察范围。

综上,现有的否定象征性刑法的观点,在立法实效的评价标准这一问题上往往是存在一定误区的,因此"否定说"对于象征性刑法批判的合理性亦是值得质疑的。

三、法经济分析视角下的立法实效性判断

法经济分析作为一种"用经济学阐述法律问题"的交叉学科分析工具,其在刑事立法实效性的判断标准这一问题上,为我们提供了不同于传统刑法学研究的全新视角。

(一)威慑理论视角下案件发生率与立法实效之关系

威慑理论是法经济分析中讨论公法效力的经典范式,这一理论认为,当一个人应享权利既可以通过合法交易的方式获得、又可以通过违法犯罪的方式强制性取得时,如果我们对该违法犯罪行为施以惩罚,使得行为人从事该行为的成本高于其所能获得的收益,则行为人会基于成本—收益分析而放弃从事该犯罪行为,进而被引导向通过合法的自愿交易来取得权利,而犯罪行为也因此被防止③。从这一概念中我们可以看出,威慑理论的重心并不在于对犯罪行为的事后惩处,而在于对犯罪行为的事前预防,为行为人创造在事前放弃违法行为的激

---

① (意)切萨雷·贝卡里亚:《论犯罪与刑罚》,黄风译,中国法制出版社2002年版,第119页。
② 此类观点可参见刘艳红:《象征性立法对刑法功能的损害——二十年来中国刑事立法总评》,《政治与法律》2017年第3期;王钢:《德国近五十年刑事立法评述》,《政治与法律》2020年第3期;[德]贝恩德·海因里希:《德国刑事政策的当前形势》,李倩译,《刑事法评论》2018年第1期等。
③ Ponser, R. A. *An Economic Theory of the Criminal Law*, Columbia Law Review, 1985, Vol 85: 6, pp. 1193 – 1231。

励,这种事前预防的合理性我们可以从以下几个角度来理解:

1. 犯罪行为往往具有较高的负外部性,且无法通过事后的处罚消除

行为的外部性,指的是指一个人的行为较之于某参照标准,影响了或可能影响他人的利益①。由于外部性是一个相对的概念,对行为外部性的评价取决于考察视角的不同,呈现出正外部性和负外部性两种情况,在讨论犯罪行为的外部性时,我们一般着重考察犯罪的负外部性,即该行为会使得他人的利益遭受损失。例如某人喝醉酒后为了节约 50 元的代驾费用,选择自行驾车回家,结果在路上与他人车辆发生了碰撞,致使受害人花费了医疗费、车辆维修费等共计 6 000 元,这里的 6 000 元即为该醉驾行为负外部性的体现,也被称为外部成本。由于外部性是对他人利益的损害,外部成本也不由行为人本人承担,因此在没有法律进行干涉的情况下,行为的外部性大小并不会影响行为人的决策——正如刚才酒驾的案例中,虽然该行为给行为人带来的收益极小(50 元)而外部成本极大(6 000 元),但由于行为人并不承担该外部成本,因此只要有利可图,行为人往往会选择以他人或社会的巨大损失来换取自身的蝇头小利②。

法律手段是解决行为负外部性问题的基本方法③,仍以前述的醉驾案件为例,如果立法规定由于醉驾给他人造成损失的,由驾驶人对损失承担赔偿责任,那么即使醉驾行为仅有 1% 的概率引发车祸,行为人承担的预期成本依然高达 6 000 元,该成本高于其因醉驾行为能够获得的收益(50 元),因此基于成本—收益分析,行为人会放弃醉驾而选择寻找代驾。这个过程被称作外部成本的内部化,同时也是威慑理论的逻辑基础。

在整个法律体系中,刑法被认为是最为严厉的法律,因此其规制的往往是那些负外部性较高的行为,例如数额较大的盗窃行为则需承担刑事责任④——从某种意义上来说,犯罪行为的负外部性和社会危害性是一组近义词。正是因为刑法规制的犯罪行为通常具有较高的负外部性,此种行为一旦发生,通常会给国家、社会和他人的利益造成重大损失;而又不同于民事责任,刑事处罚本身并不

---

① R. H. Coase, *The Firm, the Market, and the Law*, Chicago: University of Chicago Press, 1988, p. 23。
② 周林彬:《法律经济学纲论:中国经济法律构成和运行的经济分析》,北京大学出版社 1997 年版,第 132 页。
③ (美)斯蒂文·沙维尔:《法律经济分析的基础理论》,赵海怡、史册、宁静波译,中国人民大学出版社 2013 年版,第 81—82 页。
④ 《最高人民法院、最高人民检察院关于办理盗窃刑事案件适用法律若干问题的解释》第一条:盗窃公私财物价值一千元至三千元以上、三万元至十万元以上、三十万元至五十万元以上的,应当分别认定为刑法第二百六十四条规定的"数额较大""数额巨大""数额特别巨大"。

具有补偿性,无法对犯罪行为产生的外部成本加以补偿,因此对于犯罪行为的事后处罚无助于消除行为的负外部性,不能弥补犯罪所带来的损失和破坏。威慑理论强调对犯罪行为的事前预防,一个很重要的原因就是一旦犯罪行为实际发生,其造成的破坏即成定局。

2. 刑事处罚是一种成本高昂的惩罚手段

以自由刑为主要手段的刑事处罚是一种昂贵的惩罚手段[①],无论是国内还是国外,刑事处罚的背后往往伴随着高昂的社会成本,例如监禁设施的建设和维护费用、设施工作人员的报酬、保障犯人生活水平的费用、改造犯人的费用,等等。例如有学者研究显示,早在1997年,美国加利福尼亚州每年花费在每名囚犯身上费用就已经达到了约34 000美元,作为对比,同年花费在每名大学生身上的费用不过6 000美元[②];另有学者研究显示,2000年美国每张监狱床位的年运作费用约为20 000美元,其中60岁以上的犯人每人的年监禁费用高达69 000美元(老年人监禁成本更高的主要原因是他们往往需要更多的医疗和保健照料)[③]。而在我国,有学者估计2002年时关押一个罪犯的平均年费用已经超过人民币10 000元[④],到了2009年该数字可能超过18 000元[⑤]。对案件当事人进行刑事处罚会产生巨大的行刑成本,进而侵占原本可以分配到其他领域的社会资源,而威慑理论所指向的事前预防,由于犯罪行为并未实际发生,因此也就没有行刑成本之虞,相较于事后的规制是一种更加高效和经济的做法。

3. 实证研究对威慑理论的支持

威慑力的强弱可以通过处罚概率(具体体现为犯罪行为被查处的概率、侦查阶段终结后被提起公诉的概率、刑事诉讼程序对被告人的倾斜程度等等)和处罚强度(一般体现为对应罪名的法定刑)来进行判断,二者的乘积即为刑事处罚对犯罪行为的威慑力。一系列实证研究都证明,提高刑事制裁的处罚概率和处罚强度,都能对犯罪行为起到更明显的威慑效果,例如William N. Trumbu 收集了美国1981年第一季度获释的2 223名犯人的刑期、收入、犯罪历史等数据,

---

[①] (美)斯蒂文·沙维尔:《法律经济分析的基础理论》,赵海怡、史册、宁静波译,中国人民大学出版社2013年版,第437页。
[②] 吴旭:《监禁率国际比较研究》,江苏人民出版社2011年版,第37页。
[③] Todd R. Clear & Harry R. Dammer, *The offender in the community*, Belmont, CA: Wadsworth/Thomson Learning, 2003, p. 35。
[④] 陈宝友:《论监狱行刑效益》,《中国司法》2014年第6期。
[⑤] 安徽省九成监狱管理分局课题组:《对监狱行刑成本和行刑效益的分析及思考》,《犯罪与改造研究》2009年第3期。

在此基础上进行了分析并建立了经济模型,得出了处罚概率和处罚强度的增加均能减少犯罪活动的结论①。而在处罚概率和处罚强度各自对威慑力的影响程度上,有实证研究指出提高处罚概率对于刑罚威慑力的影响更为明显。这些研究结果共同证明,通过刑罚的威慑使行为人在事前自愿放弃犯罪并不仅仅是一种理论层面上的假说,其可行性已经经由司法实践进行了充分验证。

在威慑理论的指导下,我们可以对刑事案件的发生率与刑事立法实效之间的关系得出一个研究的结论:刑事立法的实效不仅体现在罪名的高适用率上,还能够对犯罪行为人产生有效威慑,使得对应的犯罪发生率明显下降的才是具有实效性的刑事立法。

刑事立法对于犯罪的威慑可以分为三个阶段:第一阶段,在尚未进行立法的时期,由于犯罪行为并未受到任何制裁及威慑,因此犯罪率长期保持高位。第二阶段,在相关立法工作完成、条文正式生效并开始执行之后,犯罪率并不会立刻"跳水"到最低点,因为刑法产生威慑效果的前提,是行为人认识到犯罪与刑罚之间的对应关系②,潜在的犯罪人对于最新的刑事立法可能无法准确认知客观的处罚概率和处罚强度,也无法与客观的处罚概率和处罚强度的变动保持一致,进而使得刑法的威慑力在一定时间内受到影响③。随着宣传和普法工作的持续推进、新法在司法实践中的适用、民间舆论对立法和司法裁判的讨论等多方面因素的作用,刑事立法逐渐发挥出其应有的威慑力,而对应罪行的犯罪率也随之不断下降,这一过程被称为"威慑感知"。第三阶段,在大多数潜在的犯罪者对于新法有了比较充分的了解之后,刑事立法的威慑力得到了比较全面的发挥,案件数量长期稳定在低位,刑事立法自此实现了对犯罪行为的有效威慑。

综上,在威慑理论的视角下,罪名的适用率和立法实效性之间并不是静态的一一对应关系。评价立法实效的正确路径,是考察立法前后犯罪活动和案件数量的变化趋势,当犯罪活动在刑事立法之后明显得到了抑制时,我们可以评价该刑事立法对犯罪产生了有效的威慑,其实效性也因此得以体现。尤其需要强调的是,对于受到了有效威慑的犯罪行为,由于大量的潜在犯罪者最终并未实际实施犯罪,因此对应的罪名适用率必然是较低的,甚至在理论上的最优处罚策略

---

① William N. Trumbull. *Estimations of the Economic Model of Crime Using Aggregate and Individual Level Data*, Southern Economic Journal, 1989, Vol 56: 2, pp. 423–439.
② (意)切萨雷·贝卡里亚:《论犯罪与刑罚》,黄风译,中国法制出版社2002年版,第50页。
③ 张福德:《刑罚认知有限性及其对刑罚威慑实现的启示》,《东南大学学报》(哲学社会科学版)2017年第2期。

下,"处罚从来不被执行",因为能够被刑事处罚所威慑的行为人不会实施犯罪①(尽管在现实中我们不太可能如此精确地控制刑事处罚),这提示我们罪名的低适用率并不必然意味着立法缺乏实效性,在某些情境下这恰恰说明了该立法对犯罪行为形成了有效的威慑。

(二)刑事立法的象征性带来的立法实效

首先我们应该明确,象征性并非是象征性刑法的专属标签,刑法的象征性会对立法的实效性产生怎样的影响?笔者认为,从法经济分析的角度来看,刑法的象征性至少能够从两个角度增加立法的实效性:

1. 刑法的象征性为社会道德观念提供支持,由此提升个人福利与社会福利

法经济分析理论对于法律规制存在两种分析方式,其一是涉及法律规制效用的描述性分析,其二是涉及法律规则的社会最优性的规范性分析,其中后者在很大程度上是基于福利经济学的相关原理进行的②。在福利经济学理论中,福利是对享受或满足的心理反应,换而言之,福利不仅包含对财物的占有,还包括知识、情感和欲望的满足③,而社会福利则是以某种方法对个体福利进行加总后得出的指标,并随着个体福利的上升而上升。个体享有的福利并不完全取决于经济利益,同时也在很大程度上取决于精神层面的满足,尽管后者有时无法以经济指标加以量化,但是其对于个体福利和社会福利都有着举足轻重的影响。在对个体和社会福利产生影响的诸多因素中,道德是我们绝不应忽视的重要影响因素。对于个体而言,道德观念会直接影响行为人自身的情绪,如信守诺言的人能从中感受到高尚感,背信弃义的人会因此承受愧疚感等。此外,道德观念还会对第三人的情绪产生影响,如我们会因为失德之人受到惩罚而感到欣慰等,上述情感的变化均会直接影响个体享有的福利。

从总体上来看,道德观念的存在会提升个体福利与社会福利,这样的提升至少体现在以下两个方面:其一,道德观念可以约束不符合社会需求的自利,个体

---

① 例如考虑到处罚的边际效用递减,以及犯罪行为的实际负外部性,对于某个犯罪行为我们至多只能施加100单位的刑事处罚,而行为人可以从该犯罪行为中获得200单位的收益,那么即使我们对其适用了最高的刑期,也依然无法产生有效的威慑,在这种情况下实施刑事处罚只会无谓地消耗社会资源。(美)斯蒂文·沙维尔:《法律经济分析的基础理论》,赵海怡、史册、宁静波译,中国人民大学出版社2013年版,第438页。

② (美)斯蒂文·沙维尔:《法律经济分析的基础理论》,赵海怡、史册、宁静波译,中国人民大学出版社2013年版,第1—4页。

③ 余仕麟:《福利经济学:最具伦理意蕴的经济学说》,《西南民族大学学报》(人文社科版)2006年第1期。

会因为道德观念的阻吓而放弃从事某些损害社会利益的行为;其二,道德观念可以避免某些短视的行为,例如在某些情况下,背信弃义可以让我们获得短期的收益,而信守诺言能够让我们获得人们的信任,从长远来看对我们更加有利,此时道德观念可以引导我们选择后者而避免前者①。

  刑法的象征性对于个体和社会福利的提升,一个很重要的因素即在于其以立法的形式彰显了某种道德观念——这一点在象征性刑法中体现得尤为明显,因为此类立法调整的多是与"道德违反"相关的领域②,回应的亦往往是民众基于道德观念提出的期许。刑法的象征性一方面宣示了将某些失德行为纳入刑罚的打击范围,从而满足了民众对惩处失德之人的期待,直接提升了个人福利与社会福利;另一方面,刑法的象征性体现了国家对于道德观念的确认、支持和维护,并以此种方式对民众进行道德观念的宣传和教化。在福利经济学的视角下,一切法律规则的终极目的都应该是提高个人福利与社会福利(前文已述,二者通常是成正相关的),因此刑法的象征性对于福利的提升当然可以被评价为一种立法实效。

  2. 刑法的象征性有利于立法顺应民众的正义直觉

  民众对于犯罪与刑法的评价并非是完全基于理性的推理,而往往表现为一种"形成判断非常迅速且自信"的正义直觉,而且在何种危害行为应受到刑罚,以及应受到何种程度的刑罚等问题上,这种直觉能够超越地域、文化、种族、教育背景等诸多统计学特征,并形成一种广泛的共识③。任何刑事立法都会因为彰显了立法者的某种价值观而具有象征性,这种价值观的彰显正是判断立法是否符合民众的正义直觉的依据——在具体到象征性刑法这一问题上,其象征性往往体现为对正义直觉的迎合与顺应。顺应正义直觉的立法至少可以从以下几个方面增加刑事立法的实效:

  (1)增强刑法的威慑效果。正义直觉以及相应的社会规范对民众的行为会产生巨大的影响力,人们一般会选择遵从这些规范,而对于违反者,社会群体也

---

  ① (美)斯蒂文·沙维尔:《法律经济分析的基础理论》,赵海怡、史册、宁静波译,中国人民大学出版社 2013 年版,第 530 页。
  ② (德)托马斯·魏根特:《德国刑法向何处去?——21 世纪的问题与发展趋势》,张志钢译,载赵秉志主编:《刑法论丛》(第 49 卷),法律出版社 2017 年版,第 382 页;贾健:《象征性刑法"污名化"现象检讨——兼论象征性刑法的相对合理性》,《法商研究》2019 年第 1 期。
  ③ 关于正义直觉的实证研究,参见[美]保罗·罗宾逊:《正义的直觉》,谢杰、金翼翔、祖琼译,上海人民出版社 2018 年版,第 1—23 页。

会施加相应的制裁：例如使其丧失名誉和信赖、丢失工作、甚至影响其婚姻和家庭等多方面的人际关系。从某种意义上来说，社会规范和刑事立法在调整人们的行为方面有着相似的作用。

（2）控制私力救济。当刑事立法未能满足民众的正义直觉，人们认为刑事司法系统未能完成保护公民免受非法行为伤害的职责，私力救济就会发生。一般对私力救济持否定态度："私力救济与社会秩序这个概念恰好相冲突。它使弱者受制于强者的武断意志或错误信念，因此，法律原则上禁止私力救济。"①刑事立法顺应民众的正义直觉，则是消除私力救济的重要方式。

（3）避免民众对司法产生抵制。这种抵制体现在许多方面，例如法官进行司法裁判时不严格适用法律等，其后果会降低司法系统运转的公正和效率，失去权威性和民众的信赖，从而降低刑法对犯罪行为的威慑效果。刑法可以通过其遵循民众正义直觉共识的刑事规则来最大化其道德信用，尽可能减少民众的抵制②。

综上，在评价象征性刑法的实效性时，我们一方面要考虑象征性刑法是否对相应的犯罪行为产生了有效的威慑，另一方面也不应忽视刑法的象征性本身所能带来的实效。

四、象征性刑法合理性的法经济分析

以立法的实效性作为标准，笔者将象征性刑法划分为以下三种类型，并分别讨论其合理性：

（一）因有效的威慑而导致罪名适用率低的象征性刑法

此类刑事立法的特点是，在相关的刑事规范颁布和生效之前，对应的犯罪行为数量较多，而在立法生效之后，犯罪行为的数量下降，对应的罪名则因为案件数量少、适用率低而被归于象征性刑法。典型的立法例如我国的恐怖活动犯罪，2015年11月1日生效的《刑法修正案（九）》对我国恐怖活动犯罪立法进行了大范围的修正，增设了宣扬恐怖主义罪、非法持有宣扬恐怖主义物品罪等罪名，并对原有的恐怖活动犯罪构成要件进行了修改。根据全球恐怖主义数据库（Global Terrorism Database，GTD）的记录显示，《刑法修正案（九）》生效后至

---

① （美）罗斯科·庞德：《普通法的精神》，唐前宏译，法律出版社2001年版，第97页。
② （美）保罗·罗宾逊：《正义的直觉》，谢杰、金翼翔、祖琼译，上海人民出版社2018年版，第124—132页。

今,我国大陆地区在近六年时间内仅发生 11 起恐怖袭击案件;而作为对比,《刑法修正案(九)》制定前,仅 2014 年一年内恐怖袭击案件的数量就多达 36 起。立法前后如此悬殊的案件数量差足以说明,我国的恐怖活动犯罪立法不仅在主观上充分展现了国家打击恐怖活动犯罪的坚定决心,更是在客观上卓有成效地遏制了恐怖活动的发生,立法的实效性毋庸置疑。

(二) 因规制的犯罪行为客观上案发率低而导致罪名适用率低的象征性刑法

此类刑事立法的特点是,由于其规制的犯罪行为在主体、客体、案发时间或场所等方面具有特殊性,因此在客观上案发率较低,如《刑法修正案(十一)》新设立的非法植入基因编辑、克隆胚胎罪,由于此类案件固有的低案发率,笔者认为这一类刑事立法的实效性主要体现在象征性所带来的实效。又如战时犯罪,战时犯罪的相关罪名在我国已经有相当长的一段时期未得到过适用,且在可以预见的将来适用的概率也非常低,但是将战时犯罪列入刑法,充分展现了我国从严治军、切实维护我国国防利益和国家主权的坚定决心。有利于塑造一支听党指挥、能打胜仗、作风优良的人民军队。这样的象征性立法对我国全面推进国防和军队建设现代化是必要的,因此同样具有鲜明的合理性。

(三) 未对犯罪行为产生规制效果的象征性刑法

此类刑事立法的特点是,立法者主观上想要通过刑事立法对于某种犯罪行为加以规制,但是由于罪名或犯罪构成要件设置不合理、罪行本身难以被查处等因素的影响,最终生效的刑事立法在司法实践中难以适用,而相应的犯罪行为则并未受到明显规制。如我国刑法中的收买被拐卖的妇女、儿童罪,笔者以中国裁判文书网作为搜索平台,共找到适用该罪名的刑事判决书 54 份①,而作为对比,适用拐卖妇女、儿童罪的刑事判决书多达 358 份,判决书数量相差 6 倍多——一般而言,拐卖和收买行为应该是相对应的,两个罪名之间在判决书数量上的巨大差异充分说明,即使是在进入了刑事司法程序的拐卖妇女、儿童案件中,也有大量收买人最终未受到刑事处罚,或公安机关未予立案、立案之后未能侦破等情形。从威慑理论的角度来看,收买被拐卖的妇女、儿童罪本身为轻罪(法定刑最高仅为 3 年,作为对比,拐卖妇女、儿童罪的基本法定刑为 5 至 10 年,有加重情

---

① 搜索方式:以"收买被拐卖的妇女、儿童罪"为关键词,在所有刑事判决书范围内进行全文搜索。下文中针对拐卖妇女、儿童罪的搜索也采取了同样的方式。

节的最高可以判处死刑),处罚强度较低,刑事立法对于该犯罪行为的威慑力是较为低下的,从刑法的象征性角度来看,该罪名的立法彰显了国家打击拐卖人口犯罪的决心,具有一定的积极宣示效果,这种宣示如果不能落实于某种客观层面的规制效力,这种象征性所带来的实效则很难长期维持。因此,笔者认为此种象征性刑法是缺乏实效的,也是我们应该加以批判的象征性刑法。

综上,在明确了刑事立法实效性的判断标准之后,我们便能发现将象征性刑法等同于缺乏实效性的传统观点是片面的。站在法经济分析的视角下,某些被归于象征性刑法的刑事立法不仅具有实效性,甚至因其对犯罪行为的有效威慑而应该被视作较为成功的立法,应该批判的只有那些缺乏实效的象征性刑法。

五、小结

2021年6月,笔者有幸聆听了浙江大学法律经济学教授熊秉元先生主讲的法律经济学讲座。在这次的讲座上,熊教授提出了一个非常有趣的方法论:在我们分析某个法律法规的合理性时,我们不妨设想"如果法律不这样规定会发生什么",然后比较两种规定可能引发的结果何者更为合理,并由此来反推立法是否合理。将一部分刑事立法归结于象征性刑法并加以批判,这是非常简单的事情,但是当我们反向进行思考时,我们的国家、社会和民众真的能够接受一部没有恐怖活动犯罪、环境污染犯罪和网络犯罪的刑法典吗?从我国将"努力让人民群众在每一个司法案件中感受到公平正义"作为司法工作的目标的那一刻起[①],象征性刑法或许就注定会在我国的刑事立法体系中占有一席之地,相较于单纯的学理争论与批判,笔者以为探讨如何让象征性刑法在我国司法实践,乃至整个社会体系的运转中充分发挥其实效性,或许才是对我国法治建设更有裨益的思考方向。

参考文献:

[1]刘艳红.象征性立法对刑法功能的损害——二十年来中国刑事立法总评[J].政治与法律,2017(3):35-49.

---

① 《周强:努力让人民群众在每一个司法案件中感受到公平正义》,新华网,2018-3-9。

［2］郭玮.象征性刑法概念辨析［J］.政治与法律,2018(10):91－108.
［3］程红.象征性刑法及其规避［J］.法商研究,2017(6):23－26.
［4］(美)斯蒂文·沙维尔.法律经济分析的基础理论［M］.赵海怡,史册,宁静波,译.北京:中国人民大学出版社,2013.
［5］(意)切萨雷·贝卡里亚.论犯罪与刑罚［M］.黄风,译.北京:中国法制出版社,2002.

点评

　　本文研究象征性刑法的合理性这一颇有争议性的论题。我国刑法学界总体上表现出了否定这一立法模式的态度,作者则认为,现有研究在象征性刑法的实效性判断上大多存在偏颇,否定性结论并不可靠,若从法经济分析的角度,罪名适用率的高低并非判断立法实效性的应然指标,而应主要从其对犯罪行为的威慑、对道德观念的支持、对民众正义直觉的顺应三个方面进行判断。据此,象征性刑法并非一律缺乏实效性,只有在其缺乏实效性、不能对相应的犯罪行为产生规制效果时才应该予以否定。论文力排众议,列举实例,通过有理有据的分析,得出了真正值得批判的只有那些缺乏实效的象征性刑法的结论。作者的探讨虽然还有待深入,但全文论述规范,论据充分,逻辑严密,是一篇质量较好的学术论文。

研究生发表低水平刊物论文的评价标准研究

——以法学研究生为例

杨宇祺[*]

摘要：研究以法科研究生论文评价机制为切入点，考察了我国各法学院的期刊评价模式，对不同评价模式进行利弊分析，基于法科研究生所能发表的学术期刊的调查数据，结合关于掠夺性期刊的既有研究，得出以文均页数作为区别评价标准，可以有效区分中等水平、低水平论文。

关键词：学术论文；低水平；学术评价；文均页数

21世纪以来，我国研究生招生数量递增，《2021年全国研究生招生调查报告》显示，2021年，考研报考人数377万，较2020年341万增加36万，增幅10.56%，报考人数再创历史新高[①]。研究生教育不同于初等教育和本科教育之处主要表现为研究生不但是受教育的主体，还是科研的新兴力量。关于研究生发表高影响力高学术水平论文的报道已经屡见不鲜，研究生为我国学术事业的繁荣发展做出了巨大的贡献。与此同时，另一个现象也引起了教育系统内广泛的关注，研究生所发表的论文数量庞大，但限于科研能力、科研视野、科研水平等因素，研究生所发表的学术论文总体水平层次偏低。

现有学术评价体系往往多关注相对较高水平论文的甄别，对于中低水平论文的甄别缺乏相应的关注。如何在研究生培养过程中对所发表的中低水平论文进行区分评价，已然成为一个迫切需要解决的问题，而如何通过评价体系，引导

---

[*] 杨宇祺，男，南昌大学法学院2021级硕士研究生。
[①] 《全国考研人数再创历史新高"抗疫"精神进考题》，来源：华声在线，2020-12-28。

学生改善学风、拒绝发表低水平论文,成为我国现有研究生培养模式之下更为现实的问题。研究针对这一系列问题进行研究,重点关注文科研究生,尤其是法学研究生所发表的中低水平论文的评价机制。

一、研究生发表低水平论文现象的背景

研究关注于研究生培养和研究生诚信建设中针对中低水平文章的区分评价体系。为表述方便,以文科研究生,尤其是法学研究生为例,在本文所遵循的假设语境之下,将发表于核心刊物①的论文称为高水平论文,将发表于除核心刊物之外的普通期刊的论文称为中低水平论文:其中又将经正规投稿、审稿程序的期刊论文称为中等水平论文,将非经正规投稿程序、购买版面和无须审稿即可发表的论文统称为低水平论文。所谓中低水平论文并非是对于文章本身学术水平的直接评价,而是对非发表于核心刊物的论文的统称。

1. 研究生发表低水平论文的制度诱因

2012年10月,财政部、教育部联合发文《关于印发〈研究生国家奖学金管理暂行办法〉的通知》,中央财政出资设立研究生国家奖学金,用于奖励普通高等学校中表现优异的全日制研究生。

国家奖学金都要求按照研究生的评价体系进行分配,而这个奖学金的评价体系中,都对学生的科研能力提出要求。《研究生国家奖学金管理暂行办法》(简称《国奖暂行办法》)中明确规定"第五条 研究生国家奖学金基本申请条件:……(4)学习成绩优异,科研能力显著,发展潜力突出"。财政部、教育部制定的《研究生学业奖学金管理暂行办法》(简称《学业奖暂行办法》)明确规定"第六条 研究生学业奖学金基本申请条件:……(4)积极参与科学研究和社会实践"。那么如何定义"科研能力显著""积极参与科学研究"这是两个标准,两个《暂行办法》留给各高校自己进行定义与解决,通常而言,各高校一般会将科研要素解构为科研论文、科研奖项、科研专利、科研项目等。而在其中,科研论文是最为普遍的评价标准,几乎在所有的奖学金和先进评选中,需

---

① 核心刊物是指7个核心期刊(或来源期刊)遴选文章,即:北京大学图书馆"中文核心期刊",南京大学"中文社会科学引文索引(CSSCI)来源期刊,中国社科院文献情报中心"中国科学引文数据库(CSCD)来源期刊",中国科学技术信息研究所"中国科技论文统计源期刊"(又称"中国科技核心期刊"),中国社会科学院文献信息中心"中国人文社会科学核心期刊",中国人文社会科学报核心期刊,万方数据股份有限公司"中国核心期刊遴选数据库"。

要纳入科研能力评价时一般都会以科研论文作为构成指标,而且在很多奖学金评定办法中一般将发表论文设定为必要条件,是否发表科研论文决定了是否有资格申请奖学金。

在奖学金的强激励政策之下,研究生的科研热情高涨,对发表论文需求也越来提高。与此同时,由于研究生学术水平、学术视野、研究条件等原因,并非都能产生高水平论文,所以投稿较难被接受。还有研究生阶段时间有限,受到学术期刊出版周期过长等诸多因素限制,导致部分合格的研究生论文无法赶上奖学金评定的期限。于是很多研究生在奖学金的经济强刺激下,选择走捷径完成论文发表,即写/买低水平论文,买版面发"水刊"(低水平刊物)。

2. 研究生发表低水平论文的后果

低水平论文发表的一个普遍特征在于刊物审稿系统简单,此类刊物并不对投稿进行实质性审核,对投稿论文的创新性也不加限制①,也不对其是否符合学术规范进行严格判定,基本上此类刊物只要交付版面费,就可以提供论文发表。对"水刊"或疑为"水刊"刊物,但凡稍加翻阅刊物,学术圈内即可形成共识。其中,在法学类刊物中最为典型的是被戏称为"法学三大刊"的《法 X 与社会》《法 X 博览》和《法 X 与经济》。一部分学生为了在奖、助学金争夺中获得优势,从而选择此类期刊,而这一行为无疑违背了国家设立奖学金制度的初衷,与促进研究生从事科研工作的培养目标背道而驰。

发表低水平论文走捷径对刻苦钻研学术的学生极为不利,在学术领域生态环境及规律被破坏的同时,包庇了一批弄虚作假、投机取巧以及违背学术诚信的人,很大程度上扼杀了勤于钻研学术的科研人的积极性。在这样的怪圈中,部分学生可能选择作为"良币"坚持积极科研的道路,但更多的学生可能会选择成为"劣币"。自此,奖学金制度下的"劣币驱逐良币"格局由此形成。最直接的后果就是个别学生为了追求文章数量而将学术风骨弃之不顾,苟于眼前利益发表"水刊"文章,只为拿到更多的奖学金②,由此形成了令人悲观的学风和研究风气。如果对踏实肯干学生的论文与学术套利学生的论文同等评价,会使得一些未来的研究者或意志不坚定,或接受误导,研究生涯可能会走弯路、走歪路。而从学校层面而言,这一现象意味着获得研究生奖学金的可能并不是研究能力较

---

① 鲁亚琳:《低水平论文之成因、危害及对策》,《科技管理研究》2009 年第 8 期。
② 邓云成、胡曦彦:《我国奖学金制度下学生科研水平的实证分析》,《法学教育研究》2012 年第 3 期。

为出众的学生,由此导致了奖学金作为一种奖励机制的失灵,最后受损的还是研究生教育本身。

二、评价中、低水平论文的不同模式

1. 通过检索数据库①来评价中、低水平论文

在诸多院校,奖学金评定细则中往往仅规定核心期刊与普通期刊,将发表于核心期刊的论文作为获取高级别奖学金的必要条件,对于发表于普通期刊的中低水平论文给予一定评价。

以2017年《东南大学法学院研究生学业奖学金评定细则》为例,在专业论文记分这一部分,SSCI、《中国社会科学》《法学研究》和《中国法学》等权威期刊上发表的本专业学术论文,每篇加计25分;其他14种CLSCI法学期刊上发表的本专业学术论文每篇计20分……依此可得知,核心权威期刊学术论文最高计25分,最少计10分,核心权威期刊占专业论文记分比例极高。而发表于普通期刊的论文则赋予一个特定的分值,其他学术性论文,包括增刊(含视为"增刊"的一般期刊)、正式出版的以书代刊论文、全省范围以上及全校范围内的学术征集被录论文……每篇计1分累计不超过2分②,由此可见,在此并不对普通期刊发表论文的水平进行区分性实质评价,并且普通期刊论文计分所占评分比例极小,几乎不对高级别奖学金的评定产生决定性影响。

核心期刊的标准往往使用南大CSSCI检索或者北大图书馆中文核心检索作为区分标准。这一处理思路非常便捷,条件清楚,易于执行。但问题在于,研究生发表CSSCI检索刊物或中文核心检索刊物,非常困难。2021年中国知网(CNKI)的中国学术期刊网络出版总库收录的11 330种期刊,其中仅有585种期刊纳入南京大学编制的CSSCI期刊检索,1 990种期刊纳入北大图书馆的中文核心期刊检索。

研究生所能发表的刊物大多属于普通期刊或甚至是没有纳入中国知网检索范畴的刊物,如果对这些普通刊物没有进行实质性的审核和区分,与低水平刊物一体评价,这一种评价策略在一定程度上纵容了低水平论文的泛滥,对写出中等

---

① 中国知网、龙源期刊网、万方数据知识服务平台。
② 参见2017年东南大学《法学院研究生学业奖学金评审细则定稿》,https://law.seu.edu.cn/2017/1009/c9270a200218/pagem.htlm。

水平论文发表于较为不错的普通刊物的作者并不公平。假设一篇4 000字不到的，花2 000元版面费在《法X与社会》上发表的论文，与写作一篇15 000字的，经过严格三审制后发表于《科技与法律》上的论文给予同等赋值水平，显然是打击了认真写论文做科研的研究生。由此可见，如果对于中、低水平论文给予一体评价弊端极大。

2. 设置黑名单来过滤低水平论文

国内许多学校通过黑名单制度来否认一些发表于"水刊"的论文的评价效力。通过设置黑名单来过滤低水平论文的模式，在法学类院校和院系中最为著名的例子是华东政法大学。在华东政法大学的评价体系中，对于黑名单制度采用的是"列举加标准"的方式，列举了74种不作为考核标准的刊物以及除核心期刊以外的所有"旬刊"[①]。

此外，还对未来可能纳入黑名单的刊物，列出具体六条标准："（一）同一种期刊（杂志）同一期刊物上刊登的文章数量在50篇及以上；（二）同一种刊物中一篇学术论文的字数少于5 000字或其他类型文章少于3 000字；（三）同一种刊物存在版本较多的状况（如学术版、普及版、大众版等）；（四）同一种刊物存在版次众多的状况（如周刊、旬刊、半月刊等，其中除北大、南大和社科版核心期刊以外的'旬刊'一律列入负面清单）；（五）学术界公认或媒体公开曝光披露的不规范、质量低劣的刊物；（六）其他付费即可发表或对文章质量没有要求的刊物。"

华东政法大学对黑名单的效力做出了如下规定："用于评奖、评优或项目评审（含研究生'创新计划项目'结项）的，一律不予认可，并将作为评奖和评优的负面评价因素。"即发表于黑名单上刊物的论文不但不具有任何的正面加分效力，而且还会作为否定性减分项目。通过设置黑名单以甄别低水平论文，符合我国科研诚信建设的基本方向。2018年5月中共中央办公厅、国务院办公厅印发了《关于进一步加强科研诚信建设的若干意见》，第十五条规定："科技部要建立学术期刊预警机制，支持相关机构发布国内和国际学术期刊预警名单，并实行动态跟踪、及时调整。将罔顾学术质量、管理混乱、商业利益至上，造成恶劣影响的学术期刊，列入黑名单。论文作者所在单位应加强对本单位科研人员发表论文

[①] 参见华东政法大学研究生《关于更新研究生论文发表期刊负面清单制度的通知》，https：//yjsy.ecupl.edu.cn/2020/0103/c4127a153270/page.htlm。

的管理,对在列入预警名单的学术期刊上发表论文的科研人员,要及时警示提醒;对在列入黑名单的学术期刊上发表的论文,在各类评审评价中不予认可,不得报销论文发表的相关费用。"

这一处理思路,已经逐步得到推广,可以有效制止以下一些问题:

第一,以刊敛财,在未经严格审核就能发表的黑名单刊物中,大多数文章质量都较为低劣。研究生面对论文发表难题,对于期刊情况并不了解,存在着盲目投稿的情况。

第二,学术混乱,即黑名单制度可以对社会上存在的大量"以财取文"的低水平刊物以正本清源。使黑名单刊物无"用武之地",制止黑名单刊物有赖于较强的行政能力。

第三,无视学术规则,使得黑名单中的刊物有容身之地,给某些学生以可乘之机,伴生了规则的可期待性。将低水平刊物纳入黑名单内,其规范本身属于遵守学术规则,这意味着黑名单制度是完善学术环境的有效行为。

3. 组织师资对论文进行实质性审核

应对低水平论文发表的现象,除了黑名单制度之外,另一种处理模式是各学校学院组织师资对论文进行实质性审核。例如,《中国政法大学民商经济法学院奖学金评定细则》中规定"在一般期刊上发表一篇文章,折合科研考评分 0.5~3 分,由奖学金工作小组根据申请人论文质量评分"。又如北京航空航天大学法学院奖学金评定采用的是面试制,在面试中会对普通期刊发表的文献进行审核。这一种方式较为科学,是针对文章本身的评价,因此其思路更加具有科学性与先进性,也能合理评价学生在普通刊物发表论文的潜在学术价值。从另一个角度,对于论文这一学术共同体沟通方式的评价,也应当是以通过学术共同体内部的评价机制而产生作用,更符合学术的基本内涵。

但是这一模式不可避免地存在着诸多问题:

第一,实施成本高昂,需要学院组织专门的人员进行文章质量审核,往往为了避免偏差,需要进行双人复核,对招生规模较大的学院存在着较强的人力、经济负担。

第二,审核教师如果是本学院教师,同时也是研究生指导教师,不可避免存在潜在的利益冲突,这一种利益冲突可能会导致审核结果的公允性缺失,尤其是审核教师可能会不自觉地给予行政领导或学科带头人的学生适度倾斜;但如果为了规避前述不足而将相关成果交由校外教师进行审核,则会增加时间成本与经济开销。

第三,教师审核容易出现走过场等情形,对于很多教师而言,这是一项难以确切区分的工作,而且评价缺乏可依据性。

三、以文均页数作为低水平论文评价标准

1. 以文均页数作为评价标准的理论基础

以刊取文模式之下,如何能够挑出发表文章水平低的刊物,办法之一是找到刊登文章水平低的刊物的共同特征。华东政法大学的期刊黑名单,将低水平的刊物概括为以下六个特点:第一,同一种期刊(杂志)同一期刊物上刊登的文章数量在50篇及以上;第二,同一种刊物中一篇学术论文的字数少于5 000字或其他类型文章少于3 000字;第三,同一种刊物存在版块较多的状况(如学术版、普及版、大众版等);第四,同一种刊物存在发行时间众多的状况(如周刊、旬刊、半月刊等,其中除北大、南大等核心期刊目录以外的"旬刊"一律列入负面清单);第五,学术界公认或媒体公开曝光披露的不规范、质量低的刊物;第六,其他付费即可发表或对文章质量没有要求的刊物。这些特点都存在于低水平刊物,邓云成、胡曦彦《我国奖学金制度下学生科研水平的实证分析》一文,对研究生发表论文的刊物所具有的特征进行了分析归纳。低水平刊物涉及因素可能还包括:中英文摘要的有无、下载数、引用数、页均文字数等[1]。

针对本研究所称低水平刊物,亦即支付版面费即可发表论文的刊物,唐耕砚等[2]将其称作"掠夺性刊物",并通过扎根理论与半结构性访谈法的研究方式探讨了"掠夺性刊物"的特征(图1),对本研究所谈"低水平刊物"的鉴别具有指导意义。

基于唐耕砚等的研究,笔者认为,评价低水平刊物的标准之一还有该刊物的平均每篇论文所使用版面的数量。

依据新闻出版总署2005年颁布的《期刊出版管理规定》,期刊的出版需要填写《期刊出版登记表》,而在该表中"每册页码"是必须填写信息,而按照该《规定》第48条:"省、自治区、直辖市新闻出版行政部门负责对本行政区域的期刊

---

[1] 邓云成、胡曦彦:《我国奖学金制度下学生科研水平的实证分析》,《法学教育研究》2012年第3期。
[2] 唐耕砚等:《基于扎根理论的中文掠夺性期刊特征要素研究》,《中国科技期刊研究》2020年第12期。

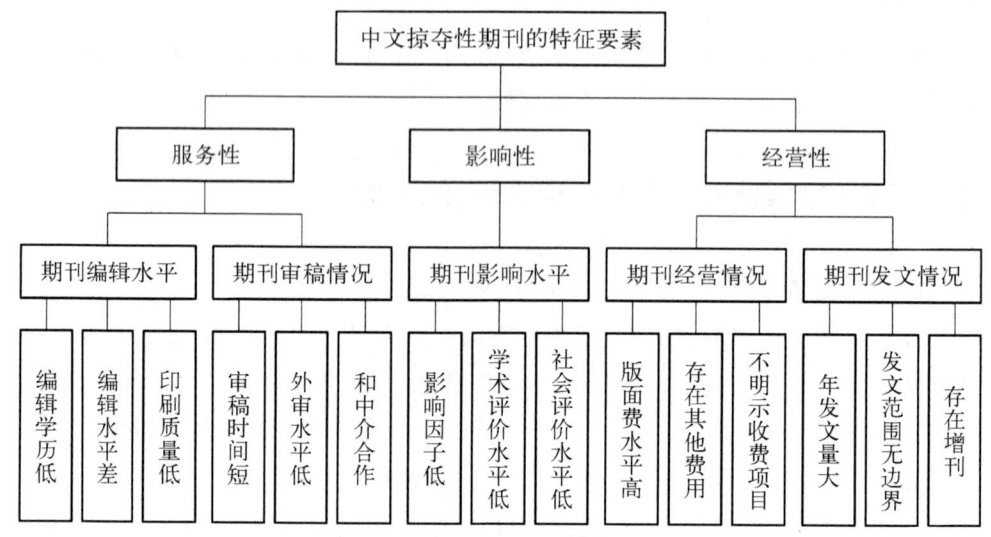

图1 中文掠夺性期刊的特征要素

实施年度核验。年度核验内容包括期刊出版单位及其所出版期刊登记项目、出版质量、遵纪守法情况等。""每册页码"作为期刊登记项目,不能轻易突破,为该刊物的出版设定了版面上限。版面的有限性决定了论文篇幅的供给是不能无限的,低水平论文刊物的版面价格与论文发表者的出版费支出之间有一个经济承受力的平衡点,因此版面价格维持在一个特定的水准,在该版面价格之下,每期期刊发表的论文数量、每篇论文使用版面的数量,衡量着购买版面发表论文的情形。低水平刊物大都以字数相对灵活、按版面收取费用,获取大量的收费论文发表。

在通常的奖学金评定、毕业要求制定中,往往仅规定所发表论文的篇数,并不对论文的字数进行实质性要求。在这种给定情况下,在发表论文方面支出同样多金额的成本基础上,发表单篇文章的版面数越少,同等花费下能发表的文章数量则越多,这显然是最经济的策略,在这样的策略之下,低水平刊物的文均页数指标具有相当的经济合理性基础,就会形成所发表低水平刊物的文均版面数偏低。

2. 以文均页数作为评价标准的实证检验

笔者借助既有研究结论"掠夺性刊物"的特征,以"和中介合作"这一方式作为切入点,将特征契合度高的刊物定义为本研究所谈"低水平论文刊物",最终将该批刊物的文均页数作出数据统计,进行对比分析,实证检验。

笔者于2021年10月19日以"论文发表"作为关键词在淘宝网进行检索,对排名前5的店家进行询问,获得了店家所提供的可供购买版面的刊物20家,这20家刊物的出版周期为月刊2家,季刊1家,半月刊4家,旬刊10家,周刊3家。对这20家刊物,以最近3期所发表的文章平均页数统计如下表1:

表1 文均页数与可供投稿刊物数量统计

平均页数(页)	0.5~1.0	1.0~1.5	1.5~2.0	2.0~2.5	2.5~3.0	3.0~3.5	3.5~4.0	4.0~5.0
刊物数量(家)	0	4	6	8	1	1	0	0

可以看到,可供投稿的低水平刊物,其所发表文章的文均页数集中在1.0~2.5页之间。

由于学术论文发表中普遍存在着学历和职称要求,不能以《中国法学》《法学研究》《中国社会科学》等类刊物来作为对照组,笔者拟选择普通高校研究生能够发表的正规刊物(不收费)作为比较对象。挑选出对研究生(硕士生)发表学术论文无限制,不收取版面费的刊物并不容易,在此笔者选择曾经震惊法学学术圈的《学术新星!北大研究生一年发表54篇学术论文》①的主角陈文昊在读北京大学硕士研究生期间所发表的刊物作为对照,陈文昊是刑法学学子的榜样,投稿的刊物具有一定的代表性。通过知网检索,陈文昊就读硕士研究生期间发表了54篇论文,涉及50本刊物,以此为样本进行统计(表2)。其文均页数如下表:

表2 文均页数与论文发表刊物数量统计②

平均页数(页)	3.0~4.0	4.0~5.0	5.0~6.0	6.0~7.0	7.0~8.0	8.0~9.0	9.0~10.0	10.0以上
刊物数量(家)	2	13	12	8	10	2	0	3

---

① 《学术新星!北大研究生一年发表54篇学术论文》,见 http://www.sohu.com/a/123175258_479698。
② 以陈文昊54篇论文所刊发的《荆楚学刊》等50家刊物作统计。

表1与表2比较,两者仅在一个区间有少量重合,即文均页数3页、3.5页时,重合区间内的刊物占比仅为低水平刊物样本的5%,这一数值属于在可控的范围之内,故本统计有效。基于以文均页数作为一个标准划分低水平刊物,具有较高的实践可能性。

3. 对于文均页数评价标准的程序性补救

以文均页数作为评价低水平刊物的标准不可避免地也会存在着"错杀"的情形,一方面如上文所述,低水平刊物与某些不收取版面费的普遍刊物(中等水平刊物)在特定区间可能存在少量交叉,另一方面,也将部分文章短小的好论文排除在外。因此,需要在相关的评价中,具体情况具体分析,设置一个复核机制,由相关教师对争议论文进行实质性审核,并对论文的实际价值进行判定。

四、总结

2019年5月中宣部、教育部、科技部等多部委发布了《哲学社会科学科研诚信建设实施办法》,将建设哲学社会科学领域的科研诚信的要求提到践行社会主义核心价值观的高度,对研究生的培养,科研诚信也从未如今天这样迫切。2020年9月教育部、国家发展改革委、财政部关于加快《新时代研究生教育改革发展的意见》要求"完善质量评价机制,破除'五唯'评价方式",评价科研水平不唯"论文"等。

对于新进入研究领域的研究生而言,拒绝通过购买版面发表论文,拒绝参与此类的投稿也是践行科研诚信的题中之义。在制度上,也需要设置合理的制度方式来促进研究生从事实实在在的科研,来产生创新的科研成果。抵制低水平刊物文章,规范刊物发表论文,开设多种研究生评价方式,能够实现各项奖励措施的有效落实,在研究生培养环节践行《哲学社会科学科研诚信建设实施办法》的精神,使研究生培养营造诚实守信的良好科研环境,形成风清气正的学术氛围。

参考文献:

[1] 鲁亚琳.低水平论文之成因、危害及对策[J].科技管理研究,2009(9).

［2］邓云成,胡曦彦.我国奖学金制度下学生科研水平的实证分析［J］.法学教育研究,2012(3).

［3］唐耕砚,等.基于扎根理论的中文掠夺性期刊特征要素研究［J］.中国科技期刊研究,2020(12).

 点评

本文探索研究生发表中低水平刊物论文的评价标准,旨在科学评价研究生培养成果,消除一些不正之风。论文以法学研究生论文评价机制为切入点,考察了相应期刊的评价模式,并进行利弊分析,基于有效的调查数据,得出合理的结论。论文写作符合基本规范,调查分析为论证说明提供充分数据,结论具有可信性。

编 后 记

《长三角研究生学术写作论坛优秀论文》第二辑即将出版,作为主编及论坛主办人之一,在这里要表达对所有在2021年度长三角研究生写作能力培养学术论坛暨本书编辑出版活动中予以关心关注、支持帮助的各位领导、专家、同学们的感谢!

2021年是该论坛持续举办的第二年,由于周知的原因只能采取线上线下相结合的模式。论坛作为上海大学培养研究生写作能力的一个平台,在不断探索中推进学生学术写作质量提升。上海大学2019年成立写作中心,旨在落实教育部关于学风建设和学术水平提高方面的要求。写作中心自成立以来,除了推动日常的写作课程教学之外,还积极组织学术论文方面的写作现场指导。这种指导比较有特色的是邀请校内外知名专家讲座答疑、专家问诊及研究生一对一同伴辅导等,例如邀请老专家戴世强教授、王朔中教授,邀请在学术上有造诣的年轻教授以及图书馆、期刊社、出版社的专业老师等答疑解惑。同伴辅导通过辅导者与学生面对面的沟通,帮助学生解决个人写作层面的问题。尽管推进的过程遇到各种各样的困难,但坚持下来后同学们都说受益匪浅。这里要提到的是管理上的体制,就是写作中心管理委员会(管委会)的一种制度,管委会由上海大学研究生院、图书馆、期刊社、出版社以及部分相关学院的领导、老师担任委员,写作中心活动在图书馆举办,由图书馆提供场地支持。管委会成员不定期召开讨论会,比如年度工作计划、论坛组织筹备、讲座邀请专家提名、学生志愿者招聘,等等。实际上写作中心以及管委会都是非本职工作,大家在本职之外志愿服务、无偿奉献。

2021年度论坛特别邀请了新疆喀什大学作为联合承办方,共同举办。上海大学和喀什大学有着长期人才培养合作关系,每年都有两地师生之间的交流。作为提升研究生学术写作能力工作的一部分,共同举办这次论坛也是一种尝试,同时也拓展了相互合作范围,加深了友谊,更重要的是为研究生提供一个能力提升的平台。喀什大学方面积极组织学生投稿，为论坛提供了大量稿源，丰富了本次论坛征文。本次论坛正如喀什大学研究生处处长谢永萍所说，实现了两校人才培养的合作和学生收获的双赢。

本次论坛征文的评审专家团队有上海大学戴世强、王朔中、曾桂娥、姚蓉，上海交通大学张鹏等教授。由于当年的实际情况留给评审者时间较短，加之论文数量大，各位教授不得不利用国庆假日加班加点，一丝不苟地完成任务。论坛征文面向各学科，论文评审强调撰写质量和学术规范，所以还专门建立数学模型将各位专家打分标准化和归一化，以保证结果的公平公正。论坛的成功举办，正如获奖者之一、郑州大学音乐学院窦心语的获奖感言：本次学术论坛的论文没有主题和专业的限制，在这里可以看到其他学术领域的许多优秀成果，是一次非常棒的跨学科交流的机会。

论坛文集的出版，得益于上海大学研究生院的项目出版支持。图书编辑中，论坛整个流程的参与者、上海大学戴世强教授已经80岁高龄还专门为本书撰写序言，以及本辑论文各篇的评语都是他亲历亲为，我们甚为感动。还要对如下老师和同事表示感谢（排名不分先后）：

喀什大学研究生处处长谢永萍和张玉梅、皮宗辉老师，图书馆副馆长陈涛，人文学院副院长欧阳伟；上海大学出版社期刊社党委书记曾桂娥，党委研究生工作部副部长徐义圣，研究生院副院长姚蓉和那彦老师、培养处处长毛建华，期刊社副社长刘志强，图书馆副馆长郑维和张荣佩老师，出版社贾素慧老师等。

还要特别感谢参加论坛筹备和论文征集的上海大学、喀什大学两校的研究生志愿者们。

王远弟
二〇二三年五月